财务管理
与内部控制体系构建

唐瑞芹　强雪梅　李　元　著

中国商业出版社

图书在版编目（CIP）数据
财务管理与内部控制体系构建 / 唐瑞芹，强雪梅，李元著. -- 北京 ：中国商业出版社，2024. 7. -- ISBN 978-7-5208-3042-3
Ⅰ. F812. 2
中国国家版本馆CIP数据核字第20244B7E33号

责任编辑：袁 娜

中国商业出版社出版发行
（www.zgsycb.com 100053 北京广安门内报国寺1号）
总编室：010-63180647 编辑室：010-83128926
发行部：010-83120835/8286
新华书店经销
天津和萱印刷有限公司印刷
*
787毫米 ×1092毫米 16开 14.25印张 310千字
2024 年 7 月第 1 版 2024年 7 月第 1 次印刷
定价：68. 00 元
* * * *
（如有印装质量问题可更换）

前　言

近年来，市场环境愈加复杂，企业间竞争愈加激烈，为了更好地应对竞争，现代企业有必要对会计财务管理工作给予高度重视。财务管理与内部控制在企业经营发展活动中扮演着重要角色，在有效判断企业财务状况、保护投资者权益、助力企业实现经济效益最大化方面具有重要作用。因此，面对日益激烈的市场竞争，企业更需要加强内部控制工作，以实现企业发展战略目标。财务管理与内部控制体系构建方面的研究具有十分重要的意义。

本书从财务管理概述入手，首先，针对财务管理的基本含义、财务管理目标与原则、财务管理程序与环境进行了分析研究；其次，对财务分析与价值原理、筹资管理与决策、营运资金与投资管理、利润规划、预算与分配管理等内容进行了详细介绍；再次，对财务会计的固定资产与无形资产管理、财务会计负债及所有者权益管理、会计电算化基本原理与系统管理、应收款与应付款管理系统等内容进行了分析；最后，针对内部控制与风险管理、事业单位内部控制体系与建设、事业单位预算管理与一体化应用等内容作了进一步介绍。本书条理清晰，内容精练，重点突出，希望能够给从事相关行业的读者们带来一些有益的参考和借鉴。

本书由唐瑞芹（武汉东湖学院）、强雪梅（抚顺市现代服务中等职业技术专业学校）、李元（北方机电工业学校 <河北省机电工程技师学院>）共同撰写，感谢杜宗敏（山东省中医院）、吴奇玉（株洲高科集团有限公司）、邢景云（兴安盟应急管理技术装备保障中心）、胡海泳（山东省中医院）、王芳（安徽安智会计师事务所）为本书撰写提供的帮助。

在本书的策划和写作过程中，得到了有关领导、同事、朋友及学生的大力支持与帮助，在此致以衷心的感谢。由于编者的学识水平和时间有限，书中难免存在疏漏之处，敬请同行专家及读者指正，以便进一步完善提高。

目　录

第一章　财务管理概述

第一节　财务管理的基本含义

一、财务管理的内容及特点

公司财务是公司再生产过程中客观存在的资本运动及其所体现的经济利益关系。财务管理是基于公司再生产过程中客观存在的财务活动和财务关系而产生的，是公司根据资本运动规律，结合资本所有者和国家的要求，正确组织财务活动、处理财务关系的各项经济工作的总称。

（一）财务管理的内容

总体来讲，财务管理的主要内容包括筹资管理、投资管理、营运资本管理和股利分配管理。

1. 筹资管理

筹资管理就是公司针对获取生产经营所需资本而发生的一系列管理行为。公司要展开生产经营活动，就必须以占有或能够支配一定数量的资本为前提。也就是说，公司要进行筹资，这是资本运动的起点。所谓筹资，是指公司为了满足用资的需要，筹措和集中所需资金的过程。在筹资过程中，公司要确定筹资数量，合理选择筹资渠道、方式及时机，正确运用负债经营，以降低成本与风险，提高企业价值。

公司筹资按其性质可以分为权益资本筹资和债务资本筹资。权益资本是指公司股东提供的资本。权益资本在公司经营期间不需要归还，筹资风险较低，但股东预期报酬较高，增加了公司使用的资本成本。权益资本的筹集途径一般包括吸收直接投资、发行股票和留存收益。债务资本是指债权人提供的资本。债务资本有固定的还本付息时间，具有一定的筹资风险，但其要求的报酬通常低于权益资本。债务资本的筹集途径一般包括银行借款、发行债券、融资租赁和商业信用等。

公司筹资按其期限长短可以分为长期资本筹资和短期资本筹资。长期资本是指公司可以长期使用的资本，包括长期负债和权益资本。长期负债在短期内不用考虑归还问题，而权益资本不需要归还，因此公司均可以长期使用。短期资本是指短期内需要归还的短期借款。一般来说，短期资本的筹集应主要用于解决公司临时性资本需要。例如，在生产经营的旺季需要的资本较多，可以借入短期借款，在生产经营的淡季则可以安排归还。

2. 投资管理

投资是指公司为了获得未来收益而进行的资本投放活动。投资管理是指针对公司如何进行资本投放所产生的一系列管理行为。投资管理主要研究和解决公司应该投资于什么样的资产，投资规模多大，什么时候投资，并在对风险与收益进行权衡的基础上作出投资选择。

公司投资按其投资方式不同可以分为直接投资和间接投资。直接投资是指公司把资本直接投放于生产经营性资产上，以便获取利润的投资，如购置设备、兴建厂房、开办商店等。间接投资又称为证券投资，是指公司把资本投放于金融性资产上，以便获取利息、股利以及资本利得的投资，如购买政府公债、公司债券和股票等。

公司投资按其影响期限长短可以分为长期投资和短期投资。长期投资是指公司在一年以上才能收回的投资，如购买设备、兴建厂房以及购买期限在一年以上的股票和债券等。购买期限在一年以上的股票和债券在公司需要货币资本时相对容易变现，而用于公司经营性固定资产的投资则难以变现，所以，有时长期投资专指经营性固定资产投资。短期投资是指公司能够且准备在一年以内收回的投资，如公司对应收账款、存货、短期交易性金融资产等的投资。其投资特点是投资额较小，投资回收期较短，投资报酬率较低。

3. 营运资本管理

营运资本管理是指公司对流动资产和流动负债的一系列管理行为。营运资本管理分为营运资本投资管理和营运资本筹资管理。营运资本投资管理主要是制定营运资本投资政策，决定用于应收账款和存货的资本规模，决定保留多少现金以备支付的需要。营运资本筹资管理主要是制定营运资本筹资政策，包括公司决定向谁借入短期资本、借入多少短期资本、是否采用赊购的筹资政策等。

4. 股利分配管理

股利分配管理是指公司对税后利润如何进行分配的一系列管理行为。股利分配是指确认在公司获取的税后利润中有多少作为股利分配给股东，有多少留存在公司内部作为再投资。过高的股利支付率会影响公司的再投资能力，使未来收益减少，造成股价下跌；过低的股利支付率可能会引起股东的不满，进而抛售股票，导致股价下跌。

公司股利政策的制定受多种因素的影响，包括税法对股利和出售股票收益的不同处理、未来公司的投资机会、各种资本来源、机会成本、股东对当期收入和未来收入的相对偏好等，公司必须根据具体情况制定本公司的最佳股利政策。

（二）财务管理的特点

生产经营活动的复杂性决定了公司管理的多样性。从大的方面来讲，公司管理包括对人的管理、对物的管理、对信息的管理、对资金的管理（财务管理）等。公司管理的各项工作是相互联系的，同时又有各自的分工与特点。财务管理侧重于公司价值管理，根据资本在公司中的运动规律，通过对公司筹资、投资、日常经营及股利分配等各种财务活动的管理，使公司价值达到最大。财务管理与公司其他管理相比有其自身的特点，主要表现在以下三个方面。

1. 涉及面广

在公司生产经营的各个方面，从供应、生产、销售到人事、行政、技术等各部门的业务活动都伴随着资本的收支，与资本运动密切相关。因此，财务管理工作必然要延伸到公司的各个方面。正是基于财务管理的这一特点，公司在处理财务管理工作时要考虑自身经营管理的方方面面。

2. 灵敏度高

财务管理是用价值形式反映企业生产经营过程中的财务信息。公司的财务状况是经常变动的，具有很强的灵敏性。公司各种经营行为、经营决策的发生会在财务状况中及时反映出来。比如，成品资金过多，说明企业产品不对路；资金周转困难，说明货款不能及时收回，并由此造成不能及时支付材料款、不能到期偿债等后果。正是基于财务管理的这一特点，公司财务部门应及时向公司经理人员提供财务活动信息，协助领导层及时调整和控制各项生产经营活动。

3. 综合性强

财务管理的综合性主要体现在价值管理上。因为公司价值是物质技术条件、人力资源条件、有形资产、无形资产和经营水平的综合体现，财务管理过程中所反映的资本、成本、利润等价值指标，能够全面、系统地反映公司各种财产物资的数额、结构和周转情况，反映公司各种人力消耗和物资消耗，反映公司各种营业收入和非营业收入及经济效益。这些信息可以把公司生产经营过程、资源是否合理配置综合全面地反映出来。

二、财务管理在公司管理中的地位和作用

系统是指由相互联系、相互作用的若干要素构成的具有特定功能的整体。公司有了资本、组织和信息，才能进行经济活动。公司经济活动产生公司经营管理。公司管理也是一个系统，不同的公司可能有不同的管理系统。对于典型的公司制企业而言，公司管理系统至少包括生产管理系统、营销管理系统、人力资源管理系统和财务管理系统。财务管理是公司管理的重要组成部分，在公司管理系统中发挥重要作用。

在大多数中等规模和大型公司中，最高财务主管是分管财务的副总裁（CFO），其主持制定财务政策和公司规划，并对公司总体管理产生重要影响，因而最有希望升任总裁，会计长和财务长直接对其负责。会计长（总会计师）负责公司内部会计和审计，财务长（财务总监）负责管理现金和有价证券，管理筹资和信贷部。另外，风险管理、保险、办公室

管理、兼并与收购活动、法律事务以及制定规章制度等也是财务部门的职责。

由于大多数资本投资项目与产品的开发、生产和市场营销紧密相关，因此这些部门的负责人都要参与相关投资项目的分析和规划。一般来说，财务副总裁及其下属的财务长、会计长负责组织和控制资本预算过程。在这一系列过程中，高级财务人员起着广泛的、非正式的影响作用。

由于重大财务决策极其重要，最终的决策通常由董事会作出。例如，只有董事会才有权决定和宣布股利分配方案，批准重大投资计划以及决定公开发行债券或股票等。对于一些中小投资项目，董事会通常将决策权下授，但重大投资项目的决策权几乎不下授。因此，从表面来看，财务经理的许多权力是非正式的。例如，财务经理通常既不制定资本投资策略，也不作出有关重大资本支出的决定，但他要为最终决策进行准备，因而对此有重大影响。各项建议是通过财务部门汇集、分析和报告给董事会的；在董事会审议过程中，高级财务人员可以再次提出建议，并对审议过程发挥相当大的推动作用。

此外，财务部门在履行其职能时还起着从其他部门收集信息并转达给更高管理部门的渠道作用。总之，财务管理在公司管理中居于重要地位，历来备受最高管理者的关注。

第二节　财务管理的目标与原则

一、财务管理与公司管理目标

由于财务管理是公司管理的重要组成部分，因此公司管理目标决定了财务管理目标、财务管理的内容以及财务管理的方法。

（一）公司管理目标及其对财务管理的要求

公司是以营利为目的的经济组织，其出发点和归宿都是获利。公司一旦成立就会面临竞争，始终处于生存和倒闭、发展和萎缩的矛盾之中。公司只有生存下去才能获利，只有不断发展才能求得生存。因此，公司管理目标可以概括为生存、发展和获利。

1. 生存

公司只有生存才能获利。公司生存的“土壤”是市场，包括商品市场、金融市场、人力资源市场、技术市场等。公司在市场中生存下去的基本条件是以收抵支。公司一方面付出货币，从市场上取得所需的资源；另一方面要提供市场所需的商品或服务，从市场上换回货币。公司从市场上换回的货币至少要等于付出的货币，以便维持经营，这是公司长期存续的基本条件。如果公司没有足够的货币，不能从市场上取得必要的资源，可能因无法维持最低的营运条件而倒闭。如果公司长期亏损，扭亏无望，公司也就失去了存在的意义。

公司生存的另一个基本条件是到期偿债。公司为了扩大业务规模或满足经营周转的临时需要，可以向其他个人或组织借债。国家为维持市场经济秩序，通过立法规定，债务人必须“偿还到期债务”，必要时“破产偿债”。公司如果不能偿还到期债务，就可以被债权人接管或被法院判定破产。

所以，公司生存的主要威胁来自两个方面：一是长期亏损，它是公司终止经营的内在原因；二是不能偿还到期债务，它是公司终止经营的直接原因。

因此，公司生存目标对公司财务管理的要求是力求保持公司以收抵支和偿还到期债务，降低破产风险，使企业长期、稳定地生存下去。

2. 发展

公司是在发展中求得生存的。在科技不断进步的今天，公司只有不断地推出更好、更新、更受顾客欢迎的产品，才能立足于市场。在竞争激烈的市场上，公司如果不能发展，不能提高产品和服务质量，不能扩大自身的市场范围，就会被淘汰。公司停滞不前就是其死亡的前奏。

公司的发展表现为收入增长。要实现收入增长，根本途径是提高产品质量，扩大销售规模，这就要求公司不断更新设备、技术和工艺，不断提高劳动者的素质，也就是要投入更多、更好的物质资源和人力资源，并改进技术和管理。在市场经济中，各种资源的取得都要付出相应的货币，公司的发展离不开资本。

因此，公司发展目标对公司财务管理的要求是及时筹集到公司发展所需的资本。

3. 获利

公司必须获利才有存在的价值。投资者设立公司的目的就是获利。获利不但是公司的出发点和归宿，而且可以概括公司其他目标的实现程度，并有助于公司其他目标的实现。从财务上讲，获利就是使资产获得超过其投资的回报。财务主管必须使公司正常经营产生的和从外部获得的资本能以产出最大的形式被利用。

因此，公司获利目标对公司财务管理的要求是通过合理、有效的安排使用为公司发展而筹集到的资本，使公司获利。

（二）财务管理目标

财务管理目标就是公司在特定的理财环境中，通过组织公司财务活动，处理公司财务关系所要达到和实现的最终目的。它是评价公司财务活动是否合理的基本标准。财务管理目标制约财务活动的方向。不同的财务管理目标会产生不同的财务运行机制，科学地确定财务管理目标，对优化财务行为、实现财务资源的合理配置和有效使用、合理安排财务制度、妥善处理和协调财务关系，具有极其重要的作用。财务管理目标受经济发展水平、经济管理体制和公司管理目标的影响，在不同历史时期以不同的指标反映。概括而言，人们对财务管理目标的观点主要有利润最大化、每股收益最大化、股东财富最大化和公司价值最大化。

1. 利润最大化

利润最大化的观点来自西方微观经济学理论，许多经济学家以利润最大化来分析和评价企业行为和业绩。这种观点认为，利润代表公司新创造的财富，利润越多，说明公司财富增长得越多，越接近生存、发展和获利的目标。

以利润最大化作为财务管理目标的优点主要在于：①利润额是公司在一定期间经营收入和经营费用的差额，反映了当期经营活动中投入与产出的结果，在一定程度上体现了公司经济效益的高低，而且利润指标简单明了，易于理解，便于衡量和考核财务管理的绩效。②公司是以营利为目的经济组织，利润最大化的财务管理目标符合公司管理的根本要求。③利润既是所有者投资收益的基本来源，也是公司资本积累的基本来源，因而利润最大化能够体现公司和股东的共同要求。

以利润最大化作为财务管理目标的局限性主要在于：①忽视了时间的选择，没有考虑资金时间价值。例如，今年获利 1000 万元和明年获利 1000 万元，哪一个更符合公司的目标呢？如果不考虑货币的时间价值，就难以作出正确判断。②忽视了利润赚取与投入资本的关系。假设公司 A、B 两个项目都于今年获得 100 万元利润，并且取得的都是现金收入。如果 A 项目只需要投资 200 万元，而 B 项目需要投资 500 万元，显然 A 项目更好一些，但是仅通过利润指标是看不出来的。③忽视了风险。一般而言，利润的变化代表着风险的变化。报酬与风险是相伴而生的，追求高利润，意味着将承担更大的风险。因此，在利润最大化目标下，仅通过比较不同项目收益的大小作为决策的依据而忽视所承受风险的大小，显然是不可取的。④会导致片面追求利润最大化，影响公司的长远发展。由于利润指标通常是按年计算的，因此可能会导致公司为追求年度利润最大化，忽略挖潜革新、技术改造，进而导致公司产生短期的财务决策倾向，不利于公司的长远发展。⑤利润是会计核算的账面金额，容易人为操作。

因此，现代财务理论认为，利润最大化并不是财务管理的最佳目标。

2. 每股收益最大化

每股收益也称为每股盈余，是税后净利润与普通股股数的比率。这种观点认为，股份代表了资本所有者对公司所拥有的资本权利份额，每股收益反映了股东原始资本在公司中的运用效率，财务管理目标就是要追求股东每股收益的最大化。

以每股收益最大化作为财务管理目标的优点主要在于：①每股收益是相对数指标，便于在不同资本规模的公司之间进行对比。②在没有增发股份追加投资和每年进行利润留存的情况下，每股收益指标能够衡量公司在不同时期的股东资本运用效率。③每股收益在一定程度上考虑了股东投资者的利益。

以每股收益最大化作为财务管理目标的局限性主要在于：①每股收益是已完成事项的成果，并不能代表公司未来的发展潜力。②每股收益最大化没有考虑每股收益取得的时间及其所面临的风险。③每股收益指标受会计核算的影响，同时没有考虑债权人的利益要求。

3. 股东财富最大化

股东财富是指公司通过有效的经营和理财，最终为股东创造的价值。这种观点认为，股东财富不是指股东在公司中所拥有的净资产账面金额，而是在资本市场上的价值。对于上市公司来说，股东财富由其所拥有的股票数量和股票市场价格决定。在股票数量既定时，股票财富最大化直接表现为股票价格最大化，股东财富的变化可随时通过股票市场上该公司的股票价格变化反映出来。

以股东财富最大化作为财务管理目标的优点主要在于：①考虑了资金时间价值和投资风险价值。②反映了资产保值增值的要求，股东的财富越多，资产市场价值越大。③在一定程度上能够避免公司产生短期的财务决策行为。

以股东财富最大化作为财务管理目标的局限性主要在于：①只适合上市公司，非上市公司很难有比较公允、客观的股票市场价格。②过于强调股东的利益，而对公司其他利益关系人重视不够。③影响股票价格的因素并非公司所能控制的，把公司不可控的因素引入财务管理目标是不合理的。

4. 公司价值最大化

公司价值是指公司的公允市场价值，是公司所能创造的预计未来现金流量的现值。公司价值反映了公司潜在的或预期的获利能力。公司价值最大化这一观点认为，公司价值最大化是通过财务上合理经营，采取最优的财务决策，充分利用资金时间价值和风险与收益的关系，注重公司的长期稳定发展，强调在公司价值增长中应满足相关者各方利益，不断增加公司财富，使公司总价值最大化。

以公司价值最大化作为财务管理目标的优点主要在于：①考虑了资金时间价值和投资风险价值。②将公司长期、稳定的发展和持续的获利能力放在首位，能够克服公司追求利润最大化的短期行为。③有利于社会资源的优化配置，社会资源通常流向价值最大化的公司或行业，进而有利于实现社会效益最大化。

以公司价值最大化作为财务管理目标的局限性主要在于：①尽管上市公司股票价格的变动在一定程度上可以揭示公司价值的变化，但是股票价格是受多种因素综合影响的结果，特别是在资本市场弱式有效的情况下，股票价格很难反映公司的真实价值。②对于非上市公司，只有通过专门的机构对公司进行评估才能确定其价值，而在评估公司价值时，由于受到评估标准和评估方式以及评估人员职业道德等因素的影响，很难做到客观和准确。

近年来，人们越来越重视生存环境的改善和环境保护。公司作为经济实体，必须考虑其政策和行为对整个社会的影响。环境对公司决策十分重要，越来越多的公司自觉承担起保护环境的社会责任。因此，现代财务管理应该以公司价值最大化作为最佳目标，同时兼顾社会责任。

（三）实现财务管理目标过程中利益关系的协调

1. 股东和经营者利益关系的协调

（1）股东与经营者的目标

现代公司的一个重要特征就是所有权与经营权的分离，由此产生了委托—代理关系。在股东和经营者分离以后，股东的目标是使公司财富最大化，并千方百计要求经营者尽最大的努力去完成这个目标。经营者是最大合理效用的追求者，其具体行为目标与委托人不一致。经营者的目标：①增加报酬，包括物质和非物质的报酬，如工资、奖金、所获荣誉和提升社会地位等。②增加休闲时间，包括较少的工作时间、工作时间里较多的空闲和有效工作时间里较低的劳动强度等。③避免风险。经营者努力工作可能得不到应有的报酬，他们的行为和结果之间具有不确定性，经营者总是力图避免这种风险，常常放弃获利机会好但风险高的投资机会。

（2）经营者对股东目标的背离

由于经营者的目标和股东不完全一致，经营者有可能为了自身目标而背离股东目标。这种背离表现在两个方面：①道德背离。经营者为了实现自身目标，通常不会尽最大努力去实现财务管理目标。他们没有必要为公司提高股价而冒风险，因为股价上涨的好处将归于股东，但如果失败，经营者的身价将下降。因此，他们不会做什么错事，只是在工作上敷衍，以增加自己的休闲时间。这样做不构成法律和行政责任问题，只是道德问题，股东很难追究他们的责任。②逆向选择。经营者为了实现自身目标而背离股东目标。例如，豪装办公室、购买高档汽车、假借工作需要到处游山玩水，或者故意压低股价，再以自己的名义买回，导致股东财富受损，自己从中获利。

（3）协调股东与经营者利益关系的方法

防止经营者背离股东目标的方法一般有以下两种：①监督。经营者背离股东目标是由于双方的信息不一致，主要是经营者了解的信息比股东多。为了避免道德背离和逆向选择，股东需要获取更多的信息，对经营者进行监督，在经营者背离股东目标时，减少其各种形式的报酬，甚至解雇他们。但是，全面监督在实践中是行不通的。股东是分散的或者远离经营者的，得不到充分的信息；经营者比股东有更大的管理优势，比股东更清楚对公司有利的行动方案；全面监督管理行为的代价是很高的，很可能超过它所带来的收益。尽管股东会支付较高的审计费聘请专业的人来进行审计，但往往审计的仅仅是财务报表，而不要求全面审查所有管理行为人。但是，股东对于公司经营情况的了解和对经营者的监督总是必要的，监督可以减少经营者违背股东意愿的行为，但不能解决所有问题。②激励。股东可以采用激励手段使经营者分享公司增加的财富，鼓励他们采取符合公司利益最大化目标的行动。例如，公司盈利率或股票价格提高后给予经营者股票选择权和绩效股奖励。给予的激励过低，则不足以激励经营者，股东不能获得最大利益；给予的激励过高，则股东支付的激励成本过高，股东也不能获得最大利益。因此，激励可以减少经营者违背股东意愿的行为，但同样不能解决所有问题。

通常，股东同时采取监督和激励两种办法来协调自己和经营者的利益关系，但这样也不可能使经营者完全按股东的意愿行动，他们仍然可能作出一些对自己有利但不符合股东利益最大化目标的决策，并由此给股东带来一定的损失。由于监督成本、激励成本和偏离股东利益造成的损失此消彼长，股东要权衡轻重，力求找出能使监督成本、激励成本和偏离股东利益造成的损失三者之和最小的解决办法。

2. 股东和债权人利益关系的协调

当公司向债权人借入资金后，两者之间即形成一种债权债务关系。债权人把资金交给公司，其主要目的是到期收回本金，并获得约定的利息收入；公司借入资金，其目的是扩大生产经营规模，投入有风险的项目以获得高额收益。两者的目的并不一致，债权人事先知道借出资金是有风险的，并把这种风险的应得报酬计入利率。在确定利率时，通常要考虑的因素包括公司现有资产的风险、预计新增加资产的风险、公司现有的负债比率、公司未来的资本结构等。但是，借款合同一旦成为现实，资金进入公司，债权人就失去了对资金的直接控制权，股东可以通过经营者为实现自身利益而伤害（背离）债权人的利益。这样一来，在实现其财务管理目标时，股东与债权人就产生了矛盾。股东伤害（背离）债权人利益的方式主要有两种：①股东未经债权人同意，把借入的资金投放于比债权人预期风险高的其他项目。如果高风险投资计划侥幸成功，其超额收益就会由股东独占；如果高风险投资计划失败，公司无力偿债，债权人就要与股东共同承担由此造成的损失。②股东为了提高公司的利润，未征求债权人的同意而迫使经营者发行新的债券，致使旧债券的价值下降，使旧债权人蒙受损失。旧债券价值下降的原因是公司负债比率增加，公司破产的可能性增加。如果公司破产，旧债权人和新债权人就要共同分配破产后的财产，致使旧债券风险增加、价值下降。

债权人为了防止股东伤害（背离）其利益，除了寻求国家立法保护，如破产时优先接管公司，优先于股东分配剩余财产，通常采取以下措施：①限制性借款，即在借款合同中加入限制性条款，如规定资金的用途、规定不得发行新债券或发行新债券的数额、借款的担保条款等。②收回借款或不再借款，即当债权人发现股东侵蚀其权益时，拒绝进一步合作，如不再提供新的借款、提前收回借款或要求高出正常利率很多的高额利率。

3. 公司目标与社会责任之间的协调

公司目标与公司承担的社会责任在许多方面是一致的。公司在追求自己的目标时自然会使社会受益。例如，公司为了生存，必须生产出符合顾客需要的产品，满足社会需求；公司为了发展，要扩大规模，自然会增加职工人数，解决社会的就业问题；公司为了获利，必须提高劳动生产率，改进产品质量，改善服务，从而提高社会生产效率和公众生活质量。

公司目标与公司承担的社会责任也有不一致的地方。例如，公司为了获利，可能生产伪劣产品、不顾工人的健康和利益、造成环境污染、损害其他公司的利益。

一般来说，公司只要遵守法律法规，在谋求自身利益的同时就会使公众受益。但是，这些法律法规不可能解决所有问题，公司有可能在表面上合法的情况下从事不利于社会的活动。因此，公司还要受到商业道德的约束，要接受政府有关部门的行政监督以及社会公众的舆论监督，进一步协调公司和社会的矛盾。

二、财务管理原则

任何系统的正常运行都要遵循相应的原则，财务管理活动的有序展开也应遵循相应的原则。财务管理原则是人们在理财过程中共同的、理性的认识，是企业组织财务活动、处理财务关系的准则与规范，是对财务管理的基本要求。

（一）坚持资源合理配置原则

公司的资本在生产经营过程中表现为各种各样的资源，各种资源之间客观上存在一定的比例关系。只有通过财务活动的组织和调节来保证资源的合理配置，才能使资本的利用效果达到最佳。

公司资源的配置是资本运动的结果，并通过资本结构比例反映出来。从资本运动的静态来看，公司存在各种各样的资本结构。从资本占用方面来看，公司的资本表现为各种形态的资产，这些形态可构成多种比例关系，比如各种资产占总资产的比重，固定资产与非固定资产的比例，货币资产与非货币资产的比例，对外投资与对内投资的比例。从资本来源方面来看，存在负债资本与权益资本的比例，长期负债与短期负债的比例等。

根据系统论观点，组成系统各要素的构成比例是决定一个系统功能的基本条件。在财务管理活动系统中，资源配置合理、资源构成比例协调能保证生产经营活动正常展开，并因此取得最佳经济效益；反之，资源配置不合理、资源构成比例不协调会影响生产经营活动的正常展开，甚至导致经营失败。

资源的合理配置就是要把资本按照合理的比例配置到生产经营的各阶段，保证公司资本活动的继起性和各种资本占有形态的适度，以确保公司生产经营活动的正常展开。

（二）坚持成本效益原则

公司在财务管理过程中既要关心资本的流量，又要关心资本的增量。增量是指公司生产经营活动中所产生的利润。资本的增量涉及成本和收益两个因素。成本效益原则就是对生产经营活动中所花费与所得进行比较分析，使成本与收益达到最优组合，以谋求更多的财务收益。

财务管理目标使公司所有者权益最大化，为此必须不断提高公司的经济效益，实行有效的成本效益核算。成本效益原则应当贯穿整个理财活动。比如，在作出投资决策时必须用投资额与投资收益进行对比分析，在筹资时必须用资本成本与资本利润进行比较分析，在生产经营过程中必须用生产成本与销售收入、销售利润与期间费用进行对比分析。因此，在财务管理过程中要坚持成本效益原则。

（三）坚持收支平衡原则

收支平衡就是要做到资金流量的协调平衡。公司发生资本的支出意味着一次资本循环的开始，公司取得资本收入意味着本次资本循环结束。要保证资本周转顺利进行，不仅要做到在一定时期内资本的收支总量平衡，而且要做到在每一个时点上资本的收支平衡。如果在每个会计期间资本收入都小于资本支出，则必然会导致资本周转中断。如果在某个会计期间资本收支总额平衡，但在某个时点上资本收支不平衡，也会影响资本周转的流畅性。

但是，资本收支平衡不能采取消极方式来实现。比如，由于资金紧张而压缩生产规模，拖欠到期债务，这样做的后果是减少公司收入，损害公司信誉。因此，资金收支平衡应当采取积极的方式来实现。首先，要通过提高生产质量和生产适销对路的产品来增加收入；其次，要开源节流，增收节支；最后，在发达的金融市场条件下，应当通过短期筹资和投资来调节资金的余缺。

（四）坚持收益风险均衡原则

在市场经济的激烈竞争中，财务管理活动不可避免会遇到风险，公司要获得收益，就不能回避风险，风险中包含收益。公司在理财过程中不能一味追求收益而不考虑发生损失的可能性。收益风险均衡原则要求公司对每一项财务活动都要全面分析其收益性和安全性，按照收益和风险适度适当均衡的要求制定行动方案，在实践中趋利避害，提高收益。

在财务活动中，低风险只能获得低收益，高风险往往可能获得高收益。对于投资者而言，都要求风险与收益相适应，风险越大，则要求的收益越高。风险与收益是一对孪生兄弟，只是不同的经营者对风险的态度有所不同，有的人希望收益稳当一些，不愿意冒较大风险，有的人甘愿冒较大风险以获得较高收益。无论投资者的心理状态是稳健的还是进取的，都应当对决策项目的风险和收益作出全面的分析评价，以便选择最有利的方案。特别要注意把风险大、收益高的项目同风险小、收益低的项目配合起来，分散风险，使风险与收益平衡，做到既能降低风险又能获得较高收益，以提高公司经济效益。

（五）坚持经济利益关系协调原则

公司的财务管理活动必然使公司与有关各方产生各种各样的经济利益关系。经济利益关系协调原则就是公司在财务管理活动中利用经济手段协调国家、投资者、债权人、客户、经营者、职工、内部各单位的经济利益关系，以维护有关各方的合法权益。

公司与有关各方经济利益关系的协调基本上是通过公司财务管理活动实现的。公司对外应协调的关系：依法缴纳国家税收；对投资者要做到资本保全，要合理进行利润分配；对债权人要按时还本付息，讲求信誉；对往来单位要认真履行经济合同。公司对内应协调的关系：对生产经营效果好的车间、部门应给予一定的奖励，运用各种方法划清各车间、部门的经济责任和经济利益；对职工应实行按劳分配，把职工的收入与劳动成果挂钩；对经济效益不好的部门以及不遵守劳动纪律的职工要进行经济处罚。公司只有处理好各方面的经济利益关系，才能有序、高效地生产。

第三节　财务管理的程序与环境

一、财务管理程序

要搞好财务管理工作，实现财务管理目标，除了要遵循相应的财务管理原则外，还要遵循一定的步骤，这就是财务管理程序。财务管理程序包括财务预测、财务决策、财务预算、财务控制和财务分析。财务管理流程中的各个环节相互联系、密切配合，构成了一个完整的财务管理工作体系。

（一）财务预测

财务预测是指根据公司财务活动的历史资料信息，考虑现实的要求和条件，运用科学、合理的方法对公司未来的财务状况、发展趋势及其结果进行科学的预计和测算的过程。财务预测为公司财务决策提供依据，同时为编制公司财务预算做准备，因此进行财务预测对提高财务管理效率和工作质量具有重要的意义。

财务预测的一般程序：①明确预测对象和预测目标。为了达到预测效果，必须根据决策的需要，针对不同的预测对象，确定预测目标。②收集和整理相关资料。根据预测对象和预测目标，有针对性地收集资料，检查资料的可靠性、完整性和典型性，排除偶发因素对资料的影响，并对各项资料进行必要的归类、汇总和调整，使资料符合预测需要。③建立预测模型。按照预测对象，找出影响预测对象的一般因素及其相互关系，建立相应的预测模型。④利用预测模型进行预测。对预测对象的发展趋势和水平进行定量的描述，以获得预测结果。⑤分析预测结果。为了使预测结果符合预期要求，在定量分析的基础上还需要对定量预测的结果进行必要的定性分析和论证，做出必要的调整。这样就可以获得精确度较高的预测资料，为决策提供依据。

（二）财务决策

财务决策是指财务管理人员在公司财务管理总目标的要求下，运用专门的方法对各种备选方案进行比较和分析，从中选出最佳方案的过程。财务决策是财务管理的核心，其他财务管理环节都要围绕这个环节来展开，财务决策合理与否决定着财务工作的成败。

财务决策一般要经过三个步骤：①确定决策目标。以预测数据为基础，结合公司总体经营战略和国家宏观经济要求，从公司实际出发，确定决策期内公司需要实现的财务目标。②拟定备选方案。以确定的财务目标为主，考虑市场可能出现的变化，结合公司内外有关财务和其他经济活动资料以及调查研究材料，设计出实现财务目标的各种实施方案。③分析评价备选方案，择优决策。通过对各种可行实施方案的分析论证、对比研究，主要是对各方案经济效益的分析研究，运用合适的决策方法，作出最优财务决策。

财务决策的方法有两类：一类是经验判别法，即根据决策者的经验，结合必要的专业知识来进行判别和选择，常用的方法有淘汰法、排队法、归类法等；另一类是定量分析法，即运用数学模型，通过定量测算来进行方案的评价和选择，常用的方法有数学分析法、概率决策法、优选对比法等。

（三）财务预算

财务预算是指运用科学的技术手段和数量方法，对未来财务活动的内容及其指标进行具体规划的过程。财务预算是财务预测、财务决策的进一步深化，是以财务决策确定的方案和财务预测提供的信息为基础，并加以具体化，也是财务控制的依据。

财务预算的编制一般包括三个步骤：①分析财务环境，确定预算指标。按照公司供产销的条件和生产能力，运用科学方法，对决策提供的目标进行因素分析，确定对其有影响的多种因素，按照成本效益原则制定出系列主要计划指标。②协调人力、物力、财力，合理安排公司的人力、物力、财力，使之与公司管理目标的要求相适应。③选择预算方法，编制财务预算。编制财务预算有很多种方法，常用的是固定预算法、弹性预算法、增量预算法、零基预算法、滚动预算法、概率预算法、定期预算法等。公司应根据不同的预算项目合理选择预算编制方法。

（四）财务控制

财务控制是指在财务管理过程中以财务预算为依据，对财务活动（如资本的收入、支出、占用、耗费等）进行日常的指导、协调、监督和控制，以实现财务预算所规定的财务目标。

财务控制的一般程序：①建立控制系统。控制系统包括主体、对象与内容、方法与程序。②确定控制标准。控制标准包括财务指标和以此为起点分解的一系列数量指标。③信息传递与反馈。信息传递与反馈包括控制标准信息的下达，偏差信息的确认、分析与反馈，差异调整指令的传递等。④纠正偏差。根据纠偏指令，执行偏差调整措施。财务控制有多种方法，常用的是防护性控制和反馈控制。

（五）财务分析

财务分析是指以会计核算资料和其他方面提供的资料为依据，运用专门的方法，对公司财务活动和结果进行评价和剖析。通过财务分析可以掌握各项财务预算指标的完成情况，有利于改善公司财务预测、决策、预算工作，还可以总结经验，研究和掌握公司财务活动的规律，不断改进财务管理工作。财务管理人员通过财务分析可以提高其业务水平。

财务分析的一般步骤：①确定财务分析目标。为了达到财务分析的效果，必须根据公司的需要，针对不同的分析对象，确定财务分析的目标。②收集资料，掌握情况。进行财务分析必须有充足的资料和信息。这些资料和信息主要包括预算资料、财务报告实际资料、公司历史财务数据以及市场调查资料等。③指标对比分析，揭露矛盾。将其指标进行对比分析能够发现问题，找出差异。④因素分析，明确责任。要揭示问题或差异产生的原因，还需要进行因素分析。进行因素分析就是要查明影响财务指标完成的各种因素，并分析各种因素对指标完成的影响程度，以便分清责任，落实奖惩。⑤提出措施，改进工作。在掌握大量资料和信息的基础上找出各种财务活动之间以及财务活动同其他经济活动之间的本质联系，提出改进措施，完善财务管理工作。财务分析有多种方法，常用的有对比分析法、比率分析法和因素分析法。

二、财务管理环境

（一）宏观经济环境

1. 经济周期

在市场经济条件下，经济发展与运行都带有一定的波动性，大体经历了复苏、繁荣、衰退和萧条四个阶段的循环。经济周期是客观存在的，单个公司是无法改变宏观经济周期的。在不同的经济周期下，公司的经营活动会呈现出不同的状况。

一般而言，在经济萧条阶段，由于宏观经济不景气，公司产量下降或产品积压，不能变现，则会导致公司资金紧张，周转不畅；在经济繁荣阶段，市场需求旺盛，产销量上升，公司为扩大生产，需要增加筹资和投资，以增加公司生产要素。总之，在不同的经济周期下，公司应采取不同的财务管理战略。

2. 经济发展水平

财务管理水平与经济发展水平是密切相关的，经济发展水平越高，财务管理水平就越高。财务管理水平的提高将推动公司降低成本、提高效益，反过来会助推经济发展水平的提高；经济发展水平的提高将改变公司财务战略、财务管理模式以及财务管理的方法和手段，从而促进公司财务管理水平的提高。财务管理应当以经济发展水平为基础，以宏观经济发展目标为导向，从业务工作角度保证公司经营目标和经营战略的实现。

3. 通货膨胀状况

通货膨胀是指在纸币流通条件下，由于纸币的流通量超过商品流通中的实际需要量而引起的纸币贬值、物价普遍上涨的一种经济现象。通货膨胀犹如一个影子，始终伴随着现代经济的发展，也是困扰公司管理人员的重要因素。

通货膨胀不仅对消费者不利，对公司财务管理的影响也很严重，主要表现在四个方面：公司资本占用量增大，增加公司资本需求量；公司利润虚增，造成虚假繁荣景象；利率上升，增加公司筹资成本；资本供应紧张，增加公司筹资难度。

尽管通货膨胀是公司通过自身努力无法改变的外部环境，需要国家制定相应的宏观调控政策和措施，但是公司应该根据通货膨胀环境，结合公司所处行业的特点，及时调整财务管理策略，尽可能地防范风险、减少损失。

4. 国家宏观经济政策

国家宏观经济政策是国家进行宏观经济调控的重要手段。国家的产业政策、金融政策、财税政策等对公司的财务管理措施有着重要的影响，如金融政策中的货币发行量、信贷规模会影响公司的资本结构，价格政策会影响公司资本的投向以及预期收益。

财务管理人员应当深刻领会国家宏观经济政策，认真研究国家宏观经济政策，按照政策的导向办事才能趋利避害，更好地管理公司财务，创造更多的财务价值。

（二）金融环境

影响公司财务管理的金融环境因素主要有金融市场、金融机构、利息率。

1. 金融市场

（1）金融市场及其分类

金融市场是指资本供应者和资本需求者通过一定的金融工具进行交易而达到资本融通的场所。金融市场有广义和狭义之分。广义的金融市场是指与资本融通相关利益主体的经济关系以及协调这些关系的市场规则、规范、机制等方面。狭义的金融市场是指有价证券市场，即股票与债券的发行和买卖市场。金融市场有两个基本特征：①金融市场是以各种金融资产为交易对象的市场。②金融市场可以是有形的市场，也可以是无形的市场。前者有固定场所和工作设备，如银行、证券交易所；后者则利用计算机、电话等设施，通过经纪人进行金融资产的交易活动，可以跨越城市、地区和国界。

金融市场由许多具有不同功能的市场构成，对其可以按照不同的标准进行分类：①以期限长短为标准，金融市场可以分为短期金融市场和长期金融市场。短期金融市场又称为货币市场，其融资期限在一年以内，主要包括银行承兑汇票、商业票据、可转让存单、同业拆借等。其特点是偿还期短、流动性好、风险小。长期金融市场又称为资本市场，其融资期限在一年以上，主要包括股票、政府公债、金融证券等。②以交易性质不同为标准，金融市场可以分为一级市场和二级市场。一级市场又称为初级市场或发行市场，是指新发行金融工具的买卖市场；二级市场又称为次级市场或流通市场，是指以发行金融工具转手买卖的市场。③以交割时间不同为标准，金融市场可以分为现货市场和期货市场。现货市场是指买卖双方成交后，当场或最近时间内（几天之内）买方付款、卖方交出证券的交易市场；期货市场是指买卖双方成交后，双方约定在未来特定时日才交割的交易市场。④以交易对象不同为标准，金融市场可以分为资金市场、外汇市场和黄金市场。资金市场是进行资金借贷的市场，包括货币市场和资本市场。外汇市场是以各种外汇工具为交易对象的市场，主要满足交易者对外汇的需求。目前，世界上主要的外汇交易市场有伦敦、纽约、东京、苏黎世、中国香港、法兰克福等。黄金市场是集中进行黄金买卖和金币兑换的交易市场。黄金市场的交易分为现货交易和期货交易两种。

（2）金融市场的构成要素

一个较为完善的金融市场应包括以下五个要素。

①金融市场的主体。金融市场的主体就是金融市场的参与者。按照进入市场的身份，金融市场的主体可以细分为资本供应者、资本需求者、金融中间人或中介机构、金融组织与监管机构。不同的金融市场主体有着不同的利益和角色定位，他们共同促进金融交易效率提高、交易成本降低以及市场竞争的有序化。

②金融市场的客体。金融市场的客体是指金融市场交易双方交易的对象，即货币资金。在金融市场上，无论是银行的存贷款，还是证券市场上的证券买卖，交易双方主要都是货币资金的供应者和需求者，通过交易，最终将货币资金从供应者手中转让到需求者手中。与商品交易不同，金融市场的交易大多数表现为货币资金使用权的转移，而商品市场的交易则是商品所有权和使用权同时转移。

③金融工具。金融市场交易工具即金融工具（信用工具）。金融工具是指在资金融通过程中，资金需求方交与资金供应方用于证明双方之间存在的资金融通交易的证明（凭证），是双方资金融通的一种契约形式。它包括债务证券、权益证券和信用凭证。债务证券包括政府债券、公司债券以及商业银行发行的可以流通的存单。权益证券即普通股股票和优先股股票。信用凭证是诸如储蓄者将货币存入金融机构取得的存款凭证及公司开具的应收与应付票据等。

④交易价格。在商品市场上，交易价格是指商品购买方支付给商品出售方的货币金额。在金融市场上，由于交易的对象为货币资金，所以作为交易对象的价格不是单纯的货币，而是货币使用权的代价，即利息，如果用相对值表示就是利率。在金融市场上，利率的表现形式有很多种，如中央银行再贴现利率、商业银行存贷款利率、同业拆借利率以及国债利率、市场利率等。其中，中央银行再贴现利率是基准利率，反映国家的货币政策和市场资金的供求状况，它影响商业银行存贷款利率和同业拆借利率。市场利率是指市场上借贷款行为所依据的基准利率，通常依据中央银行再贴现利率而形成。

证券市场交易价格尽管不直接使用利率来表示，但证券价格与利率是有密切联系的：市场利率上升，则证券价格下降；市场利率下降，则证券价格上升。

⑤交易组织形式和交易方式。金融市场的交易行为必须依赖一定的金融市场组织形式和特定的交易方式。交易组织形式是指在金融市场上投融资双方所采取的交易形式，主要包括交易所交易、柜台交易、中介交易等。其中，交易所是最主要的交易组织。交易方式是指在特定的交易组织内由买卖双方公开竞价进行交易的一种方式，主要有现货交易方式、期货交易方式、期权交易方式、信用交易方式等。

（3）金融市场对公司财务管理的影响

公司从事生产经营活动需要资本，除公司股东投入外，主要是从金融市场获取。金融市场的变化必然影响公司的财务管理行为。金融市场作为影响公司财务管理最主要的环境因素，它对公司财务管理的影响主要体现在以下三个方面。

①金融市场是公司投融资的重要场所。公司需要资本时，可以在金融市场选择合适的筹资方式和恰当的筹资时机去筹集所需要的资本。同时，公司也可以将闲置的资本适时地投放到金融市场中，从而获取收益。

②金融市场促进了公司资本的灵活转换。金融市场中各种形式的金融交易形成了复杂多变的融资活动。通过这样的融资活动，可以实现资本形式的相互转换，包括时间上长期资本和短期资本的相互转换，空间上不同区域间资本的相互转换，以及数量上大额资本和小额资本的相互转换等。例如，公司急需周转资本时，可以将长期资本，如股票、基金、债券及大额可转让定期存单等，在金融市场卖出或兑现，变为短期资本；当公司有暂时闲置的短期资本时，可以将短期投资于证券市场的股票、基金、债券等临时转换为长期资本。

③金融市场能为企业财务管理提供及时、有用的信息。金融市场的利率、价格变化趋势以及资金供求情况等都是财务管理及时、有用的信息。金融市场中的利率高低、各种金融工具的价格波动都将影响公司的筹资成本，如银行贷款利率的提高会影响公司的贷款成本，公司股票价格的波动会影响公司配股或增发新股的价格等，这些都是公司进行生产经营和财务决策的重要依据。

2. 金融机构

凡是在融资活动中居于中介地位，并且发行间接证券的机构就是金融机构，也称为金融中介。它首先把间接证券出售给需要融出资金的机构或个人，然后用资金购买需要融入资金单位的直接证券，从而实现资金的融通。一个机构是否为金融机构，判断的依据是它是否发行了间接证券。间接证券是指债务人通过金融媒介向债权人融资，由金融机构发行的证券；直接证券是指债务人不通过金融媒介，直接向债权人筹资而发行的证券。金融机构主要是指银行和非银行金融机构。我国的金融机构主要包括中国人民银行、商业银行、政策性银行和非银行金融机构。

（1）中国人民银行

中国人民银行为国务院组成部门，是我国的中央银行（简称央行），是在国务院领导下制定和执行货币政策、防范和化解金融风险、维护金融市场稳定的宏观调控部门。

（2）商业银行

商业银行是以营利为目的，主要经营存贷款与办理转账结算的金融机构。我国的商业银行可以分为两大类：①国有独资商业银行，如中国工商银行、中国银行、中国农业银行、中国建设银行。它们的传统分工已经被淡化。②股份制商业银行。我国的股份制商业银行是1987年发展起来的，现在有交通银行、深圳发展银行、中国光大银行、华夏银行、招商银行、兴业银行、上海浦东发展银行、中国民生银行及各地的城市商业银行等。这些银行以公司法人股和财政入股为主，个别银行有个人股权。

（3）政策性银行

政策性银行是指由政府设立，以贯彻国家产业政策、区域发展政策为使命，不以营利为目的的金融机构。目前，我国的政策性银行有三家：国家开发银行、中国进出口银行、中国农业发展银行。它们都成立于1994年，以财政拨款和发行政策性金融证券为主要资金来源；不以营利为目的，主要是为了贯彻国家产业政策和区域发展政策。但是它们的资金也必须有偿使用，对于贷款要进行严格审查，并要求还本付息，即坚持保本微利的原则。

（4）非银行金融机构

目前，我国主要的非银行金融机构有保险公司（主要经营保险业务）、信托投资公司（主要从事受托理财业务）、金融租赁公司（主要办理金融租赁业务）、证券机构（主要从事证券业务）、财务公司（主要向社会募集中长期资金，为企业集团提供财务技术服务）等。

3. 利息率

利息率简称利率，是衡量资本增值量的基本单位，也就是资本的增值与投入资本的价值之比。从资本流通角度来看，利率为资本的交易价格。资本作为一种特殊的商品，是以利率作为价格标准的，资本的融通实质上是通过利率这一价格体系在市场机制作用下实行再分配。这种分配的结果往往是获利较高的投资机会更容易得到资本。因此，我们可以说利率是一只无形的手，是资本市场上资本流向的调节器。

按照经济学原理，任何一种商品的市场价格都应该由该商品的市场供求情况决定，这种商品的供求规律及供求均衡情况决定了该商品的一般价格水平。资本这种特殊商品的价格（利率）也主要由供求情况决定。同时，利率变动还要受经济周期、货币政策、财政政策、通货膨胀和国际收支状况等因素影响。由于影响利率变化的因素很多，且影响因素和利率变化之间的关系非常复杂，因此在财务管理实践中，人们往往根据利率的构成对具体的利率变动进行估算。一般来说，资金的利率（市场利率）包括纯利率、通货膨胀补偿率、违约风险收益率、流动性风险收益率、期限性风险收益率，可以用以下公式表示：

利率＝纯利率＋通货膨胀补偿率＋违约风险收益率＋流动性风险收益率＋期限性风险收益率

（1）纯利率

纯利率是指在无通货膨胀和无风险情况下的社会平均利润率。纯利率的高低受平均利润率、资本供求关系和国家宏观政策的影响，很难被精确测定。因此，在实际工作中，通常用无通货膨胀情况下的国库券利率来表示。

（2）通货膨胀补偿率

通货膨胀会降低货币的实际购买力，使投资者的真实收益率下降，因此他们必然要求提高利率水平以补偿其购买力损失。一般认为，政府发行的短期国库券利率是由纯利率和通货膨胀补偿率两部分组成的。

（3）违约风险收益率

违约风险是指借款人无法按期偿还本金和利息而给投资者带来的风险。如果借款人经常不能按期支付本息，则说明该公司违约风险较高。投资者为了减少损失，必然要求提高收益率以弥补违约风险。当然，违约风险收益率不可以无限制地增长，如果某公司具有很高的违约风险，则它以任何利率都不可能筹集到借款。公司违约风险由其信用程度决定。公司的信用程度可以分为若干等级，等级越高，信用越好，违约风险越低，利率水平越低；信用不好，违约风险高，利率水平自然提高。一般将国库券与拥有相同到期日、变现力和其他特性的公司债券两者之间的利率差作为违约风险收益率。

（4）流动性风险收益率

流动性风险是指某项资产迅速转化为现金的可能性。如果一项资产能够迅速转化为现金，说明其变现能力强，流动性好，流动性风险低；反之，则流动性风险高。政府债券和大公司债券的信用好，变现能力强，容易被广大投资者接受，具有较强的流动性，投资者在需要投资时可以随时出售，流动性风险小，利率低；而一些不知名的中小公司发行的债券，流动性差，流动性风险高，利率高。在其他因素相同的情况下，流动性风险小的债券和流动性风险大的债券的利率相差 1% ~ 2%，即流动性风险收益率。

（5）期限性风险收益率

期限性风险是指进行期限较长的投资后，在投资回收前因利率变动导致所投资的资产价值贬值而使投资者遭受损失的风险。一项负债，到期日越长，债权人承受的不确定性因素就越多，承担的风险就越高。为了弥补这种风险而提高的利率水平，就是期限性风险收益率。例如，同时发行的国债，5 年期利率比 3 年期利率高，银行贷款利率也是一样。

第二章　财务分析与价值原理

第一节　财务分析

一、财务分析方法

（一）财务分析方法的种类

财务分析的方法很多，常用的方法主要有比较分析法、比率分析法、趋势比率分析法和因素分析法等几种。

1. 比较分析法（绝对数分析）

比较分析法的理论基础，是对于客观事物发展变化的统一性与多样性的辩证结合。共同性使它们具有可比的基础，差异性使它们具有不同的特征。在实际分析时，这两个方面的比较往往结合使用。比较分析法是通过对比两期或连续数期财务报告中的相同指标，确定其增减变动的方向、数额和幅度，来说明企业财务状况或经营成果变动趋势的一种方法。在实际工作中，根据分析的目的和要求不同，比较分析法有以下三种形式。

（1）不同时期财务指标的比较

①定基动态比率。它是以某一时期的数额为固定的基期数额而计算出来的动态比率。
②环比动态比率。它是用每一分析期的数据与上期数据相比较计算出来的动态比率。

（2）同业分析

将企业的主要财务指标与同行业的平均指标或同行业中先进企业指标对比，可以全面评价企业的经营成绩。与行业平均指标的对比，可以分析判断该企业在同行业中所处的位置。与先进企业的指标对比，有利于吸收先进经验，克服本企业的缺点。

（3）预算差异分析

将分析期的预算数额作为比较的标准，实际数与预算数的差距就能反映完成预算的程度，可以为人们进一步分析和寻找企业潜力提供方向。

比较分析法的主要作用在于揭示客观存在的差距以及形成这种差距的原因，帮助人们发现问题，挖掘潜力，改进工作。比较分析法是各种分析方法的基础，不仅报表中的绝对数要通过比较才能说明问题，计算出来的财务比率和结构百分数也都要与有关资料（比较标准）进行对比，才能得出有意义的结论。

采用比较分析法时，应当注意以下问题：用于对比的各个时期的指标，其计算口径必须保持一致；应剔除偶发性项目的影响，使分析所利用的数据能反映正常的生产经营状况；应运用例外原则对某项有显著变动的指标做重点分析。

2. 比率分析法（相对数分析）

比率分析法是通过经济指标之间的对比，求出比率来确定各经济指标间的关系和变动程度，以评价企业财务状况及成果的一种方法。运用比例分析法，我们能够把在某些条件下的不可比指标变为可比指标来进行比较。例如，在评价同行业的盈利能力时，由于各企业的规模、地理位置、技术条件等因素各不相同，因此不能简单地以盈利总额进行对比，而应当用净资产收益率等相对指标进行对比说明，这样才能公正地评价企业的经营管理水平及盈利能力的高低。比率分析法有以下三种形式。

（1）相关比率分析法

相关比率分析法是指同一时期两个相关指标进行对比求出比率，用以反映有关经济活动中财务指标间的相关关系。例如，用流动资产与流动负债的比率来表明每一元流动负债有多少流动资产作为偿还的保证；用销售收入与流动资产平均占用额的比率来表明企业流动资产的周转速度；用利润额与资本金的比率来反映企业资金的盈利能力；等等。

（2）构成比率分析法

构成比率分析法又称结构比率分析法。它是某项经济指标的各个组成部分与总体的比率，反映总体内部各部分占总体构成比率的关系。其计算公式为：

$$\text{构成比率} = \text{某个组成部分数额} \div \text{总体数额} \times 100\%$$

总体经济指标中各个构成部分安排得是否合理、结构比例是否协调，直接关系企业经营活动的正常运转。例如，总体资金中短期资金与长期资金应保持适当的比例，短期资金过多会影响企业的长远发展，短期资金过少又会使企业周转陷入困境；又如，企业的利润总额中，产品销售利润与其他销售利润的比例应适当合理，如果其他销售利润的比例增大，则说明企业主营业务受阻，前景不容乐观。

（3）效率比率分析法

效率比率是某项经济活动中所费与所得的比率，它反映投入与产出的关系。我们可以用效率比率指标进行得失比较，考查经营成果，评价经济效益。例如，将利润项目与营业收入、营业成本、资本等项目加以对比，可以计算出成本利润率、营业利润率和资本利润率等利润率指标，还可从不同角度观察比较企业获利能力的高低及其增减变化情况。

采用比率分析法时，应当注意三点：①对比项目的相关性；②对比口径的一致性；③衡量标准的科学性。

3. 趋势比率分析法

趋势比率分析法就是分析期与前期或连续数期项目金额的对比，是一种动态的分析。

通过分析期与前期（上季、上年同期）财务报表中有关项目金额的对比，人们可以从差异中及时发现问题，查找原因，改进工作。连续数期的财务报表项目比较，能够反映出企业的发展动态，从而揭示当期财务状况和营业情况的增减变化，判断引起变动的主要项目及变化的性质，发现问题并评价企业财务管理水平，同时可以预测企业未来的发展趋势。

4. 因素分析法

因素分析法是财务报表分析常用的一种技术方法。它是把整体分解为若干个局部的分析方法，包括财务的比率因素分解法和差异因素分解法。

（1）比率因素分解法

比率因素分解法是把一个财务比率分解为若干个影响因素的方法。例如，资产收益率可以分解为资产周转率和销售利润率两个比率的乘积。财务比率是财务报表分析的特有概念，财务比率分解是财务报表分析所特有的方法。

在实际的分析中，分解法和比较法是结合使用的。比较之后需要分解，以深入了解差异的原因；分解之后还需要比较，以进一步认识其特征。不断地比较和分解，构成了财务报表分析的主要过程。

（2）差异因素分解法

为了解释比较分析中所形成差异的原因，我们需要使用差异分解法。例如，产品材料成本差异可以分解为价格差异和数量差异。

差异因素分解法又分为定基替代法和连环替代法两种。

①定基替代法。定基替代法是测定比较差异成因的一种定量方法。按照这种方法，我们需要分别用标准值（历史的、同业企业的或预算的标准）替代实际值，以测定各因素对财务指标的影响。

②连环替代法。连环替代法是另一种测定比较差异成因的定量分析方法。按照这种方法，我们需要依次用标准值替代实际值，以测定各因素对财务指标的影响。

采用因素分析法时，必须注意以下问题：因素分解的关联性、因素替代的顺序性、顺序替代的连环性、计算结果的假定性。

二、财务指标分析

财务指标分析是总结和评价企业财务状况与经营成果的分析指标，包括偿债能力指标、运营能力指标、盈利能力指标和发展能力指标。

（一）偿债能力分析

偿债能力是指企业偿还本身所欠债务的能力。偿债能力的高低直接表明企业财务风险的大小，所以企业投资者、债权人及企业财务管理人员都非常重视对偿债能力的分析，偿债能力分为短期偿债能力和长期偿债能力两个方面。

1. 短期偿债能力分析

短期偿债能力是企业以流动资产偿还流动负债的能力，它反映企业偿付日常到期债务的能力。如果短期偿债能力不足，企业则无法偿付到期债务及各种应付账款，如此下去，企业就会出现信誉下降、经营周转资金短缺、经营管理困难等情况，甚至直接破产。因此，短期偿债能力的分析是财务分析中非常重要的一个方面，它是反映企业财务状况是否良好的一个重要标志。

企业短期偿债能力分析主要采用比率分析法，衡量指标主要有流动比率、速动比率和现金流动负债率。

（1）流动比率

流动比率是流动资产与流动负债的比率，表示企业每 1 元流动负债有多少流动资产作为偿债保证，它反映了企业的流动资产偿还流动负债的能力。其计算公式为：

$$\text{流动比率} = \text{流动资产} \div \text{流动负债} \times 100\%$$

一般情况下，流动比率越高，企业短期偿债能力越强，该比率越高，不仅表明企业拥有较多的营运资金抵偿短期债务，而且表明企业可以变现的资产数额较大，债权人的风险小。但是，过高的流动比率并不都是好现象。从理论上讲，流动比率维持在 2 是比较合理的。但是，由于行业性质不同，流动比率的实际标准也不同。所以，在分析流动比率时，应将其与同行业平均流动比率和本企业历史的流动比率进行比较，才能得出合理的结论。

（2）速动比率

速动比率，又称酸性测试比率，是企业速动资产与流动负债的比率。其计算公式为：

$$\text{速动比率} = \text{速动资产} \div \text{流动负债} \times 100\%$$

其中

$$\text{速动资产} = \text{流动资产} - \text{存货}$$

或

$$\text{速动资产} = \text{流动资产} - \text{存货} - \text{预付账款} - \text{待摊费用}$$

计算速动比率时，流动资产中扣除存货，是因为存货在流动资产中的变现速度较慢，有些存货可能滞销，无法变现。另外，预付账款和待摊费用根本不具有变现能力，只是减少了企业未来的现金流出量，所以理论上也应剔除。但实务中，由于它们在流动资产中所占的比重较小，计算速动资产时也可以不扣除。

传统经验认为，速动比率维持在 1 较为正常。它表明企业每 1 元流动负债就有 1 元易于变现的流动资产来抵偿，短期偿债能力有可靠的保证。

速动比率过低，企业的短期偿债风险较大，速动比率过高，企业在速动资产上占用资金过多，会增加企业投资的机会成本。但以上评判标准并不是绝对的。

（3）现金流动负债比率

现金流动负债比率是企业一定时期经营现金净流量与流动负债的比率。它可以从现金流量角度来反映企业当期偿付短期负债的能力。其计算公式为：

现金流动负债比率 = 年经营现金净流量 ÷ 流动负债 ×100%

式中，年经营现金净流量指一定时期内，企业经营活动所产生的现金及现金等价物的流入量与流出量的差额。

该指标是从现金流入和流出的动态角度对企业实际偿债能力进行考查。用该指标评价企业的偿债能力更为谨慎。该指标较大，表明企业经营活动产生的现金净流量较多，能够保障企业按时偿还到期债务。但也不是越大越好，现金流动负债比率太大则表示企业流动资金利用不充分，收益能力不强。

2. 长期偿债能力分析

长期偿债能力是指企业偿还长期负债的能力。它的大小是反映企业财务状况稳定与否及安全程度高低的重要标志。其分析指标主要有以下四项。

（1）资产负债率

资产负债率又称负债比率，是企业负债总额与资产总额的比率。它表示企业资产总额中，债权人提供资金所占的比重以及企业资产对债权人权益的保障程度。其计算公式为：

资产负债率 = 负债总额 ÷ 资产总额 ×100%

资产负债率高低对企业的债权人和所有者具有不同的意义。

债权人希望负债比率越低越好，此时，其债权的保障程度就越高。

对于所有者而言，最关心的是投入资本的收益率。只要企业的总资产收益率高于借款的利息率，举债就越多，即负债比率越大，所有者的投资收益就越大。

一般情况下，企业负债经营规模应控制在一个合理的水平，负债比重应控制在一定的范围内。如果资产负债率大于 1，则表明企业资不抵债，面临破产的威胁，债权人会遭受到更大的损失。一般认为，负债比率在 50% 左右较为合适。

（2）产权比率

产权比率是指负债总额与所有者权益总额的比率，是企业财务结构稳健与否的重要标志，也称资本负债率。其计算公式为：

负债与所有者权益比率 = 负债总额 ÷ 所有者权益总额 ×100%

该比率反映了所有者权益对债权人权益的保障程度，即在企业清算时债权人权益的保障程度。该指标越低，表明企业的长期偿债能力越强，债权人权益的保障程度越高，承担的风险越小，但企业不能充分地发挥负债的财务杠杆效应。

（3）有形净值债务率

有形净值是股东权益减去无形资产净值，即股东具有所有权的有形资产的净值。有形净值债务率用于揭示企业的长期偿债能力，表明债权人在企业破产时的被保护程度。其计算公式如下：

有形净值债务率 = 负债总额 ÷（股东权益 − 无形资产净值）×100%

有形净值债务率主要是用于衡量企业的风险程度和对债务的偿还能力。这个指标越大，表明风险越大；反之，则越小。同理，该指标越小，表明企业长期偿债能力越强；反之，则越弱。

（4）利息保障倍数

利息保障倍数又称已获利息倍数，是企业息税前利润与利息费用的比率，是衡量企业偿付负债利息能力的指标。其计算公式为：

利息保障倍数 =（税前利润 + 利息费用）÷ 利息费用 =（EBIT+I）÷I

上式中，利息费用是指本期发生的全部应付利息，包括流动负债的利息费用、长期负债中进入损益的利息费用以及进入固定资产原价中的资本化利息。

利息保障倍数越高，说明企业支付利息费用的能力越强，该比率越低，说明企业难以保证用经营所得来及时足额地支付负债利息。因此，它是衡量企业偿债能力强弱的主要指标，企业通过该指标决定是否举债经营。若要合理地确定企业的利息保障倍数，我们需将该指标与其他企业，特别是同行业平均水平进行比较。根据稳健原则，我们应以指标最低年份的数据作为参照物。但是，一般情况下，利息保障倍数不能低于 1。

（二）盈利能力分析

盈利能力通常是指企业在一定时期内赚取利润的能力。盈利能力的大小是一个相对的概念，即利润是相对于一定的资源投入和一定的收入而言的。利润率越高，盈利能力越强；利润率越低，盈利能力越差。企业经营业绩的好坏最终可通过企业的盈利能力来反映。企业盈利能力分析可从企业盈利能力一般分析和社会贡献能力分析两个方面进行研究。

1. 资产净利率

资产净利润率又称资产报酬率、投资报酬率或资产收益率，是企业在一定时期内净利润与资产平均总额的比率。其计算公式为：

资产净利率 = 净利润 ÷ 资产平均总额 ×100%

资产平均总额为期初资产总额与期末资产总额的平均数。资产净利率越高，表明企业资产利用的效率越好，整个企业盈利能力越强，经营管理水平越高。

2. 营业利润率

营业利润率表明企业每单位营业收入能带来多少营业利润。它反映了企业主营业务的获利能力，是评价企业经营效益的主要指标。营业利润率越高，企业获利能力就越强，营业收入水平就越高；反之，则越低。其计算公式如下：

营业利润率 = 营业利润 ÷ 营业收入 ×100%

需要说明的是，从利润表来看，企业的利润包括营业利润、利润总额和净利润三种形式。而营业收入包括主营业务收入和其他业务收入，收入来源有商品销售收入、提供劳务收入和资产使用权让渡收入等。因此，在实务中也经常使用销售净利率、销售毛利率等指标来分析企业经营业务的获利水平。此外，通过考察营业利润占整个利润总额比重的升降，我们可以发现企业经营理财状况的稳定性、面临的风险或者可能出现的转机迹象。

3. 成本费用利润率

成本费用利润率是指企业利润总额与成本费用总额的比率，用以反映企业在生产经营活动过程中所费与所得之间的关系。其计算公式为：

成本费用利润率 = 利润总额 ÷ 成本费用总额 ×100%

其中：

成本费用总额 = 营业成本 + 税金及附加 + 销售费用 + 管理费用 + 财务费用

成本费用利润率越高，说明企业耗费所取得的收益越高。

4. 每股收益

每股收益又称每股盈余，是由企业的税后净利扣除优先股股利后的余额与流通在外的普通股股数进行对比所确定的普通股每股收益额，用以评价公司发行在外的每股普通股的盈利能力。在投资分析中，每股收益是非常重要的，因为投资者可以把本年度的每股收益和公司以往年度的每股收益相比较，预测每股收益的变动趋势及股价的变动趋势。

每股收益 =（税后利润－优先股股利）÷ 普通股平均发行在外股数

发行在外普通股加权平均数 =（期初发行在外普通股股数 + 当期新发行普通股股数）× 已发行时间 / 报告期时间－当期回购普通股股数 × 已回购时间 / 报告期时间

企业存在稀释性潜在普通股的，应当分别调整归属于普通股股东的当期净利润和发行在外普通股的加权平均数（基本每股收益计算公式中的分子、分母），据以计算稀释每股收益。其中，稀释性潜在普通股是指假设当期转换为普通股会减少每股收益的潜在普通股，主要包括可转换公司债券、认股权证和股票期权等。

一般来讲，每股收益越高，表明企业绩效越好，投资者应在投资决策前就各公司的每股收益进行比较，以选择每股收益最高的公司作为投资目标。

5. 市盈率

市盈率又称价格盈余比例，是普通股每股市场价格与每股利润的比率。反映投资者为从某种股票获得 1 元收益所愿意支付的价格。其计算公式为：

市盈率 = 普通股每股市场价格 ÷ 普通股每股利润

市盈率反映投资者对每 1 元利润所愿支付的价格，市盈率越低，代表投资者能够以越低的价格购入股票以取得回报。假设某股票的市价为 24 元，而过去 12 个月的每股盈利为 3 元，则市盈率为 24 ÷ 3=8。该股票被视为有 8 倍的市盈率，即每付出 8 元可分享 1 元的盈利。投资者计算市盈率，主要用来比较不同股票的价值。理论上，股票的市盈率越低，越值得投资。比较不同行业、不同国家、不同时段的市盈率是不大可靠的。比较同类股票的市盈率较有实用价值。需要注意的是，该指标不能用于行业内不同的企业间的比较。

二、财务综合分析

（一）杜邦分析法

杜邦分析法是利用几种主要财务比率之间的关系来综合分析企业财务状况的一种分析方法。具体来说，它是一种用来评价公司盈利能力和股东权益回报水平，从财务角度评价企业绩效的经典方法。其基本思想是将企业净资产收益率逐级分解为多项财务比率乘积，这样有助于深入分析比较企业经营业绩。

（二）沃尔比重评分法

沃尔比重评分法是指将选定的财务比率用线性关系结合起来，并分别给定各自的分数比重，然后通过与标准比率进行比较，确定各项指标的得分及总体指标的累计分数，从而对企业的信用水平做出评价的方法。

沃尔比重评分法的公式为：

实际分数 = 实际值 ÷ 标准值 × 权重

沃尔比重评分法的基本步骤包括以下五方面。

一是选择评价指标并分配指标权重。由于财务指标繁多，故在计算时应选择能够说明问题的，能从不同侧面反映企业财务状况的典型指标。

盈利能力的指标：资产净利率、销售净利率、净值报酬率。

偿债能力的指标：自有资本比率、流动比率、应收账款周转率、存货周转率。

发展能力的指标：销售增长率、净利增长率、资产增长率。

按重要程度确定各项比率指标的评分值，评分值之和为 100。

三类指标的评分值约为 5 ∶ 3 ∶ 2。盈利能力指标三者的比例约为 2 ∶ 2 ∶ 1，偿债能力指标和发展能力指标中各项具体指标的重要性大体相当。

二是根据各项财务比率的重要程度，确定其标准评分值。

三是确定各项评价指标的标准值。

四是对各项评价指标计分并计算综合分数。

五是形成评价结果。

综上所述，财务分析是指以企业财务报表等有关会计核算资料为依据，对企业财务活动过程及结果进行分析和评价。财务分析在财务管理工作中的作用从不同的角度看是不同的。根据报表信息的使用对象，财务分析的作用主要表现在为企业管理者提供经营管理依据和为企业外部投资与贷款人提供决策依据，为有关部门提供管理监督依据。财务分析的基本方法有比较分析法、比率分析法、趋势比率分析法、因素分析法。财务分析的主要内容包括企业资本结构分析、盈利能力分析、偿债能力分析。杜邦分析法和沃尔比重评分法是财务综合分析的两种主要方法。

第二节 价值原理

一、资金时间价值

（一）资金时间价值的概述

1. 资金时间价值的含义

资金时间价值是指资金经历一定时间的投资和再投资之后所增加的价值。也就是说，资金的时间价值是在资金周转的过程中形成的，停止了周转，也就失去了增值的机会。只有经过投资和再投资，并持续一段时间才能够实现增值，而且随着时间的延续，资金总量在循环和周转中按几何级数增长，使资金具有时间价值。

2. 资金时间价值量的确定

通常情况下，资金时间价值被认为是在没有风险和没有通货膨胀条件下的社会平均资本利润率。这是因为资金时间价值应用的范围比较广，所以它以代表社会平均剩余价值的资本平均利润率为标准，而不是以个别剩余价值为标准。

资金时间价值量的大小通常以利息率来表示，需要注意的是本章衡量资金时间价值量的利息率与实际生活中的如银行存贷款利息率、股息率等一般利息率是有区别的。一般利息率除包含资金时间价值因素外，还包括风险价值和通货膨胀等因素，同时还受资金供求关系的影响。

（二）资金时间价值的计算

1. 利息、终值、现值和利率

（1）利息

利息是资金所有者让渡资金使用权所收取的报酬。例如，客户向银行贷款购买房产，在约定的到期日或到期日之前，需要根据贷款金额和贷款期限的长短，按照借款利率计算贷款利息并支付给银行作为贷款的报酬。利息计算公式为：

$$I = P \times i \times n$$

其中，I 为利息，P 为本金，n 指资金使用的时间，i 为利率。该公式用文字表达为：

利息 = 本金 × 时间 × 利率

资金所有者收回资金使用权时的总金额为本利和，包括本金和利息两个部分。本利和的计算公式为：

$$S=P+P\times i\times n=P\times(1+i\times n)$$

其中，S 为本利和，P 为本金，n 指资金使用的时间，i 为利率。

（2）终值

终值也称为未来值，常用字母 F、FV 表示，是一定数量的现在货币经过若干期后的本利之和，或者说是现在投入的现金在将来某一时点的价值。

（3）现值

现值常用字母 P、PV 表示，也可叫作现在值，是指一定数量的未来货币按一定的折现率折合成现在的价值，即资金的现在价值。

（4）利率

利率是资金的增值额与投入资金价值之间的比率，是资金的交易价格。资金的融通实质上是通过利率在市场机制的作用下进行的资源再分配，因此利率在财务管理中起着非常重要的作用。按照不同的标准，利率可以划分为四类：①按利率之间的依存关系，分为基准利率和套算利率。②按债权人的实际所得，分为名义利率和实际利率。③按借贷期内是否调整，分为固定利率和浮动利率。④按利率变动与市场供求关系，分为市场利率和法定（官方）利率。

资金的供求状况是决定利率水平的重要因素。在现实生活中，资金的利率是由纯利率、通货膨胀附加率和风险附加率三部分组成的，或者说是由时间价值、通货膨胀补偿和风险报酬三部分组成的。

在资金时间价值分析中，运用最为频繁的就是实际利率和名义利率。资金时间价值分析一般以年为计息周期，通常我们所说的年利率就是名义利率，也称为票面利率或合同约定的利率。但是在实际计算分析中，我们经常会以少于一年的周期为计息周期，因此会出现利率标明的计息单位与计息周期不一致的情况，如按天计息、按月计息、按季计息或者每半年计息，相对的复利计息次数变为每年 360 次、12 次、4 次或 2 次。这时我们就要注意区分名义利率和实际利率，两者的关系可用公式表示为：

$$i=\left(1+\frac{r}{m}\right)^{m}-1$$

其中，i 为实际利率，r 为名义年利率，m 为每年的计息次数。

根据该式，我们可以归纳出名义利率和实际利率之间的联系：①当计息周期为一年时，名义利率和实际利率相等；当计息周期短于一年时，实际利率大于名义利率。②名义利率越大，计息周期越短，实际利率与名义利率的差异就越大。③名义利率不能完全反映资金的时间价值，实际利率才能真正反映资金的时间价值，因为实际利率反映了资金的周转时间或周转次数。

2. 单利的计算

（1）单利的定义

单利是以期（年、季、月、日等）为单位按本金计算的利息。也就是说，其计算过程中只有最初的本金计算利息，利息不计算利息，即不会出现“利滚利”的现象。

单利的计算包括单利终值的计算和单利现值的计算。

（2）单利终值的计算

单利终值的计算就是利用单利计算若干期以后包括本金和利息在内的未来价值。其计算公式为：

$$FV_n = PV + PV \times i \times n = PV \times (1 + i \times n)$$

其中，FV_n 表示终值或本利和，PV 表示本金，n 指使用的时间或周期，i 为利率。

（3）单利的现值计算

单利的现值计算就是将未来的资金金额按照给定的利息率计算得到现在的价值，其计算公式可以由单利终值公式倒推得到，即

$$P = \frac{s}{1 + i \times n} = s \times (1 + i \times n)^{-1}$$

或

$$P_0 = \frac{FV_n}{1 + i \times n} = FV_n \times (1 + i \times n)^{-1}$$

其中，P 或 P_0 表示单利现值，S 或 FV_n 表示终值或本利和，n 为使用的时间或周期，i 为利率。

（三）年金的计算

1. 年金的概念

年金是指一定时期内每期金额相等的收付款项。年金的特点是收或付的金额相等，而且每次收或付款间隔的时间也相等。例如，一年定期支付一次、半年支付一次、一季度支付一次、每周支付一次相同的金额都可以称为年金。

介于相邻的两个支付年金日期的时期称为支付期间，介于两相邻日之间的这段时间称为计息期间。

每一支付期间支付的金额称为每次（期）年金额，每计息期中各次年金额的总和称为每期年金总额，自第一次支付期间开始到最后一次支付期间结束称为年金时期。

企业财务活动中的分期付款赊购、分期偿还贷款、发放养老金、租金、按直线法计提的折旧额等都属于年金的收付形式。

2. 年金的种类

年金按照收款方式和支付时间可以分为普通年金、即付年金、递延年金和永续年金四种。

（1）普通年金

普通年金是指在每期期末等额收付的年金。普通年金在经济活动中最为常见，既可以用本利和 S 表示，也可以用符号 FAV_n 表示。

（2）即付年金

即付年金又称预付年金、先付年金，是指在一定期间内，每期期初收付的年金。即付年金可分为即付年金终值和即付年金现值，两者的计算公式都可以通过普通年金的计算公式推导得到。

普通年金与即付年金的区别为，普通年金是指从第一期起，在一定时间内每期期末等额发生的系列收付款项；即付年金是指从第一期起，在一定时间内每期期初等额收付的系列款项。两者的共同点在于都是从第一期（即开始）发生，间隔期只要相等就可以，并不要求必须是一年。

①即付年金终值。即付年金终值是指在一定时期内每期期初等额收付款项的复利终值之和。n 期即付年金和 n 期后付年金（普通年金）相比，付款次数相同，期数相同，但是两者的付款时间不同，前者在期初付款，因此即付年金终值比普通年金终值多一期利息。

②即付年金现值。即付年金现值是指在一定时期内每期期初等额收付的复利现值之和，它与后付年金的区别在于两者的付款时间不同。

（3）递延年金

递延年金又称延期年金，它是指最初若干期没有收付款发生，递延若干期之后才有收付款的年金。其实它就是普通年金的特殊形式。

①递延年金终值。递延年金终值的大小与递延期 m 无关，与普通年金终值计算公式相同。

②递延年金现值。递延年金现值的计算有两种方法。第一种方法，把递延年金作为 n 期普通年金看待，求出 n 期末到 m 期末的年金现值，然后把这个现值作为终值，再求其

在 m 期初的复利现值，这个复利现值就是递延年金的现值。第二种方法，把递延年金看作 $n+m$ 期普通年金，即假设递延期中也有收付额发生。先求出 $n+m$ 期普通年金现值，再减去并没有收付额发生的递延期（m 期）的普通年金现值，最后求出的两者之差就是递延年金现值。两种方法求出的值稍有差别，这是由在系数表中查到的相关系数值经过四舍五入处理所致。

（4）永续年金

永续年金又称终身年金，即没有终期的年金。在我国，最常见的永续年金就是银行存款中的存本取息；在国外，很多债券采用永续年金的形式，尤其是政府债券，持有者可在每期取得等额的资金，永远不会期满。此外，优先股有固定的股利又无到期日，因此优先股也可视为永续年金。

因为永续年金没有到期日，所以就不会有终值，只用求它的现值。

（四）资金时间价值的应用

1. 不等额现金流量现值的计算

年金的每次收付额都是相等的，但是在实际经济生活中每次收付的款项并不一定都是相等的，因此需要计算不等额现金流量的现值。

2. 分期收（付）款的现值计算

在现实生活中，我们经常会遇到需要分期收（付）款、等额分摊等情况，如住房按揭、购车贷款，这类问题大多是已知现值，要求计算每年的现金流量，或者根据确定的现金流量来计算现值。

3. 贴现率的计算

求利息率或贴现率首先要根据公式求出系数，然后通过系数表或者是计算求出贴现率。

4. 公司债券的现值

公司债券的现值代表债券的价值，债券价值等于每年计算支付的利息之和加上到期值的现值。

5. 股票的现值计算

股票的现值代表股票的价值，即股票未来收益的现值。股票的收益包括股息和资本收益。

二、风险价值

风险是市场经济的一个重要特征，企业的财务管理活动常常要面临各种风险，因此冒风险就需要获得额外的报酬，否则就不值得冒风险。我们在进行财务决策的时候要考虑风险以及风险报酬，为财务管理决策提供充分可靠的依据。

（一）风险的含义与类别

1. 风险的含义

风险是指人们在事先能够确定采取某种行动所产生的所有可能的后果以及每种后果出现的可能性。从证券分析或投资项目分析角度来看，风险主要指实际现金流量会少于预期流量的可能性。从投资者进行投资的角度来看，风险是指从投资活动中所获得的收益低于预期收益的可能性。而在财务管理方面，风险是指在一定条件下和一定时期内，财务活动可能发生的各种结果的变动程度。角度不同，风险的定义也不同，归纳起来，风险具有以下六个特点。

一是风险是事件本身的不确定性，具有客观性。

二是风险是可变的，其大小随时间的延续而变化。

三是风险与不确定性是有区别的。

四是风险是损失与收益并存的，即风险有可能带来收益，也可能带来损失。

五是风险是针对特定主体或项目而言的，不同条件下风险大小不同。

六是风险是可测的。

2. 风险的类别

风险的预期结果具有不确定性，因为它的影响因素可能来自外部环境，或者由整个市场状况所致，也可能是特定的投资方案或者由投资产品自身的原因造成，因此我们可以根据不同的标准对风险进行分类。

从风险产生的原因的角度来看，风险可以分为系统性风险和非系统性风险两种。系统性风险又称为市场风险，它是由整个市场或整个社会环境所造成的，如政策变动、战争、经济周期性波动、利率变动等因素造成的风险，是无法通过投资或组合投资来避免的，因此也将系统性风险称作不可分散风险。

非系统性风险是企业自身经营等原因所造成的，主要针对特定的项目或产品，如新产品开发失败、工人罢工、失去重要合同等导致的风险，其主要影响因素并不包括市场环境因素，是可以通过分散化投资等方法或措施降低损失程度甚至避免损失的，因此非系统性风险又称为可分散风险或特有风险。

从经营者和筹资者的角度来看，公司面临的风险又可细分为经营风险和财务风险（筹资风险）。经营风险是指企业固有的、生产经营上的原因导致的未来经营收益的不确定性，因此也叫营业风险。其影响因素主要包括：新材料新设备的投入等因素带来的供应方面的风险；产品质量、新产品开发失败、生产组织合理性等因素带来的生产方面的风险；销售状况是否具有持续性、稳定性等所带来的风险；外部环境的变化，即劳动力市场的供求关系变化、通货膨胀、自然气候变化或地质灾害等原因。

财务风险是指由于举债而给企业的财务状况带来的风险，它是由全部资本中债务资本比率的变化带来的风险，即负债增加导致的风险。在经营风险一定的条件下，采用固定资本成本筹资方式所筹集资金的比重越大，普通股东的风险就越大，因此债务比率和财务风险是成正比的。财务风险的主要影响因素包括资金供求的变化、利率水平的变动、获利能力的变化和资金结构的变化。其中，资金结构的变化对筹资风险的影响最为直接。

（二）风险的衡量

风险是可测的，这是指人们可以对这种可能性出现的概率进行分析，以此来预测风险的程度。风险测量主要采用概率、期望值、离散程度和标准离差率。

风险概率的测定有两种方法：一种是客观概率，即根据大量的、历史的实际数据推算出来的概率；另一种是主观概率，指在没有大量实际资料的情况下，人们根据有限的资料和经验合理估计的概率。

1. 概率

概率是指某一事件出现的机会的大小，通常用百分数或小数来反映。通常，我们把必然发生事件的概率定义为1,把不可能发生事件的概率定义为0,一般事件的概率介于0 ~ 1。概率越大，表示此事件发生的可能性就越大。如果把所有的可能性的事件或结果都列出来，而且每一事件都给予一种概率，把它们列示在一起，便构成了概率的分布。

概率必须符合以下两个条件。

一是所有概率 P_i 都在 0 至 1 之间，即 $0 \leqslant P_i \leqslant 1$。

二是所有结果的概率之和应该等于 1，即

$$\sum_{i=1}^{N} p_i = 1i$$

其中，n 为可能出现的结果的个数。

2. 概率分布

概率分布是指某一事件各种结果发生可能性的概率分布。概率分布在实际运用中被分为离散型分布和连续型分布两种。

若随机变量只取有限个值，并且对应于这些值都有确定的概率，则随机变量是离散型分布。在离散分布里，随机变量在直角坐标系中越集中，实际出现的可能性越大，风险就越小，反之风险越大。

若随机变量的取值有无限个，即有无限种可能性出现，每一种情况都赋予一个概率，并分别测定其报酬率，则属于连续型分布。其特点为概率分布在连续图像上的两个点的区间上。

3. 期望值

随机变量的取值是以相应概率为权数的加权平均数，称为随机变量的预期值（数学期望或均值），是随机变量取值的平均化，反映集中趋势的一种量度。在企业财务管理中，我们把随机变量的预期值称作期望报酬率或预期报酬率，即一项投资方案实施后，能否如期回收投资并获得预期收益的不确定性为这项投资方案的风险，因承担这种投资风险而获得的报酬为风险报酬，通过风险报酬率表示。对于有风险的投资项目，其实际报酬率可被看作一个有概率分布的随机变量，可以用期望报酬率和标准离差进行衡量。

4. 方差和标准差

方差是各种可能的结果偏离期望值的综合差异，是反映离差程度的一种量度。

标准差又称标准离差，用于计量一个变量对其平均值的偏离度。它是通过对数值进行个别观察，对所得的加权平均差求平方根而得到的。标准差是测定风险大小的有效指标，一般来说，标准差越大，预计结果的离散程度越高，结果越不确定，风险越大；反之，则风险越小。

5. 标准离差率

标准离差是反映随机变量离散程度的一个指标，但由于标准离差是一个绝对指标，所以无法准确反映随机变量的离散程度。因此，还需要一个相对指标来解决这个问题，即用标准离差率来反映离散程度。

标准离差率是某随机变量标准离差相对该随机变量期望值的比率。标准离差率越大，风险越大；反之，标准离差率越小，风险越小。

（三）风险与风险报酬

标准离差率虽然能够正确评价投资项目的风险程度，但假设我们面临的决策不是评价与比较两个投资项目的风险水平，而是要计算该项目的风险所能够带来的报酬并以此为依据作出投资决策，我们就需要运用风险报酬这一概念。

风险报酬是衡量一个项目投资获利能力大小的指标，在投资过程中，风险报酬和风险是相对应的。一般来说，存在较大风险的投资项目和产品就需要有较高的收益率，而收益率较低的投资相对来说存在的风险也较小，即高风险，高回报；低风险，低收益。

在不考虑通货膨胀因素的情况下，期望投资收益率的内涵由两部分组成：其一是资金的时间价值，由于它不考虑风险，所以又叫无风险报酬，或无风险投资收益率；其二是风险报酬，或风险收益率。

无风险收益率是指在正常条件下投资不承担投资风险所能得到的回报率，无风险收益率几乎是所有的投资都应该得到的投资回报率，比如短期国债利率，购买国家发行的公债，到期连本带利肯定可以收回，这个无风险收益率代表了最低的社会平均报酬率。

风险收益率与风险大小有关，风险越大则要求的回报越高，它是风险的函数。风险和风险收益率是成正比的，风险程度可用标准差或标准离差率来计量。风险收益斜率取决于全体投资者对于风险的态度，可以通过统计方法来测定。如果大家都愿意冒险，风险收益斜率就小；如果大家都不愿意冒险，风险收益斜率就大。风险收益斜率的确定，有如下三种方法。

（1）根据以往的同类项目加以确定

例如，企业进行某项投资，其同类项目的投资报酬率为15%，无风险收益率为5%，报酬标准离差率为40%。根据公式 $K=R_f+b\times V$，可表示为：

$$b=\left(K-R_f\right)\div V=(15\%-5\%)\div 40\%=25\%$$

（2）由企业领导或企业组织有关专家确定

如果现在进行的投资项目缺乏同类项目的历史资料，则可根据主观的经验加以确定。具体可由企业组织有关专家（总经理、财务副总经理、财务主管等）研究确定。此时，风险收益斜率的确定在很大程度上取决于企业对风险的态度。

（3）由国家有关部门组织专家确定

国家财政、银行、证券等政府部门可组织有关专家，根据各行各业的条件和有关因素，确定各行业的风险收益斜率，并定期向社会公布。投资者根据国家公布的风险收益斜率（也称风险报酬系数），并结合其对风险的态度确定合适的风险系数。

（四）利率水平的构成要素

1. 纯利率

纯利率是指没有风险和没有通货膨胀情况下的平均利率。例如，当不存在通货膨胀时，国库券的利率可以看作纯利率。纯利率的高低受资金供应和需求关系的影响。利息作为利润的一部分，利息率依存于利润率，并受利润率的制约。一般来讲，利息率随利润率的提高而提高，利息率最高不能超过平均利润率，否则企业无利可图，不会借入资金；利息率的最低限度应大于零，不能等于或小于零，否则提供资金的人不会提供资金。利息率占平均利润率的比重取决于金融业与工商业的竞争结果。精确地测定纯利率是非常困难的，在实际工作中，我们通常以无通货膨胀情况下的无风险证券利率来代表纯利率。

2. 通货膨胀补偿

持续的通货膨胀会降低货币的实际购买力，使投资者的真实报酬下降。因此，投资者把资金交给借款人时，会在纯粹利息率的水平上再加上通货膨胀附加率，以弥补通货膨胀造成的购买率损失。因此，每次发行国库券的利息率随预期的通货膨胀率变化，它近似于纯利率 + 预期通胀率。例如，政府发行的短期无风险证券的利率就是由这两部分组成的，即短期无风险证券利率 KF= 纯利率 K_0+ 通货膨胀补偿 IP。假设纯利率为2.5%，预计下一年度的通货膨胀率是5%，则一年期无风险证券的利率应为7.5%。

3. 违约风险报酬

违约风险是指借款人无法按时支付利息或偿还本金而给投资人带来的风险。违约风险反映借款人按期支付本金、利息的信用程度。借款人如经常不能按期支付本利，说明这个借款人的违约风险高。为了弥补违约风险，借款人必须提高利息率，否则投资人不会进行投资。国库券等证券由政府发行，可以看作没有违约风险，在到期日和流动性等因素相同的情况下，各信用等级债券的利率水平同国库券利率之间的差额，便是违约风险报酬率。

4. 流动性风险报酬

流动性是指某项资产能够迅速转化为现金的可能性。一项资产能迅速转化为现金，说明其变现能力强，流动性好，流动性风险小；反之，则说明其变现能力弱，流动性不好，流动性风险大。政府债券、大公司的股票与债券，由于信用好、变现能力强，所以其流动性风险小；而一些不知名的中小企业发行的证券，流动性风险则较大。一般而言，在其他因素相同的情况下，流动性风险小的证券与流动性风险大的证券相比，利率高出 1% ~ 2%，这就是所谓的流动性风险报酬。

5. 期限风险报酬

期限风险报酬是指因到期时间不同而形成的利率差别。一项负债，到期日越长，债权人承受的不确定因素就越多，承担的风险也越大。期限风险报酬正是为了弥补这种风险而增加的利率水平。由此可见，长期利率一般高于短期利率，高出的利率便是期限性风险报酬。当然，在利率剧烈波动的情况下，也会出现短期利率高于长期利率的情况，但这只是一种偶然性。

第三章　筹资管理与决策

第一节　筹资管理

一、债务筹资

（一）银行借款

银行借款是指企业向银行或其他非银行金融机构借入的、需要还本付息的款项，包括偿还期限超过 1 年的长期借款和不足 1 年（含 1 年）的短期借款，主要用于企业购建固定资产和满足流动资金周转的需要。

1. 银行借款的种类

（1）按提供贷款的机构划分

按提供贷款的机构不同，银行借款分为政策性银行贷款、商业银行贷款和其他金融机构贷款。

政策性银行贷款是指执行国家政策贷款业务的银行向企业发放的贷款，通常为长期贷款。例如，国家开发银行贷款，主要是满足企业承建国家重点建设项目的资金需要；中国进出口银行贷款，主要为大型设备的进出口提供买方信贷或卖方信贷；中国农业发展银行贷款，主要用于确保国家对粮、棉、油等政策性收购资金的供应。

商业银行贷款是指由各商业银行，如中国工商银行、中国建设银行、中国农业银行、中国银行等，向工商企业提供的贷款，用以满足企业生产经营的资金需要，包括短期贷款和长期贷款。

其他金融机构贷款，如从信托投资公司取得实物或货币形式的信托投资贷款、从财务公司取得的各种中长期贷款、从保险公司取得的贷款等。其他金融机构贷款一般较商业银行贷款的期限要长，要求的利率较高，对借款企业的信用要求和担保的选择比较严格。

（2）按机构对贷款的担保要求划分

按机构对贷款有无担保要求，银行借款分为信用贷款和担保贷款。

信用贷款是指以借款人的信誉或保证人的信用为依据而获得的贷款。企业取得这种贷款，无须以财产做抵押。这种贷款风险较高，银行通常要收取较高的利息，往往还会附加一定的限制条件。

担保贷款是指由借款人或第三方依法提供担保而获得的贷款。担保包括保证责任、财产抵押、财产质押，因此担保贷款包括保证贷款、抵押贷款和质押贷款三种基本类型。

保证贷款是指以第三方作为保证人，承诺在借款人不能偿还借款时，按约定承担一定保证责任或连带责任而取得的贷款。

抵押贷款是指以借款人或第三方的财产作为抵押物而取得的贷款。抵押是指债务人或第三方并不转移对财产的占有，只将该财产作为对债权人的担保。债务人不能履行债务时，债权人有权将该财产折价或者以拍卖、变卖的价款优先受偿。贷款担保的抵押品可以是不动产、机器设备、交通运输工具等实物资产，可以是依法有权处分的土地使用权，也可以是股票、债券等有价证券，它们必须是能够变现的资产。如果贷款到期借款企业不能或不愿偿还，银行可取消企业对抵押品的赎回权。抵押贷款有利于降低银行贷款的风险，提高贷款的安全性。

质押贷款是指以借款人或第三方的动产或财产权利作为质押物而取得的贷款。质押是指债务人或第三方将其动产或财产权利移交给债权人占有，将该动产或财产权利作为债权的担保。债务人不履行债务时，债权人有权以该动产或财产权利折价或者以拍卖、变卖的价款优先受偿。贷款担保的质押品可以是汇票、支票、债券、存款单、提单等信用凭证，可以是依法可以转让的股份、股票等有价证券，也可以是依法可以转让的商标专用权、专利权、著作权中的财产权等。

（3）按企业取得贷款的用途划分

按企业取得贷款的用途不同，银行借款分为基本建设贷款、专项贷款和流动资金贷款。

基本建设贷款是指企业因从事新建、改建、扩建等基本建设项目需要资金而向银行申请借入的款项。

专项贷款是指企业因为专门用途而向银行申请借入的款项，包括更新改造技改贷款、大修理贷款、研发和新产品研制贷款、小型技术措施贷款、出口专项贷款、引进技术转让费周转金贷款、进口设备外汇贷款、进口设备人民币贷款以及国内配套设备贷款等。

流动资金贷款是指企业为满足流动资金的需求而向银行申请借入的款项，包括流动资金借款、生产周转借款、临时借款、结算借款和卖方信贷。

2. 银行借款的程序

（1）提出申请，银行审批

企业根据筹资需求向银行提出书面申请，按银行要求的条件和内容填报借款申请书。银行按照有关政策和贷款条件，对借款企业进行信用审查，核准企业申请的借款金额和用款计划。银行审查的主要内容包括企业的财务状况、信用情况、盈利的稳定性、发展前景、借款投资项目的可行性、抵押品和担保情况。

（2）签订合同，取得借款

借款申请获批准后，银行与企业进一步协商贷款的具体条件，签订正式的借款合同，规定贷款的数额、利率、期限和一些约束性条款。借款合同签订后，企业在核定的贷款指标范围内，根据用款计划和实际需要，一次或分次将贷款转入公司的存款结算账户，以便使用。

（二）发行公司债券

公司债券又称企业债券，是企业依照法定程序发行的、约定在一定期限内还本付息的有价证券。债券是持有人拥有企业债权的书面凭证，代表债券持券人与发债企业之间的债权债务关系。

1. 发行债券的条件

根据《中华人民共和国公司法》（以下简称公司法）的规定，股份有限公司和有限责任公司具有发行债券的资格。

根据《中华人民共和国证券法》（以下简称证券法）的规定，公开发行公司债券，应当符合下列条件。

第一，具备健全且运行良好的组织机构。

第二，最近 3 年平均可分配利润足以支付公司债券 1 年的利息。

第三，国务院规定的其他条件。

2. 公司债券的种类

（1）按是否记名划分

按是否记名，公司债券分为记名公司债券和无记名公司债券。

记名公司债券应当在公司债券存根簿上载明债券持有人的姓名及住所、债券持有人取得债券的日期及债券的编号等信息。记名公司债券由债券持有人以背书方式或者法律、行政法规规定的其他方式转让，转让后由公司将受让人的姓名或者名称及住所记载于公司债券存根簿。

无记名公司债券应在公司债券存根簿上载明债券总额、利率、偿还期限和方式、发行日期及债券的编号。无记名公司债券的转让由债券持有人将该债券交付给受让人后即发生转让的效力。

（2）按是否能够转换成公司股权划分

按是否能够转换成公司股权，公司债券分为可转换债券与不可转换债券。

可转换债券是指债券持有者可以在规定的时间内按规定的价格转换为发债公司股票的一种债券。这种债券在发行时，对债券转换为股票的价格和比率等都作了详细规定。根据公司法的规定，可转换债券的发行主体是股份有限公司中的上市公司。

不可转换债券是指不能转换为发债公司股票的债券，大多数公司债券属于这种类型。

（3）按有无特定财产担保划分

按有无特定财产担保，公司债券分为担保债券和信用债券。

担保债券是指以抵押方式担保发行人按期还本付息的债券，主要是指抵押债券。抵押债券按其抵押品的不同，又分为不动产抵押债券、动产抵押债券和证券信托抵押债券。

信用债券是无担保债券，是仅凭企业自身的信用发行的、没有抵押品进行抵押担保的债券。在企业清算时，信用债券的持有人因无特定的资产作为担保品，只能作为一般债权人参与剩余财产的分配。

3. 公司债券的发行

（1）发行程序

①作出发债决议。拟发行公司债券的公司，需要由公司董事会制定公司债券发行的方案，并由公司股东大会批准，作出决议。

②提出发债申请。根据证券法的规定，公司申请发行债券由国务院证券监督管理部门批准。公司申请应提交公司营业执照、公司章程、公司债券募集办法、国务院授权的部门或国务院证券监督管理机构规定的其他文件。

③公告募集办法。企业发行债券的申请经批准后，要向社会公告公司债券的募集办法。公司债券募集分为私募发行和公募发行。私募发行是以特定的少数投资者为指定对象发行债券，公募发行是在证券市场上以非特定的广大投资者为对象公开发行债券。

④委托证券经营机构发售。按照我国公司债券发行的相关法律规定，公司债券的公募发行采取间接发行方式。在这种发行方式下，发行公司与承销团签订承销协议。承销团由数家证券公司或投资银行组成，承销方式有代销和包销两种。代销是指承销机构代为推销债券，在约定期限内未售出的余额可退还发行公司，承销机构不承担发行风险。包销是由承销团先购入发行公司拟发行的全部债券，再出售给社会上的投资者，如果约定期限内未能全部售出，余额要由承销团负责认购。

⑤交付债券，收缴债券款。债券购买人向债券承销机构购买债券，承销机构向购买人交付债券。然后，债券发行公司向承销机构收缴券款，登记债券存根簿，并结算发行代理费。

（2）发行价格

债券的发行价格由债券到期还本面值按照市场利率折现的现值与债券各期利息的现值两部分组成。其计算公式为：

$$P = I(P/A,\ i,\ n) + M(P/F,\ i,\ n)$$

式中，P 是债券的发行价格，I 为每一年的债券利息，i 为市场利率，M 为债券面值，n 为债券期限。

4. 发行公司债券的筹资特点

（1）一次筹资数额大

利用发行公司债券筹资，能够筹集大额的资金，满足企业大规模筹资的需要。这是与银行借款、融资租赁等债务筹资方式相比，企业选择发行公司债券筹资的主要原因，大额筹资能够适应大型企业经营的需要。

（2）募集资金的使用限制条件少

与银行借款相比，发行债券募集的资金在使用上相对具有灵活性和自主性，特别是发行债券所筹集的大额资金，能够用在流动性较差的公司长期资产上。从资金使用的性质来看，银行借款一般期限短，额度小，主要用途为增加适量存货或增加小型设备等；反之，期限较长、额度较大，用于规模扩张、增加大型固定资产和基本建设投资的需求多采用发行债券的方式筹资。

（3）资本成本负担较高

相对于银行借款筹资，发行债券的利息负担和筹资费用都比较高，但公司债券的期限长，利率相对固定。在预计市场利率持续上升的金融市场环境下，发行公司债券筹资能够锁定资本成本。

（4）提高企业的社会声誉

国家对公司债券的发行主体有严格的资格限制，股份有限公司和有实力的有限责任公司一般会发行债券。通过发行公司债券，企业一方面筹集了大量资金，另一方面扩大了企业的社会影响。

（三）融资租赁的内容

1. 租赁的含义

租赁是指通过签订资产出让合同的方式，使用资产的一方（承租方）通过支付租金，向出让资产的一方（出租方）取得资产使用权的一种交易行为。在这项交易中，承租方通过得到所需资产的使用权完成筹集资金的行为。

2. 租赁的特征

（1）所有权与使用权相分离

租赁资产的所有权与使用权分离是租赁的主要特点之一。银行信用虽然也是所有权与使用权相分离，但载体是货币资金，租赁则是在资金与实物相结合基础上的分离。

（2）融资与融物相结合

租赁是以商品形态与货币形态相结合提供的信用活动，出租人在向企业出租资产的同时，解决了企业的资金需求，具有信用和贸易双重性质。它不同于一般的借钱还钱、借物还物的信用形式，而是借物还钱，并以分期支付租金的方式来体现。租赁的这一特点使银行信贷和财产信贷融合在一起，成为企业融资的一种特定形式。

（3）租金的分期支付

在租金的偿还方式上，租金与银行信用到期还本不同，采取的是分期支付的方式。出租方的资金一次投入，分期收回。对于承租方而言，通过租赁可以提前获得资产的使用价值，分期支付租金便于分期规划未来的现金流出量。

3. 租赁的分类

（1）经营租赁

经营租赁是由租赁公司向承租单位在短期内提供设备，并提供维修、保养、人员培训等的一种服务性业务，又称服务性租赁。经营租赁的特点主要如下。

①出租的设备一般由租赁公司根据市场需要选定，然后再寻找承租企业。

②租赁期较短，相较于资产的有效使用期较短，在合理的限制条件内承租企业可以中途解约。

③租赁设备的维修、保养由租赁公司负责。

④租赁期满或合同终止以后，出租资产由租赁公司收回。

经营租赁比较适用于租用技术过时较快的生产设备。

（2）融资租赁

融资租赁是由租赁公司按承租单位要求出资购买设备，在较长的合同期内提供给承租单位使用的融资信用业务，是以融通资金为主要目的的租赁。融资租赁的主要特点如下。

①出租的设备根据承租企业提出的要求购买，或者由承租企业直接从制造商或销售商那里选定。

②租赁期较长，接近于资产的有效使用期，在租赁期间，双方无权取消合同。

③由承租企业负责设备的维修、保养。

④租赁期满，按事先约定的方法处理设备，包括退还租赁公司，或继续租赁，或企业留购。通常采用企业留购办法，即以较少的“名义价格”（相当于设备残值）买下设备。

4. 融资租赁的基本程序

（1）选择租赁公司，提出委托申请

当企业决定采用融资租赁形式来获取某项设备时，需要了解各个租赁公司的资信情况、融资条件和租赁费率等，通过分析比较，选择一家作为租赁单位。然后，向租赁公司申请办理融资租赁。

（2）签订购货协议

由承租企业和租赁公司中的一方或者双方，与选定的设备供应商进行购买设备的技术谈判和商务谈判，并在此基础上签订购货协议。

（3）签订租赁合同

承租企业与租赁公司签订租赁设备的合同，如需要进口设备，还需要办理设备进口手续。租赁合同是租赁业务的重要文件，具有法律效力。融资租赁合同的内容可分为一般性条款和特殊性条款两部分。

（4）交货验收

设备供应商将设备发运到指定地点，承租企业要办理验收手续。验收合格之后，签发交货及验收证书交给租赁公司，作为其支付货款的依据。

（5）定期交纳租金

承租企业按照租赁合同规定，分期交纳租金，也就是承租企业对所筹资金的分期还款。

（6）合同期满处理设备

承租企业根据合同约定，选择对设备进行续租、退租或者留购。

5. 融资租赁的基本形式

（1）直接租赁

直接租赁是融资租赁的主要形式，承租方提出租赁申请时，出租方按照承租方的要求选购设备，然后再出租给承租方。

（2）售后回租

售后回租是指承租方由于急需资金等各种原因，将自己的资产出售给出租方，然后以租赁的形式从出租方原封不动地租回资产的使用权。

（3）杠杆租赁

杠杆租赁是指涉及承租方、出租方和资金出借方三方的融资租赁业务。一般来说，当所涉及的资产价值昂贵时，出租方只投入部分资金，通常为资产价值的 20% ~ 40%，其余资金则通过将该资产抵押担保的方式，向第三方（通常为银行）申请贷款解决。然后，出租方将购进的设备出租给承租方，用收取的租金偿还贷款，该资产的所有权属于出租方。此时，出租方既是债权人也是债务人，既要收取租金也要支付债务。

二、权益筹资

权益筹资形成企业的股权资金，是企业最基本的筹资方式。吸收直接投资、发行股票（普通股和优先股）是权益筹资的基本形式。

（一）吸收直接投资

吸收直接投资是指企业按照共同投资、共同经营、共担风险、共享收益的原则，直接吸收国家、法人、个人和外商投入资金的一种筹资方式。吸收直接投资是非股份制企业筹集权益资本的基本方式，采用吸收直接投资的企业，资本不分为等额股份，无须公开发行股票。吸收直接投资的实际出资额中，注册资本部分形成实收资本；超过注册资本的部分，属于资本溢价，形成资本公积。

1. 吸收直接投资的种类

（1）吸收国家投资

国家投资是指有权代表国家投资的政府部门或机构以国有资产投入公司，这种情况下形成的资本叫作国有资本。根据《企业国有资本与财务管理暂行办法》的规定，在公司持续经营期间，以盈余公积、资本公积转增实收资本的，国有公司和国有独资公司由公司董事会或经理办公会决定，并报主管财政机关备案；股份有限公司和有限责任公司由董事会决定，并经股东大会审议通过。吸收国家投资一般具有三个特点：①产权归属国家。②资金的运用和处置受国家约束较大。③在国有企业中采用比较广泛。

（2）吸收法人投资

法人单位以其依法可支配的资产投入公司，这种情况下形成的资本叫作法人资本。吸收法人投资一般具有三个特点：①发生在法人单位之间。②以参与公司利润分配或控制为目的。③出资方式灵活多样。

（3）合资经营

合资经营是指两个或者两个以上的不同国家的投资者共同投资，创办企业，并且共同经营、共担风险、共负盈亏、共享利益的一种直接投资方式。在我国，中外合资经营企业亦称股权式合营企业，它是外国公司、企业和其他经济组织或个人同中国的公司、企业或其他经济组织在中国境内共同投资创办的企业。中外合资经营一般具有五个特点：①合资经营企业在中国境内，按中国法律规定取得法人资格，为中国法人。②合资经营企业为有限责任公司。③注册资本中，外方合营者的出资比例一般不低于25%。④合资经营期限，遵循《中华人民共和国外商投资法》等相关法律规定。⑤合资经营企业的注册资本与投资总额之间应依法保持适当比例关系，投资总额是指按照合营企业合同和章程规定的生产规模需要投入的基本建设资金与生产流动资金的总和。

中外合资经营企业（合资企业）和中外合作经营企业（合作企业）都是中外双方共同出资、共同经营、共担风险和共负盈亏的企业。两者的主要区别：①合作企业可以依法取得中国法人资格，也可以办成不具备法人条件的企业，而合资企业必须是法人。②合作企业属于契约式的合营，它不以合营各方投入的资本数额、股权作为利润分配的依据，而是通过签订合同具体规定各方的权利和义务。而合资企业属于股权式企业，即以投资比例作为确定合营各方权利和义务的依据。③合作企业在遵守国家法律的前提下，可以通过合作合同来约定收益或产品的分配以及风险和亏损的分担，而合资企业则是根据各方注册资本的比例进行分配的。

（4）吸收社会公众投资

社会公众投资是指社会个人或本公司职工以个人合法财产投入公司，这种情况下形成的资本称为个人资本。吸收社会公众投资一般具有三个特点：①参加投资的人员较多。②每人投资的数额相对较少。③以参与公司利润分配为目的。

2. 吸收直接投资的出资方式

（1）以货币资产出资

以货币资产出资是吸收直接投资中最重要的出资方式。企业有了货币资产，便可以获取其他物质资源，支付各种费用，满足企业创建开支和随后的日常周转需要。

（2）以实物资产出资

以实物资产出资是指投资者以房屋、建筑物、设备等固定资产和材料、燃料、商品产品等流动资产所进行的投资。实物投资应符合三个条件：①适合企业生产、经营、研发等活动的需要。②技术性能良好。③作价公平合理。

实物出资中，实物的作价可以由出资各方协商确定，也可以聘请专业资产评估机构评估作价，核实财产，不得高估或者低估作价。法律、行政法规对评估作价有规定的，从其规定。国有及国有控股企业接受其他企业的非货币资产出资，必须委托有资格的资产评估机构进行资产评估。

（3）以土地使用权出资

土地使用权是指土地经营者对依法取得的土地在一定期限内有进行建筑、生产经营或其他活动的权利。土地使用权具有相对的独立性，在土地使用权存续期间，包括土地所有者在内的其他任何人和单位不能任意收回土地和非法干预使用权人的经营活动。企业吸收土地使用权投资应符合三个条件：①适合企业、生产、经营、研发等活动的需要。②地理、交通条件适宜。③作价公平合理。

除以上投资方式外，以工业产权和特定债权出资的出资方式也属于吸收直接投资的方式。工业产权通常是指专有技术、商标权、专利权、非专利技术等无形资产。特定产权是指企业依法发行的可转换债券以及按照国家有关规定可以转换成股权的债权。吸收工业产权等无形资产出资的风险较大，并且国家相关法律法规对无形资产的出资方式也有规定：股东或者发起人不得以劳务、信用、自然人姓名、商誉、特许经营权或者设定担保的财产等作价进行出资。

3. 吸收直接投资的程序

（1）确定筹资数量

企业在新建或扩大经营时，要先确定资金的需要量。资金的需要量根据企业的生产经营规模和供销条件等来核定，筹资数量应当与资金需要量相适应。

（2）寻找投资单位

企业既要广泛了解有关投资者的资信、财力和投资意向，又要通过信息交流和宣传，使出资方了解企业的经营能力、财务状况以及未来预期，以便于公司从中寻找最适合的合作伙伴。

（3）协商和签署投资协议

找到合适的投资伙伴后，双方进行具体协商，确定出资数额、出资方式及出资时间。企业应尽可能吸收货币投资，如果投资方确有先进且符合需要的固定资产和无形资产，亦可采取非货币资产投资方式。对于实物投资、工业产权投资、土地使用权投资等非货币资产投资，双方应按公平合理的原则协商定价。当出资数额、资产作价确定后，双方签署投资的协议或合同，以明确双方的权利和责任。

（4）取得所筹集的资金

签署投资协议后，企业应按规定或计划取得资金。如果采取现金投资方式，通常还要制订拨款计划，确定拨款期限、每期数额以及划拨方式，有时投资者还要规定拨款的用途，如把拨款区分为固定资产投资拨款、流动资金拨款、专项拨款等。如果是通过实物、工业产权、非专利技术等方式投资，如何准确地核实资产是个重要的问题。资产数量是否准确，特别是价格有无高估或低估情况，关系到投资各方的经济利益，必须认真处理；必要时，可聘请资产评估机构来评定，然后办理产权的转移手续取得资产。

4. 吸收直接投资的筹资特点

（1）能够尽快形成生产能力

吸收直接投资不仅可以取得一部分货币资金，而且能够直接获得所需的先进设备和技术，尽快形成生产经营能力。

（2）容易进行信息沟通

吸收直接投资的投资者比较单一，股权没有社会化、分散化，投资者甚至会直接担任公司管理层职务，便于公司与投资者沟通。

（3）资本成本较高

相对于股票筹资方式来说，吸收直接投资的资本成本较高。当企业经营较好、盈利较多时，投资者往往要求将大部分盈余作为红利分配，因为向投资者支付的报酬是按其出资数额和企业实现利润的比率来计算的。不过，吸收投资的手续相对比较简便，筹资费用较低。

（4）公司控制权集中，不利于公司治理

采用吸收直接投资方式筹资，投资者一般要求获得与投资数额相适应的经营管理权。如果某个投资者的投资额比例较高，则该投资者就会有相当大的经营管理权，容易损害其他投资者的利益。

（5）不利于进行产权交易

吸收投入资本没有证券作为媒介，不利于产权交易，难以进行产权转让。

（二）发行股票

股票是股份有限公司为筹措股权资本而发行的有价证券，是公司签发的证明股东持有公司股份的凭证。股票作为一种所有权凭证，代表着对发行公司净资产的所有权，只能由股份有限公司发行。

1. 股票的特点

（1）永久性

公司发行股票筹集的资金属于公司的长期自有资金，没有期限，无须归还。换言之，股东在购买股票之后，一般情况下不能要求发行企业退还股金。

（2）流通性

股票作为一种有价证券，在资本市场上可以自由流通，也可以继承、赠送或作为抵押品。股票特别是上市公司发行的股票具有较强的变现能力，流通性较强。

（3）风险性

由于股票的永久性，股东成为企业风险的主要承担者。风险的表现形式有股票价格的波动性、红利的不确定性、破产清算时股东处于剩余财产分配的最后顺序等。

（4）参与性

股东作为股份有限公司的所有者，拥有参与企业管理的权利，包括重大决策权、经营者选择权、财务监控权、公司经营的建议和质询权等。此外，股东还有承担有限责任、遵守公司章程等义务。

2. 股东的权利

股东最基本的权利是按投入公司的股份额，依法享有公司收益、参与公司重大决策和选择公司管理者的权利，并以其所持股份为限对公司承担责任。

（1）公司管理权

股东对公司的管理权主要体现在重大决策参与权、经营者选择权、财务监控权、公司经营的建议和质询权、股东大会召集权等方面。

（2）收益分享权

股东有权通过股利方式获取公司的税后利润，利润分配方案由董事会提出并经过股东大会批准。

（3）股份转让权

股东有权将其持有的股票出售或者转让。

（4）优先认股权

原有股东拥有优先认购本公司增发股票的权利。

（5）剩余财产要求权

当公司解散、清算时，股东有清偿债务、清偿优先股股东以后的剩余财产的索取权利。

3. 股票的分类

（1）按股东的权利和义务划分

按股东权利和义务，可将股票分为普通股股票和优先股股票。

普通股股票简称普通股，是公司发行的代表股东享有平等的权利、义务，不加特别限制的、股利不固定的股票。普通股是最基本的股票，股份有限公司通常情况下只发行普通股。

普通股股东主要有以下权利。

①出席或委托代理人出席股东大会，并依公司章程规定行使表决权，这是普通股股东参与公司经营管理的基本方式。

②股份转让权。股东持有的股份可以自由转让，但必须按照《中华人民共和国公司法》、其他法规和公司章程规定的条件和程序进行。

③股利分配请求权。分享盈余也是普通股股东的一项基本权利。盈余的分配方案由股东大会决定，每一个会计年度由董事会根据企业的盈利数额和财务状况来决定分发股利的多少并经股东大会批准通过。

④对公司账目和股东大会决议的审查权和对公司事务的质询权。

⑤分配公司剩余财产的权利。当公司解散、清算时，普通股股东有分配公司剩余财产的权利。但是，公司破产清算时，财产的变价收入首先要用来清偿债务，其次支付给优先股股东，最后才能分配给普通股股东。所以，在破产清算时，普通股股东实际上很少能分到剩余财产。

⑥公司章程规定的其他权利。

普通股股东也对公司负有义务。公司法中规定了股东具有遵守公司章程、缴纳股款、对公司负有有限责任、不得退股等义务。

优先股股票简称优先股，是公司发行的相对于普通股具有一定优先权的股票。其优先权利主要表现在股利分配优先权和获取剩余财产优先权上。优先股股东在股东大会上无表决权，在参与公司经营管理上受到一定限制，仅对涉及优先股权利的问题有表决权。

（2）按票面是否记名划分

按票面是否记名，可将股票分为记名股票和无记名股票。

记名股票是指在股票票面上记载股东姓名或将名称记入公司股东名册的股票；无记名股票不登记股东名称，公司只记载股票数量、编号以及发行日期。公司法规定，公司向发起人、国家授权投资机构、法人发行的股票，为记名股票；向社会公众发行的股票，可以为记名股票，也可以为无记名股票。

（3）按发行对象和上市地点划分

按发行对象和上市地点，可将股票分为 A 股、B 股、H 股、N 股和 S 股等。

A 股是指人民币普通股票，由我国境内公司发行，在境内上市交易，以人民币标明面值，以人民币认购和交易。

B股是指人民币特种股票，由我国境内公司发行，在境内上市交易，以人民币标明面值，以外币认购和交易。

H股是指公司注册地在内地、在我国香港上市的股票。以此类推，在纽约和新加坡上市的股票，就分别称为N股和S股。

（4）按投资主体划分

按投资主体，可将股票分为国家股、法人股、个人股和外资股。

国家股是指有权代表国家投资的政府部门或机构以国有资产投入公司所形成的股份。国家股的股权所有者是国家，由国有资产管理机构或其授权单位行使国有资产的所有权职能。国家股股权也包含国有企业向股份有限公司形式改制变更时，现有国有资产折成的股份。

法人股是指企业法人或具有法人资格的事业单位和社会团体，以其依法可经营的资产向公司投资所形成的股份。根据认购对象，法人股可进一步细分为境内发起法人股、外资法人股和募集法人股三类。在股权分置改革之前，法人股与国家股都是不能上市交易的“非流通股”。但股权分置改革之后，这部分“非流通股”陆续变成可以在二级市场自由交易的流通股。

个人股是指以个人合法财产向公司投资形成的股份。在我国有两种类型：一种是股份制企业内部职工认购本企业的股份，称为“职工股”；另一种是股份制企业向社会公众招募的个人股，又称为“私人股”。

外资股是指股份有限公司向外国和我国港澳台地区投资者发行的股票。它是我国股份公司吸收外资的一种方式。外资股根据上市地域可以分为境内上市外资股和境外上市外资股。

除上述分类外，根据股票是否具有面值可分为有面值股票和无面值股票；按照股票上表示的份数又可分为单一股票和复数股票。

4. 股票的发行和销售方式

（1）发行方式

①公开间接发行。公开间接发行股票是指股份有限公司通过中介机构向社会公众公开发行股票。采用募集设立方式成立的股份有限公司向社会公开发行股票时，必须由有资格的证券经营中介机构，如证券公司、信托投资公司等承销。这种发行方式的发行范围广、发行对象多、易于足额筹集资本。公开发行股票还有利于提高公司的知名度，扩大其影响力，但公开发行方式审批手续复杂严格，发行成本高。

②非公开直接发行。非公开直接发行股票是指股份有限公司只向少数特定对象直接发行股票，不需要中介机构承销。用发起设立方式成立和向特定对象募集方式发行新股的股

份有限公司，向发起人和特定对象发行股票，采用直接将股票销售给认购者的自销方式。这种发行方式弹性较大，企业能控制股票的发行过程，节省发行费用。但这种发行方式发行范围小，不易及时足额筹集资本，发行后股票的变现性差。

（2）销售方式

销售方式主要是指股份有限公司向社会公开发行股票时所采取的股票销售方法，目前主要有以下两种方式。

①自行销售。自行销售是指发行公司自己将股票销售给认购者。这种销售方式可由发行公司直接控制发行过程，实现发行意图，进而节省发行费用，但对应的发行时间也相对较长，发行公司要承担全部的发行风险，且对发行公司的知名度和实力等有着较高的要求。

②委托中介机构销售。委托中介机构销售是指发行公司将股票销售业务委托给证券经营机构代理，这种方式也是较为常见的发行方式。《中华人民共和国公司法》规定，股份有限公司向社会公开发行股票，必须与依法设立的证券经营机构签订承销协议，由证券经营机构承销。

第二节　筹资决策

一、资金需求量预测

资金需求量是筹资的数量依据，应当科学合理地进行预测。筹资数量预测的基本目的是既保证筹集的资金能满足生产经营的需要，又不会产生多余的闲置资金。企业资金需求量的预测方法主要有定性预测法和定量预测法两种。

（一）定性预测法

定性预测法是根据调查研究所掌握的情况和数据资料，凭借预测人员的知识和经验，对资金需要量作出判断。这种方法一般不能提供有关事件确切的定量概念，而是定性地估计某一事件的发展趋势、优劣程度和发生的概率。定性预测主要是根据经济理论和实际情况进行理性的、合乎逻辑的分析和论证，以定量方法作为辅助，一般在缺乏完整、准确的历史资料时采用。常用的定性预测方法有德尔菲法、市场调查法和相互影响预测法。

1. 德尔菲法

在进行销售预测时，德尔菲法主要是通过向财务管理专家进行调查，利用专家的经验和知识，对过去发生的财务活动、财务关系和有关资料进行分析综合，从财务方面对未来经济的发展进行判断。预测一般分以下两步：第一步，由熟悉企业经营情况和财务情况的专家，根据其经验对未来情况进行分析判断，提出资金需要量的初步意见；第二步，通过各种形式（信函调查、开座谈会等），在与本地区同类企业的情况进行对比的基础上，对预测的初步意见加以修订，最终得出预测结果。

2. 市场调查法

市场的主体是在市场上从事交易活动的组织和个人，客体是各种商品和服务，商品的品种、数量和质量、交货期、金融工具和价格则是市场的配置资源。我国既有消费品和生产资料等商品市场，又有资本市场、劳动力市场、技术市场、信息市场以及房地产市场等要素市场。市场调查的主要内容是对各种与财务活动有关的市场主体、市场客体和市场要素进行调查。

市场调查以统计抽样原理为基础，包括简单随机抽样、分层抽样、分群抽样、规律性抽样和非随机抽样等技术，主要采用询问法、观测法和实验法等，以使定性预测准确、及时。

3. 相互影响预测法

专家调查法和市场调查法获得的资料只能说明某一事件的现状发生的概率和发展的趋势，而不能说明有关事件之间的相互关系。相互影响预测法就是通过分析各个事件由于相互作用和联系引起概率发生变化的情况，研究各个事件在未来发生的可能性的一种预测方法。

（二）定量预测法

定量预测法是指以资金需要量与有关因素的关系为依据，在掌握大量历史资料的基础上选用一定的数学方法进行计算，并将计算结果作为预测依据的一种方法。常用的定量预测法有因素分析法和销售百分比法。

1. 因素分析法

因素分析法又称分析调整法，是以有关项目基期年度的平均资金需要量为基础，根据预测年度的生产经营任务和资金周转加速的要求进行分析调整，从而预测资金需要量的一种方法。这种方法计算简便，容易掌握，但预测结果不精确，通常用于品种繁多、规格复杂、资金用量较小的项目。因素分析法的计算公式如下：

资金需要量 =（基期资金平均占用额－不合理资金占用额）×（1+ 预测期销售增减率）×（1－预测期资金周转速度增长率）

2. 销售百分比法

企业的销售规模扩大时，要相应增加流动资产；如果销售规模增加较多，还必须增加长期资产。为取得扩大销售所需增加的资产，企业便需要筹措资金。这些资金一部分来自随销售收入同比例增加的流动负债，一部分来自预测期的留存收益，一部分可以通过外部筹资取得。

销售百分比法将反映生产经营规模的销售因素与反映资金占用的资产因素连接起来，根据销售与资产之间的数量比例关系来预计企业的外部筹资需要量。销售百分比法的具体运用步骤有以下三步。

首先，确定随着销售额变动而变动的资产和负债项目。随着销售额的变化，经营性资产项目将占用更多的资金。同时，随着经营性资产的增加，相应的经营性短期债务也会增加，比如存货增加会导致应付账款增加，此类债务称为自动性债务，可以为企业提供暂时性资金。经营性资产与经营性负债的差额通常与销售额保持稳定的比例关系。因此，经营性资产项目包括库存现金、应收账款、存货等项目；而经营性负债项目包括应付票据、应付账款等项目，但不包括短期借款、短期融资债券、长期负债等筹资性负债。

其次，需要确定有关项目与销售额的稳定比例关系。如果企业资金周转的营运效率保持不变，经营性资产项目与经营性负债项目将会随销售额的变动而成正比例变动，保持稳定的百分比关系。企业应当根据历史资料和同业情况，剔除不合理的资金占用，寻找与销售额的稳定百分比关系。

最后，确定需要增加的筹资数量。预计由于销售增长而需要的资金需求增长额，扣除利润留存后，即为所需要的外部筹资额。

$$\text{外部融资需求量}=\frac{A}{S_1}\times\Delta S-\frac{B}{S_2}\times\Delta S-P\times E\times S_2$$

式中，A 代表随销售而变化的敏感性资产，B 代表随销售而变化的敏感性负债，S_1 代表销售额，S_2 代表预期销售额，ΔS 代表销售变动额，P 代表销售净利率，E 代表利润留存率，$\frac{A}{S_1}\times\Delta S$ 代表敏感性资产与销售额的关系百分比，$\frac{B}{S_2}\times\Delta S$ 代表敏感性负债与销售额的关系百分比。

需要说明的是，如果非敏感性资产增加，则外部筹资需求量也相应增加。

二、资本成本

企业的筹资管理，在选择筹资方式的同时，还要合理安排资本结构。资本结构优化是企业筹资管理的基本目标，也会对企业的生产经营安排产生影响。资本成本是资本结构优化的标准，资本成本的固定性特性带来了杠杆效应。

（一）资本成本的含义与作用

资本成本是衡量资本结构优化程度的标准，也是对投资获得经济效益的最低要求，通常用资本成本率表示。企业所筹得的资本付诸使用以后，只有项目的投资报酬率高于资本成本率，才能表明所筹集的资本取得了较好的经济效益。

1. 资本成本的含义

资本成本是指企业为筹集和使用资本而付出的代价，是资本所有权与资本使用权分离的结果。就出资者而言，由于让渡了资本使用权，因此必须要求取得一定的补偿，资本成本表现为让渡资本使用权所带来的投资报酬；对筹资者而言，由于取得了资本使用权，故必须支付一定代价，资本成本表现为取得资本使用权所付出的代价。资本成本可以用绝对数表示，也可以用相对数表示，其主要由以下两个部分构成。

（1）筹资费用

筹资费用是指企业在资本筹措过程中为获取资本而付出的代价，如向银行支付的借款手续费，因发行股票、公司债券而支付的发行费等。筹资费用通常在资本筹集时一次性发生，在资本使用过程中不再发生，因此具体运用时通常作为筹资数额的扣除项。

（2）占用费用

占用费用是指企业在资本使用过程中因占用资本而付出的代价，如向银行等债权人支付的利息、向股东支付的股利等。占用费用是因为占用了他人资金而必须支付的，是资本成本的主要内容。

2. 资本成本的作用

（1）资本成本是比较筹资方式、选择筹资方案的依据

各种资本的资本成本率，是比较、评价各种筹资方式的依据。在评价各种筹资方式时，一般要考虑的因素包括对企业控制权的影响、对投资者吸引力的大小、融资的难易和风险、资本成本的高低等，资本成本是其中的重要因素。在其他条件相同时，企业筹资应选择资本成本率最低的方式。

（2）平均资本成本是衡量资本结构是否合理的重要依据

企业财务管理目标是企业价值最大化，企业价值是企业资产带来的未来现金流量的贴现值。计算企业价值时，经常采用企业的平均资本成本作为贴现率。当平均资本成本最小时，企业价值最大，此时的资本结构是企业理想的资本结构。

（3）资本成本是评价投资项目可行性的主要标准

如果投资项目预期的投资报酬率超过该项目所使用的资金的资本成本率，则该项目在经济上就是可行的。因此，资本成本率是企业用以确定项目要求达到的投资报酬率的最低标准。

（4）资本成本是评价企业整体业绩的重要依据

企业的生产经营活动，实际上就是所筹集资本经过投放后形成资产的营运。企业的总资产税后报酬率应高于其平均资本成本率，这样才能带来剩余收益。

（二）影响资本成本的因素

1. 总体经济环境

一个国家或地区的总体经济环境状况表现在国民经济发展水平、预期的通货膨胀等方面，这些都会对企业筹资的资本成本产生影响。如果国民经济保持健康、稳定、持续增长，整个社会经济的资金供给和需求相对均衡且通货膨胀水平低，资金所有者投资的风险小，预期报酬率低，筹资的资本成本率相应就比较低。相反，如果经济过热，通货膨胀持续居

高不下，投资者投资的风险大，预期报酬率高，筹资的资本成本率就高。

2. 资本市场条件

资本市场条件包括资本市场的效率和风险。如果资本市场缺乏效率，证券的市场流动性低，投资者的投资风险大，要求的预期报酬率高，那么通过资本市场融通的资本，其成本水平就比较高。

3. 企业的经营状况和融资状况

企业的经营风险和财务风险共同构成企业总体风险。如果企业经营风险高，财务风险大，则企业总体风险水平高，投资者要求的预期报酬率高，企业筹资的资本成本相应增加。

4. 企业对筹资规模和时限的需求

在一定时期内，国民经济体系中资金供给总量是一定的，资本是一种稀缺资源。因此，企业一次性需要筹集的资金规模大，资金占用时限长，资本成本就高。当然，融资规模、时限与资本成本的正向相关性并非线性关系。一般来说，融资规模在一定限度内并不会引起资本成本的明显变化，当融资规模突破一定限度时，才会引起资本成本的明显变化。

（三）平均资本成本的计算

1. 账面价值权数

这是指以各项个别资本的会计报表账面价值为基础来计算资本权数，从而确定各类资本占总资本的比重。资料可以直接从资产负债表中得到，而且计算结果比较稳定。其缺点是当债券和股票的市价与账面价值差距较大时，按账面价值计算出来的资本成本不能反映目前从资本市场上筹集资本的现实机会成本，不适合评价现时的资本结构。

2. 市场价值权数

这是指以各项个别资本的现行市价为基础来计算资本权数，确定各类资本占总资本的比重。其优点是能够反映现时的资本成本水平，有利于进行资本结构决策。但现行市价经常处于变动之中，不容易取得，而且现行市价反映的只是现时的资本结构，不适用未来的筹资决策。

3. 目标价值权数

这是指以各项个别资本预计的未来价值为基础来确定资本权数，确定各类资本占总资本的比重。目标价值是资本结构要求下的产物，是公司筹措和使用资金对资本结构的一种要求。对于公司筹措新资金、需要反映期望的资本结构来说，目标价值是有益的，适用于未来的筹资决策，但目标价值的确定具有主观性。

以目标价值为基础计算资本权重，能体现决策的相关性。目标价值权数的确定，可以选择未来的市场价值，也可以选择未来的账面价值。目标价值权数是主观愿望和预期的表现，依赖财务经理的价值判断和职业经验。

第四章 营运资金与投资管理

第一节 营运资金管理

一、现金管理

（一）持有现金的动机

持有现金是出于三种需求：交易性需求、预防性需求和投机性需求。

1. 交易性需求

企业的交易性需求是指企业为了维持日常周转及正常商业活动而需持有现金。企业每天都在发生许多支出和收入，这些支出和收入在数额上不相等，在时间上不匹配，企业需要持有一定现金来调节，以使生产经营活动继续进行。

在许多情况下，企业向客户提供的商业信用条件和它从供应商那里获得的信用条件不同，因此企业必须持有现金。如供应商提供的信用条件是30天付款，而企业迫于竞争压力，则向顾客提供45天的信用期，这样一来，企业必须筹集满足15天正常运营的资金来维持企业的运转。另外，企业业务的季节性，要求企业逐渐增加存货以等待季节性的销售高潮。这时，一般会发生季节性的现金支出，企业现金余额下降，而随着销售高潮到来，存货减少，现金又逐渐恢复到原来的水平。

2. 预防性需求

预防性需求是指企业需要持有一定量的现金，以应付突发事件。这种突发事件可能是社会经济环境变化，也可能是企业的某大客户违约导致企业突发性偿付等。尽管财务人员试图利用各种手段来较准确地估算企业需要的现金数额，但这些突发事件会使原本的财务计划失去效果。因此，企业为了应对突发事件，有必要维持比日常正常运转所需金额更多的现金。

确定预防性需求的现金数额时，需要考虑以下三个因素：①企业愿冒现金短缺风险的程度。②企业预测现金收支可靠的程度。③企业临时融资的能力。希望尽可能减少风险的企业倾向于保留大量的现金余额，以应付其交易性需求和大部分预防性资金需求。现金收支预测可靠程度较高、信誉良好、与银行关系良好的企业，预防性需求的现金持有量一般较低。

3. 投机性需求

投机性需求是指企业需要持有一定量的现金以抓住突然出现的获利机会。这种机会大多是稍纵即逝的，如证券价格的突然下跌，企业若没有用于投机的现金，就会错过这种机会。

企业的现金持有量一般小于三种需求下的现金持有量之和，因为为某一需求持有的现金可以用于满足其他需求。

（二）目标现金余额的确定

1. 成本分析模式

成本分析模式强调的是：持有现金是有成本的，最优的现金持有量是使得现金持有成本最小化的持有量。成本分析模式考虑的现金持有成本包括如下项目。

（1）机会成本

现金的机会成本是指企业因持有一定现金余额而丧失的再投资收益。再投资收益是企业不能同时用该现金进行有价证券投资所产生的机会成本，这种成本在数额上等于资金成本。例如，某企业的资本成本率为 10%，年均持有现金 50 万元，则该企业每年持有现金的机会成本为 5 万元（50 万元 ×10%）。放弃的再投资收益即机会成本属于变动成本，它与现金持有量的多少密切相关，即现金持有量越大，机会成本越大，反之就越小。

（2）管理成本

现金的管理成本是指企业因持有一定数量的现金而发生的管理费用，如管理人员工资、安全措施费用等。一般认为这是一种固定成本，这种固定成本在一定范围内和现金持有量之间没有明显的比例关系。

（3）短缺成本

现金的短缺成本是指在现金持有量不足，又无法及时通过有价证券变现加以补充而给企业造成的损失，包括直接损失与间接损失。现金的短缺成本随现金持有量的增加而下降，随现金持有量的减少而上升，即与现金持有量呈负相关。

成本分析模式是根据现金相关成本，分析预测其总成本最低时的现金持有量的一种方法。其计算公式为：

最佳现金持有量下的现金相关成本 =min（管理成本 + 机会成本 + 短缺成本）

其中，管理成本属于固定成本，机会成本是正相关成本，短缺成本是负相关成本。因此，成本分析模式是要找到机会成本、管理成本和短缺成本所组成的总成本曲线最低点所对应的现金持有量，把它作为最佳现金持有量。

在实际工作中运用成本分析模式确定最佳现金持有量的具体步骤如下。

①根据不同现金持有量测算并确定有关成本数值。

②按照不同现金持有量及其相关成本资料编制最佳现金持有量测算表。

③在测算表中找出总成本最低时的现金持有量，即最佳现金持有量。

由成本分析模式可知，如果减少现金持有量，则增加短缺成本；如果增加现金持有量，则增加机会成本。改进上述关系的一种办法是：当拥有多余现金时，将现金转换为有价证券；当现金不足时，将有价证券转换成现金。但现金和有价证券之间的转换也需要成本，称为转换成本。转换成本是指企业用现金购入有价证券以及用有价证券换取现金时付出的交易费用，即现金同有价证券之间相互转换的成本，如买卖佣金、手续费、证券过户费、印花税、实物交割费等。转换成本可以分为两类：一是与委托金额相关的费用，如买卖佣金、印花税等；二是与委托金额无关，只与转换次数有关的费用，如委托手续费、过户费等。证券转换成本与现金持有量即有价证券变现额的多少，必然对有价证券的变现次数产生影响，即现金持有量越少，进行证券变现的次数越多，相应的转换成本就越大。

2. 存货模式

企业平时持有较多的现金，会降低现金的短缺成本，但也会增加现金占用的机会成本；平时持有较少的现金，则会增加现金的短缺成本，却能减少现金占用的机会成本。如果企业平时只持有较少的现金，在有现金需要时（如手头的现金用尽），通过出售有价证券换回现金（或从银行借入现金），既能满足现金的需要，避免短缺成本，又能减少机会成本。因此，适当的现金与有价证券之间的转换，是企业提高资金使用效率的有效途径。这与企业奉行的营运资金政策有关。采用宽松的流动资产投资政策时，保留较多的现金，则转换次数少。如果经常进行大量的有价证券与现金的转换，则会加大转换交易成本，因此如何确定有价证券与现金的每次转换量，是一个需要研究的问题。这可以应用现金持有量的存货模式解决。

有价证券转换回现金所付出的代价（如支付手续费用），被称为现金的交易成本。现金的交易成本与现金转换次数、每次的转换量有关。假定现金每次的交易成本是固定的，在企业一定时期的现金使用量确定的前提下，每次以有价证券转换回现金的金额越大，企业平时持有的现金量便越高，转换的次数便越少，现金的交易成本就越低；相反，每次转换回现金的金额越低，企业平时持有的现金量便越低，转换的次数会越多，现金的交易成本就越高。可见，现金交易成本与持有量成反比。

（三）现金管理模式

1.“收支两条线”管理模式

“收支两条线”原本是政府为了加强财政管理和整顿财政秩序对财政资金采取的一种管理模式。当前，企业特别是大型集团企业，也纷纷采用“收支两条线”资金管理模式。

（1）企业实行“收支两条线”管理模式的目的

企业作为追求价值最大化的营利组织，实施“收支两条线”管理模式主要出于两个目的：

一是对企业范围内的现金进行集中管理，减少现金持有成本，加速资金周转，提高资金使用效率；二是以实施“收支两条线”为切入点，通过高效的价值化管理来提高企业效益。

（2）“收支两条线”资金管理模式的构建

企业构建“收支两条线”资金管理模式，可以从规范资金的流向、流量和流程三个方面入手。

①资金的流向方面。企业“收支两条线”要求各部门或分支机构在内部银行或当地银行设立两个账户（收入户和支出户），并规定所有收入的现金都必须进入收入户（外地分支机构的收入户资金还必须及时、足额地回笼到总部），收入户资金由企业资金管理部门（内部银行或财务结算中心）统一管理；所有的货币性支出都必须从支出户里支付，支出户里的资金只能根据一定的程序由收入户划拨而来，严禁现金坐支。

②资金的流量方面。在收入环节上，要确保所有收入的资金都进入收入户，不允许有私设的“账外小金库”。另外，还要加快资金的结算速度，尽量压缩资金在结算环节的沉淀量。在调度环节上通过动态的现金流量预算和资金收支计划实现对资金的精确调度。在支出环节上，根据以收定支和最低限额资金占用的原则从收入户按照支出预算安排将资金定期划拨到支出户，支出户平均资金占用额应压缩到最低限度。有效的资金流量管理将有助于确保及时、足额地收入资金，合理控制各项费用支出和有效调剂内部资金。

③资金的流程方面。资金流程是指与资金流动有关的程序和规定。它是“收支两条线”内部控制体系的重要组成部分，主要包括五个部分：一是关于账户管理、货币资金安全性等的规定；二是收入资金管理与控制；三是支出资金管理与控制；四是资金内部结算与信贷管理控制；五是“收支两条线”的组织保障等。

需要说明的是，“收支两条线”作为一种企业的内部资金管理模式，与企业的性质、战略、管理文化和组织架构都有很大的关系。因此，企业在构建“收支两条线”管理模式时，一定要注意与本企业的实际相结合，以管理有效性为导向。

2. 集团企业资金集中管理模式

企业集团下属机构多，地域分布广，如果子分公司多头开户，资金存放分散，会大大降低资金的使用效率。通过资金的集中管理、统一筹集、合理分配、有序调度，能够降低融资成本，提高资金使用效率，确保集团战略目标的实现，实现整体利益的最大化。

资金集中管理也称司库制度，是指集团企业借助商业银行网上银行功能及其他信息技术手段，将分散在集团各所属企业的资金集中到总部，由总部统一调度、统一管理和统一运用。资金集中管理在各个集团的具体运用可能会有所差异，但一般包括资金集中、内部结算、融资管理、外汇管理、支付管理等主要内容。其中，资金集中是基础，其他各方面均建立在此基础之上。目前，资金集中管理模式逐渐被我国企业集团采用。

资金集中管理模式的选择，实质上是集团管理是集权还是分权管理体制的体现，也就是说，在企业集团内部所属各子企业或分部是否有货币资金使用的决策权、经营权，这是由行业特点和本集团资金运行规律决定的。

（四）现金收支日常管理

1. 现金周转期

企业的经营周期是指从取得存货开始到销售存货并收回现金为止的时期。其中，从收到原材料、加工原材料、形成产成品，到将产成品卖出的这一时期，称为存货周转期；产成品卖出后到收到顾客支付的货款的这一时期，称为应收账款周转期或收账期。

但是企业购买原材料并不用立即付款，这一延迟的付款时间段就是应付账款周转期或收账期。现金周转期是指介于企业支付现金与收到现金之间的时间段，它等于经营周期减去应付账款周转期。

2. 收款管理

（1）收款系统

高效率的收款系统能够使收款成本和收款浮动期达到最小，并能够保证与客户汇款及其他现金流入来源相关的信息的质量。

①收款成本。收款成本包括浮动期成本、管理收款系统的相关费用（如银行手续费）及第三方处理费用或清算相关费用。在获得资金之前，收款在途项目使企业无法利用这些资金，也会产生机会成本。信息的质量包括收款方得到的付款人的姓名、付款的内容和付款时间。信息要求及时、准确地到达收款人一方，以便收款人及时处理资金做出发货的安排。

②收款浮动期。收款浮动期是指从支付开始到企业收到资金的时间间隔。收款浮动期主要是由纸基支付工具导致的，有下列三种类型。

邮寄浮动期：从付款人寄出支票到收款人或收款人的处理系统收到支票的时间间隔。

处理浮动期：支票的接受方处理支票和将支票存入银行以收回现金所花的时间。

结算浮动期：通过银行系统进行支票结算所需的时间。

（2）收款方式的改善

电子支付方式与纸基支付方式相比是一种改进。电子支付方式有如下好处。

①结算时间和资金可用性可以预计。

②向任何一个账户或任何金融机构的支付具有灵活性，不受人工干扰。

③客户的汇款信息可与支付同时传送，更容易更新应收账款。

④客户的汇款从纸基方式转向电子方式，减少或消除了收款浮动期，降低了收款成本，收款过程更容易控制，并且提高了预测精度。

3. 付款管理

现金支出管理的主要任务是尽可能延缓现金的支出时间。当然，这种延缓必须是合理合法的。控制现金支出的目标是在不损害企业信誉的条件下，尽可能推迟现金的支出。

（1）使用现金浮游量

现金浮游量是指由于企业提高收款效率和延长付款时间所产生的企业账户上的现金余额和银行账户上的企业存款余额之间的差额。

（2）推迟应付款的支付

推迟应付款的支付是指企业在不影响自己信誉的前提下，充分运用供货方所提供的信用优惠，尽可能地推迟应付款的支付期。

（3）汇票代替支票

汇票分为商业承兑汇票和银行承兑汇票，与支票不同的是，承兑汇票并不是见票即付。这一方式的优点是它推迟了企业调入资金支付汇票的实际所需时间。这样一来，企业就只需在银行中保持较少的现金余额。它的缺点是某些供应商可能并不喜欢用汇票付款，银行也不喜欢处理汇票，它们通常需要耗费更多的人力。与支票相比，银行会收取较高的手续费。

（4）改进员工工资支付模式

企业可以为支付工资专门设立一个工资账户，通过银行向职工支付工资。为了最大限度地减少工资账户的存款余额，企业要合理预测从开出支付工资的支票到职工去银行兑现的具体时间。

（5）透支

透支是指企业开出支票的金额大于活期存款余额。它实际上是银行向企业提供的信用。透支的限额由银行和企业共同商定。

（6）争取现金流出与流入同步

企业应尽量使现金流出与流入同步，这样可以降低交易性现金余额，同时可以减少有价证券转换为现金的次数，提高现金的利用效率，节约转换成本。

（7）使用零余额账户

企业与银行合作，保持一个主账户和一系列子账户。企业只在主账户保持一定的安全储备，而不需要在一系列子账户保持安全储备。当从某个子账户签发的支票需要现金时，所需要的资金立即从主账户划拨过来，从而使更多的资金可以另作他用。

二、存货管理

（一）存货管理的目标

存货是指企业在生产经营过程中为销售或者耗用而储备的物资，包括材料、燃料、低值易耗品、在产品、半成品、产成品、协作件、商品等。存货管理水平的高低直接影响着企业的生产经营能否顺利进行，并最终影响企业的收益、风险等状况。因此，存货管理是财务管理的一项重要内容。

企业持有存货的原因：一方面是为了保证生产或销售的经营需要；另一方面是出于对

价格的考虑，零购物资的价格往往较高，而整批购买在价格上有优惠。但是，过多的存货要占用较多资金，并且会增加包括仓储费、保险费、维护费、管理人员工资在内的各种开支。因此，存货管理的目标，就是在保证生产销售经营需要的前提下，最大限度地降低存货成本，具体包括以下五个方面。

1. 保证生产正常进行

生产过程中需要的原材料和在产品，是生产的物资保证。为保障生产的正常进行，必须储备一定量的原材料，否则可能会出现生产中断、停工待料的现象。尽管当前部分企业的存货已经实现计算机自动化管理，但要实现存货为零的目标实属不易。

2. 有利于销售

一定数量的存货储备能够增加企业在生产和销售方面的主动性以及适应市场变化的能力，当企业市场需求量增加时，若产品储备不足就有可能失去销售良机。同时，顾客为节约采购成本和其他费用，一般成批采购，企业为了达到运输上的最优批量也会组织成批发运。所以，保持一定量的存货是有利于市场销售的。

3. 便于维持均衡生产，降低产品成本

有些企业产品属于季节性产品或者需求波动较大的产品，若根据需求状况生产，则可能有时生产能力得不到充分利用，有时又超负荷生产，造成产品成本的上升。为了降低生产成本，实现均衡生产，就要储备一定的产成品存货，并相应地保持一定的原材料存货。

4. 降低存货取得成本

一般情况下，当企业进行采购时，进货总成本与采购物资的单价和采购次数有密切关系。而许多供应商为鼓励客户多购买其产品，往往在客户采购量达到一定数量时给予价格折扣，所以企业通过大批量集中进货既可以享受价格折扣，降低购置成本，也因减少订货次数，降低了订货成本，使总的进货成本降低。

5. 防止意外事件的发生

企业在采购、运输、生产和销售过程中，都可能发生意料之外的事故。保持必要的存货保险储备，可以避免和减少意外事件的损失。

（二）存货的控制系统

存货管理不仅需要各种模型帮助确定适当的存货水平，还需要建立相应的存货控制系统。传统的存货控制系统分为定量控制系统和定时控制系统两种。定量控制系统是指当存货下降到一定水平时即发出订货单，订货数量是固定的和事先决定的。定时控制系统是每隔一个固定时期，无论现有存货多少，即发出订货申请。这两种系统都较简单且易于理解，但不够精确。现在许多大型企业已采用计算机存货控制系统。当存货数据输入计算机后，计算机即对这批货物开始跟踪。此后，每当有该货物被取出时，计算机就及时做出记录并修正库存余额。当存货下降到订货点时，计算机自动发出订单，并在收到订货时记下所有的库存量。计算机系统能对大量种类的存货进行有效管理，这也是大型企业愿意采用这种系统的原因之一。对于大型企业而言，其存货种类数以十万计，要使用人力及传统方法来对如此多的库存进行有效管理，及时调整存货水平，避免出现缺货或浪费现象，几乎是不可能的，但计算机系统却能迅速有效地对此作出反应。

伴随着业务流程重组的兴起以及计算机行业的发展，存货管理系统也得到了很大的发展。从 MRP（物料资源规划）发展到 MRP-Ⅱ（制造资源规划），再到 ERP（企业资源规划），以及后来的柔性制造和供应链管理，甚至是外包等管理方法的快速发展，都大大地推动了企业存货管理方法的发展。这些新的生产方式把信息技术革命和管理进步融为一体，提高了企业的整体运作效率。以下将对两种典型的存货控制系统进行介绍。

1.ABC 控制系统

ABC 控制系统就是把企业种类繁多的存货，依据其重要程度、价值大小或者资金占用等标准分为三大类：A 类为高价值存货，品种数量占整个存货的 10% ~ 15%，但价值占全部存货的 50% ~ 70%；B 类为中等价值存货，品种数量占全部存货的 20% ~ 25%，价值占全部存货的 15% ~ 20%；C 类为低价值存货，品种数量多，占整个存货的 60% ~ 70%，价值占全部存货的 10% ~ 35%。针对不同类别的存货分别采用不同的管理方法，A 类存货应作为管理的重点，实行重点控制、严格管理；而对 B 类和 C 类存货的重视程度则可依次降低，采取一般管理。

2. 适时制库存控制系统

适时制库存控制系统又称零库存管理、看板管理系统，是指制造企业事先与供应商和客户协调好，每当产品生产出来就被客户拉走，只有当制造企业在生产过程中需要原料或零件时，供应商才会将原料或零件送来。因此，制造企业的存货持有水平就可以大大下降，企业的物资供应、生产和销售形成连续的同步运动过程。显然，适时制库存控制系统需要的是稳定而标准的生产程序以及诚信的供应商，否则，任何一环出现差错都将导致整个生产线停止。目前，已有越来越多的企业利用适时制库存控制系统减少甚至消除对存货的需求，即实行零库存管理，如沃尔玛、丰田、海尔等。进一步发展的适时制库存控制系统被应用于企业整个生产管理的过程中，集开发、生产、库存和分销于一体，大大提高了企业的运营管理效率。

第二节 投资管理

一、投资管理概述

投资，从广义上说是指特定经济主体（包括政府、企业和个人）以本金收回并获利为基本目的，将货币、实物资产等作为资本投放于某一个具体对象，以在未来较长时间内获得预期经济利益的经济行为。企业投资，是企业为获得未来长期收益而向一定对象投放资金的经济行为。购建厂房和设备、兴建电站、购买股票债券等经济行为，均属于投资行为。

（一）企业投资的意义

1. 投资是企业生存与发展的基本前提

企业的生产经营就是企业资产的运用和资产形态的转换过程。投资是一种资本性支出的行为，通过投资支出，企业购建流动资产和长期资产，形成生产条件和生产能力。实际上，不论是新建一个企业还是建造一条生产流水线，都是一种投资行为。通过投资确立企业的经营方向，配置企业的各类资产，并将它们有机地结合起来，形成企业的综合生产经营能力。

2. 投资是获取利润的基本前提

企业投资的目的，是通过预先垫付一定数量的货币或实物形态的资本，购建和配置形成企业的各类资产，从事某类经营活动，获取未来的经济利益。通过投资形成生产经营能力，企业才能开展具体的经营活动，获取经营利润。那些以购买股票、债券等有价证券方式对其他单位的投资，可以通过取得股利或者债息来获取投资收益，也可以通过转让证券来获取资本利得。

3. 投资是企业风险控制的重要手段

企业经营面临着各种风险，有来自市场竞争的风险，有资金周转的风险，还有原材料涨价、费用居高不下等成本风险。投资是企业控制风险的重要手段，通过投资可以将资金投向企业生产经营的薄弱环节，使企业的生产经营能力配套、平衡、协调。通过投资，可以实现多元化经营，将资金投放于经营相关程度较低的不同产品或不同行业，分散风险，稳定收益来源，降低资产的流动性风险和变现风险，增强资产的安全性。

（二）企业投资管理的特点

企业投资涉及的资金多，经历的时间长，对于企业未来的财务状况和经营活动都有较大的影响。与日常经营活动相比，企业投资的主要特点表现在以下三个方面。

1. 属于企业的战略性决策

企业的投资活动一般涉及企业未来的经营发展方向、生产能力、规模等问题，如厂房设备的更新与新建、新产品的研制与开发、对其他企业的股权控制等。企业投资主要涉及劳动资料要素方面，包括生产经营所需要的固定资产的购建、无形资产的获取等。企业投资的对象也可能是生产要素综合体，即对另一个企业股权的取得和控制。这些投资活动直接影响本企业未来的经营发展规模和方向，是企业简单再生产得以顺利进行并实现扩大再生产的前提条件。

2. 属于企业的非程序化管理

首先，企业的投资项目涉及的资金数额较大，这些项目的管理不仅是一个投资问题，也涉及资金筹集问题。特别是对于设备和生产能力的购建、对其他关联企业的并购等，需要大量资金，对于一个产品制造或者商品流通的实体性企业来说，这种筹资和投资不会经常发生。其次，企业的投资项目影响的时间较长，这些投资项目实施后将形成企业的生产条件和生产能力，其使用期限长，将在企业多个经营周期内直接发挥作用，也将间接影响日常经营活动中流动资产的配置与分布。最后，投资经济活动具有一次性和独特性的特点，投资管理属于非程序化管理，每次投资的背景、特点、要求等可能都不一样，无明显的规律可遵循，管理时更需要周密思考。

3. 投资价值的波动性大

投资项目的价值，是由投资标的物资产内在获利能力决定的。这些标的物资产的形态是不断转换的，未来收益的获得具有较强的不确定性，其价值也具有较强的波动性。同时，各种外部因素，如市场利率、物价等的变化，也时刻影响着投资标的物的资产价值。因此，企业确定投资管理决策时，要充分考虑投资项目的时间价值和风险价值。

（三）企业投资的分类

将企业投资进行科学分类，有利于分清投资的性质，按不同特点和要求进行投资决策，加强投资管理。

1. 直接投资和间接投资

按投资活动与企业本身生产经营活动的关系，企业投资可以划分为直接投资和间接投资。直接投资是指将资金直接投放于形成生产经营能力的实体性资产，直接谋取经营利润的企业投资。企业通过直接投资，购买并配置劳动力、劳动资料和劳动对象等具体生产要素，开展生产经营活动。间接投资是指将资金投放于股票、债券等权益性资产上的企业投资。间接投资方不直接介入具体的生产经营过程，通过股票、债券上所约定的收益分配权利，获取股利或利息收入，分享直接投资的经营利润。

2. 项目投资和证券投资

按投资对象的存在形态和性质，企业投资可以划分为项目投资和证券投资。

企业可以通过投资购买具有实质内涵的经营资产，包括有形资产和无形资产，形成具体的生产经营能力，开展实质性的生产经营活动，谋取经营利润，这类投资称为项目投资。项目投资的目的在于改善生产条件，扩大生产能力，以获取更多的经营利润。企业可以通过投资购买证券资产，通过证券资产上所赋予的权利，间接控制被投资企业的生产经营活动，获取投资收益，这类投资称为证券投资，即购买属于综合生产要素的权益性资产的企业投资。

3. 对内投资与对外投资

按投资活动资金投出的方向，企业投资可以划分为对内投资和对外投资。对内投资是指在本企业范围内部的资金投放，用于购买和配置各种生产经营所需的经营性资产。对外投资是指向本企业范围以外的其他单位的资金投放。

（四）企业投资管理的原则

投资管理程序包括投资计划制订、可行性分析、实施过程控制和投资后评价等。为了适应投资项目的特点和要求，实现投资管理的目标，作出合理的投资决策，需要制定投资管理的基本原则，保证投资活动的顺利进行。

1. 可行性分析原则

项目投资一般所需金额大，资金占用时间长，投资后具有不可逆转性，对企业的财务状况和经营前景影响重大。因此，在投资决策之时，必须建立严密的投资决策程序，进行科学的可行性分析。投资项目可行性分析是投资管理的重要组成部分，其主要任务是对投资项目实施的可行性进行科学的论证，主要包括环境可行性、技术可行性、市场可行性、财务可行性等方面。项目可行性分析将对项目实施后未来的运行和发展前景进行预测，通过定性分析和定量分析比较项目的优劣，为投资决策提供参考。

2. 结构平衡原则

一个投资项目的管理就是综合管理。资金既要投放于主要生产设备，又要投放于辅助设备；既要满足长期资产的需要，又要满足流动资产的需要。投资项目在资金投放时，要遵循结构平衡原则，合理分布资金，具体包括固定资金与流动资金的配套关系、生产能力与经营规模的平衡关系、资金来源与资金运用的匹配关系、投资进度和资金供应的协调关系、流动资产内部的资产结构关系、发展性投资与维持性投资的配合关系、对内投资与对外投资的顺序关系等。投资项目在实施后，资金就较长期地固化在具体项目上，退出或转向都不容易。只有遵循结构平衡原则，投资项目实施后才能顺利进行，才能避免资源的闲置和浪费。

3. 动态监控原则

投资的动态监控是指对投资项目实施过程中的进程控制，特别是对于工程量大、工期长的建造项目来说，具体的投资过程需要按工程预算实施，有效地进行动态投资控制。对于间接投资而言，投资前首先要认真分析投资对象的投资价值，根据风险与收益均衡原则合理选择投资对象。在持有金融资产的过程中，要广泛收集投资对象和资本市场的相关信息，全面了解被投资单位的财务状况和经营成果，保护自身的投资权益。

二、项目投资管理

项目投资是指将资金直接投资于生产经营实体性资产，以形成生产能力，如购置设备、建造工厂、修建设施等。项目投资一般是企业的对内投资，也包括以实体性资产投资于其他企业的对外投资。

（一）独立投资方案的决策

独立投资方案是指两个或两个以上项目互不依赖，同时并存，各方案的决策也是独立的。独立投资方案的决策属于筛分决策，评价各方案本身是否可行，即方案本身是否达到某种要求的可行性标准。独立投资方案之间比较时，决策要解决的问题是如何确定各种可行方案的投资顺序，即各独立方案之间的优先次序。排序分析时，以各独立方案的获利程度作为评价标准，一般采用内含报酬率法进行比较决策。

（二）互斥投资方案的决策

互斥方案是指在投资决策时，涉及多个互相关联、互相排斥的方案，即一组方案中各个方案彼此可以相互代替，采纳方案组中的某一个方案就会自动排斥这组方案中的其他方案。因此，互斥方案具有排他性。例如，某一块土地是用于建住宅商品房还是用于建写字楼。

对互斥项目进行投资决策分析就是指在每个方案已具有财务可行性的前提下，利用具体决策方法在两个或两个以上互相排斥的待选项目之间进行比较，区分它们的优劣，从而选择出最优的投资方案。

由于各个备选方案投资额的项目计算期不一致，因而要根据各个方案的有效期、投资额采取不同的方法进行选择。

1. 互斥方案的投资额、项目计算期均相等

若互斥方案的投资额、项目计算期均相等，则可采用净现值法或内含报酬率法进行决策分析。净现值法是指通过比较互斥方案的净现值的大小来选择最优方案的方法。内含报酬率法是指通过比较互斥方案的内含报酬率的大小来选择最优方案的方法。净现值或内含报酬率最大的方案为最优方案。

2. 互斥方案的投资额不相等，但项目计算期相等

此时可采用差额法进行决策分析。差额法是指在两个投资额不同方案的差额现金净流量（记作 ΔNCF）的基础上，计算出差额净现值（记作 ΔNPV）或差额内含报酬率（记作 ΔIRR），并据以判断方案优劣的方法。

在此方法下，一般用投资额大的方案减去投资额小的方案，当 $\Delta NPV \geq 0$，或 $\Delta IRR \geq 1$ 时，投资额大的方案较优；反之，则投资额小的方案为优。

差额净现值（ΔNPV）或差额内含报酬率（ΔIRR）的计算过程和计算技巧，同净现值（NPV 或内含报酬率 IRR）完全一样，只是依据的是差额现金流量（ΔNCF）。

（三）固定资产更新决策

在实际工作中，有些投资方案不能单独计算盈亏，或者投资方案的收入相同或收入基本相同且难以具体计算，如固定资产更新决策。固定资产更新是指对技术上或经济上不宜继续使用的旧资产，用新的资产更换，或用先进的技术对原有设备进行局部改造。固定资产更新决策主要研究两个问题：一个是决定是否更新，另一个是决定选择什么样的资产来更新。

1. 更新决策的现金流量分析

更新决策不同于一般的投资决策，通常，设备更换并不改变企业的生产能力，不增加企业的现金流入，主要是现金流出，这就给采用贴现现金流量分析带来了困难。因此，较好的分析方法是比较继续使用和更新的年成本，把成本较低的作为好方案。

2. 固定资产的平均年成本

固定资产的平均年成本是指该资产引起的现金流出的年平均值。如果不考虑资金的时间价值，则它是未来使用年限内的现金流出总额与使用年限的比值。如果考虑资金的时间价值，则它是未来使用年限内现金流出总现值与年金现值系数的比值，即平均每年的现金流出。由于固定资产的更新决策是一项投资决策，涉及的时间较长，在评价方案优劣时必须考虑资金的时间价值因素，因此在对固定资产的更新决策进行评价时使用的平均年成本通常是指考虑了时间价值的平均年成本。

在使用平均年成本法时要注意两点：一是平均年成本法是把继续使用旧设备和购置新设备看作两个互斥的方案，而不是一个更换设备的特定方案，因此不能将旧设备的变现价值作为购置新设备的一项现金流入；二是平均年成本法的假设前提是将来设备再更换时，可以按原来的平均年成本找到可代替的设备。

三、证券投资管理

证券市场投资是将资金用于购买股票、债券基金等金融资产。它属于间接投资，是企业对外投资的一种重要形式。投资者将资金投向股票、债券等各种有价证券，目的之一是通过买卖证券来获取相应的收益。然而，如其他投资一样，证券投资也具有很大的风险，因而投资者要通过证券价值分析进行投资决策，力求使投资风险与投资收益达到均衡。证券投资不仅可以获得投资收益，还可以达到以小控大、分散风险的目的。随着我国证券市场的发展和完善，投资品种将日益增多，证券投资管理已成为财务管理的一项重要内容。

（一）证券投资的含义和种类

1. 证券投资的含义

证券投资是指以国家或外单位公开发行的有价证券为购买对象的投资行为，它是企业投资的重要组成部分，是企业、个人或其他社会组织买卖有价证券的经济行为。本章所研究的仅限于企业的证券投资事务。

2. 证券投资的种类

证券投资是多种多样的，按不同标准可对其进行不同的分类。下面根据证券投资对象，将证券投资分为债券投资、股票投资和组合投资三类。

（1）债券投资

债券投资是指企业将资金投向各种各样的债券，如企业购买国库券、公司债券和短期融资券等。与股票投资相比，债券投资能获得稳定收益，投资风险较低。当然，也应该看到投资于一些期限长、信用等级低的债券也会承担较大风险。

（2）股票投资

股票投资是指企业将资金投向其他企业所发行的股票。将资金投向优先股、普通股都属于股票投资。企业投资于股票，尤其是投资于普通股票，要承担较大风险，但在通常情况下，也会取得较高收益。

（3）组合投资

组合投资又称为证券投资组合，是指企业将资金同时投资于多种证券。例如，既投资于国库券又投资于企业债券，还投资于企业股票。组合投资可以有效地分散证券投资风险，是企业等法人单位进行证券投资时常用的投资方式。

（二）证券投资的目的

科学地进行证券投资管理，能增加企业投资收益，降低风险，有利于财务管理目标的实现。企业进行证券投资的目的主要有以下四个方面。

1. 暂时存放闲置资金

企业一般持有一定量的有价证券，以替代较大量的非营利性的现金余额，并在现金流出超过现金流入时，将有价证券出售，增加现金。短期证券的投资在多数情况下是出于预防的动机，因为大多数企业依赖银行信用来应付短期交易对现金的需要，但银行信用有时是不可靠或不稳定的。因此，必须持有有价证券以防银行信用的短缺。

2. 与筹集长期资金相配合

处于成长期或扩张期的公司一般每隔一段时间就会发行长期证券（股票或公司债券）。但发行长期证券所获得的资金一般并不一次用完，而是逐渐、分次使用。因此，暂时不用的资金可投资于有价证券，以获取一定收益，而当企业进行投资需要资金时，则可卖出有价证券，获得现金。

3. 满足未来的财务需求或季节性经营的需求

假如企业在不久的将来有一笔现金需求，如建一座厂房或归还到期债务，则将现有现金投资于有价证券，以便将来出售时满足所需要的资金。而从事季节性经营的公司在一年内的某些月份有剩余现金，在另外几个月则会出现现金短缺，这些公司通常在现金有剩余时购入有价证券，在现金短缺时出售有价证券。

4. 获得对相关企业的控制权

有些企业往往从战略上考虑要控制其他企业，这一般可以通过股票投资来实现。例如，一家汽车制造企业欲控制一家钢铁企业以便获得稳定的材料供应，这时便可动用一定资金来购买钢铁企业的股票，直到其所拥有的股权能控制这家钢铁企业为止。

（三）证券投资的风险

由于证券资产的市价波动频繁，故证券投资的风险往往较大。获取投资收益是证券投资的主要目的。证券投资的风险可能使投资者无法获得预期的投资收益，分为系统性风险和非系统风险两大类。

1. 系统性风险

证券资产的系统性风险，是指由于外部经济环境因素变化引起整个资本市场不确定性加强，从而对所有证券都产生影响的共同性风险。系统性风险影响到资本市场上所有的证券，无法通过投资多元化的组合来加以避免，也称为不可分散风险。

系统性风险波及所有证券资产，最终会反映在资本市场平均利率的提高上。所有的系统性风险几乎都可以归结为利率风险。利率风险是由于市场利率变动引起证券资产价值变化的可能性。市场利率反映了社会平均报酬率，投资者对证券资产投资报酬率的预期总是在市场利率基础上进行的，只有证券资产投资报酬率大于市场利率时，证券资产的价值才会高于其市场价格。一旦市场利率提高，就会引起证券资产价值的下降，投资者就不易得到超过社会平均报酬率的超额报酬。市场利率的变动会造成证券资产价格的普遍波动，两者呈反向变化：市场利率上升，证券资产价格下跌；市场利率下降，证券资产价格上升。系统性风险主要由价格风险、再投资风险和购买力风险构成。

2. 非系统性风险

证券资产的非系统性风险，是指由特定经营环境或特定事件变化引起的不确定性，从而对个别证券资产产生影响的特有风险。非系统性风险源于每个企业自身特有的营业活动和财务活动，与某一具体的证券有关，同整个证券市场无关。非系统性风险又称为可分散风险，可以通过持有证券的多样化来抵消。证券的非系统性风险具体包括履约风险、变现风险和破产风险等几种类型。

非系统性风险是企业特有的风险。从企业内部管理的角度考察，企业特有风险的主要表现形式是企业的经营风险和财务风险。从企业外部的证券市场投资者的角度考察，无法明确区分企业的经营风险和财务风险的特征。企业特有的风险是以履约风险、变现风险和破产风险等形式表现出来的。

（四）债券投资

1. 债券的基本要素

债券是债务人依照法定程序发行的，承诺按约定利率在约定时间支付利息，并在到期时偿还本金的一种有价证券。一般而言，债券包括以下基本要素。

（1）债券面值

债券面值是指债券的票面金额，它代表发行人借入并且承诺于未来某一特定日期偿付给债券持有人的金额。

（2）债券票面利率

债券票面利率是指债券发行者预计一年内向投资者支付的利息占票面金额的比率。债券的票面利率是债券发行时就已经规定的，债券发行人将按这个利率与面值的乘积计算应支付给债券持有人的利息。多数债券的票面利率在债券持有期间不会改变。

（3）债券的到期日

债券的到期日是指偿还本金的日期。债券的到期时间短则 3 个月，长的可能达 30 年。往往到期时间越长，风险越大，债券的票面利率也越高。

（4）债券价格

从理论上看，债券的面值就是其价格，但由于资金供求关系、市场利率等变化，债券的价格往往偏离其面值。正因为债券发行价格往往偏离其面值，所以会出现溢价发行、折价发行等情况。

2. 债券的价值

将未来在债券投资上收取的利息和收回的本金折为现值，即可得到债券的内在价值。债券的内在价值也称为债券的理论价格，只有债券价值大于其购买价格时，该债券才值得投资。影响债券价值的因素主要有债券的面值、期限、票面利率和所采用的贴息率等。

（1）债券估价基本模型

典型的债券类型是有固定的票面利率、每期支付利息、到期归还本金的债券。在这种债券类型下，债券价值计量的基本模型如下。

$$P=\sum_{t=1}^{n}\frac{I_t}{(1+k)^t}+\frac{M}{(1+k)^n}=\sum_{t=1}^{n}\frac{M\cdot i}{(1+k)^t}+\frac{M}{(1+k)^n}$$

或

$$P=I\cdot(P/A,k,n)+M\cdot(P/F,k,n)$$

说明：t 是自然数，约定俗成的内容。

式中，P 表示债券价值，I 表示每年的利息，i 表示票面利率，M 表示债券的面值，k 表示贴现率（可以采用当时的市场利率或投资者要求的最低报酬率替代），n 表示债券期限（偿还年数）。

债券发行时，若 $i>k$，则 $P>M$，债券溢价发行；若 $i<k$，则 $P<M$，债券折价发行；若 $i=k$，则 $P=M$，债券按面值发行。

（2）到期一次还本付息，且不计复利的债券估价模型

到期一次还本付息，且不计复利的债券估价模型是指用于估算到期一次还本付息债券价格的模型。我国很多债券都属于此种。其计算公式为：

$$P=\frac{M\cdot i\cdot n+M}{(1+k)^n}$$

或

$$P=M(1+i\cdot n)(P/F,k,n)$$

公式中符号的含义与债券估价基本模型相同。

（3）零票面利率债券的估价模型

有些债券以贴现方式发行，没有票面利率，到期按面值偿还，所以也称为纯贴息债券。其债券价格为：

$$P=\frac{M}{(1+k)^n}$$

或

$$P=M(P/F,k,n)$$

3. 债券投资的收益率

（1）债券收益的来源

债券投资的收益是投资于债券所获得的全部投资报酬，这些报酬来源于以下三个方面。

①名义利息收益。债券各期的名义利息收益是其面值与票面利率的乘积。

②利息再投资收益。债券投资评价时，有两个重要的假定：一是债券本金是到期收回的，而债券利息是分期收取的；二是将分期收到的利息重新投资于同一项目，并取得与本金相同的利息收益率。

③价差收益。它指债券尚未到期时，投资者中途转让债券，在买价和卖价之间的价差上所获得的收益，也称为资本利得收益。

（2）债券的内含报酬率

债券的内含报酬率是指按当前市场价格购买债券并持有至到期日或转让日所产生的预期报酬率。在债券价值估价基本模型中，如果用债券的购买价格 P_0 代替内在价值 V_b，就能求出债券的内含报酬率。也就是说，用该内含报酬率贴现所决定的债券内在价值，刚好等于债券的目前购买价格。

债券真正的内在价值是按市场利率贴现所决定的内在价值，当按市场利率贴现所计算的内在价值大于按内含报酬率贴现所计算的内在价值时，债券的内含报酬率才会大于市场利率，这正是投资者所期望的。

（五）股票投资

1. 股票的价值

投资于股票预期获得的未来现金流量的现值，即为股票的价值或内在价值、理论价格。股票是一种权利凭证，它之所以有价值，是因为它能给持有者带来未来的收益，这种未来的收益包括各期获得的股利、转让股票获得的价差收益、股份公司的清算收益等。价格小于内在价值的股票，是值得投资者投资购买的。股份公司的净利率是决定股票价值的基础。股票给持有者带来未来的收益一般是以股利形式出现的，因此可以通过股利计算确定股票价值。

2. 普通股的评价模型

由于股利发放每年都不一样，既不稳定，也无法预测，因此只能采用简化方法（假设方法）计算。

基本模型为：

$$P=\sum_{t=1}^{n}\frac{R_t}{(1+k)^t}$$

式中，P 表示股票价值，R_t 表示股票第 t 年带来的现金流入量（包括股利收入、卖出股票的收入），k 表示折现率（股票的必要报酬率），n 表示持有年限。

这是股票估价的一般模型，无论 R_t 的具体形态如何（递增、递减、固定或者随机变动），此模型均有效。

投资者持有股票的目的不同，直接影响持有股票的时间。持有股票的期限不同，未来现金流入不同，股票的价值不同，股票的估价模型也不同。股票估价模型主要有以下两点。

（1）有限期持有股票的股票估价模型

一般情况下，投资者投资于股票，不仅希望得到股利收入，还希望在未来出售股票时从股票价格上涨中获得好处。若投资者只是短期持有股票，未来准备出售，则类似于债券。此时的股票估价模型为：

$$P=\sum\frac{D_t}{(1+i)^t}+\frac{F}{(1+i)^n}$$

式中，P 表示股票价值，i 表示折现率，F 表示股票的售出价格，D_i 表示各年分得的股利，n 表示投资期限。

（2）无限期持有股票的股票估价模型

若投资者打算长期持有股票，则未来的现金流入只有股利。由于股利发放每年都不一样，既不稳定，也无法预测，故股票估价模型又可以分为以下两种。

①股利固定模型（各年股利固定）。如果长期持有股票，且各年股利固定，零增长，则其支付过程是永续年金的形式。股票价值计算公式为：

$$P=\sum_{t=1}^{n}\frac{D}{(1+k)^t}$$

当 n 趋向于无穷大时，则可看作永续年金，由永续年金现值的计算公式可知：

$$P=\frac{D}{k}$$

式中，P 是股票价值，D 为各年收到的固定股息，k 是折现率。

②股利固定增长模型（各年股利按照固定比例增长）。从理论上看，企业的股利不应当是固定不变的，而应当不断增长。各公司的成长率不同，但就整个平均水平来说，应等于国民生产总值的增长率，或者说是真实的国民生产总值增长率加通货膨胀率。

假定企业长期持有股票，且各年股利按照固定比例增长，则股票价值计算公式为：

$$P=\frac{D_0(1+g)}{(1+k)^1}+\frac{D_0(1+g)^2}{(1+k)^2}+\frac{D_0(1+g)^3}{(1+k)^3}+\cdots+\frac{D_0(1+g)^n}{(1+k)^n}$$

或

$$P=\sum_{t=1}^{n}\frac{D_0\times(1+g)^t}{(1+k)^t}$$

上列各项成等比数列，公比 $\oint=\frac{1+g}{1+k}$ 为股票增长率，如果 $k>g$，则公比小于 1，为无穷递缩等比数列。

根据求和公式 $S_n=\frac{a_1}{1-q}$，无穷递缩等比数列的和即为股票未来现金流量的现值，也就是股票价值，则：

$$P=\frac{D_0\times(1+g)}{k-g}=\frac{D_1}{k-g}$$

式中，D_0、D_1 分别表示评价时已经发放的股利和预计第 1 年的股利；g 为股利每年增长率，$g<k$；其他符号含义与基本模型相同。

该公式推导应用了两个假设：一是 $k>g$，二是期限必须是无穷大。

从理论上分析，股利增长率在短期内有可能高于资本成本，但从长期来看，如果股利增长率高于资本成本，必然出现支付清算性股利的情况，从而导致资本减少。

3. 股票投资收益的计算

股票投资收益由股利收益、股利再投资收益、转让价差收益三部分构成。只要按资金时间价值的原理计算股票投资收益，就无须单独考虑再投资收益因素。

（1）股票内部收益率

企业进行股票投资可以取得股利，在出售股票后也可收回一定资金。只要股利是经常变动的，企业就无法用年金现值来计算收益率，只能用股利的复利现值之和与股票售价的复利现值来计算收益率。股票内部收益率是使这两者之和等于股票买价时的贴现率。其计算公式为：

$$P=\sum\frac{D_j}{(1+i)^j}+\frac{F}{(1+i)^n}$$

式中，P 表示股票的购买价格，F 表示股票的出售价格，D_j 表示股票的投资报酬（各年获得的股利），n 表示投资期限，i 表示股票投资收益率。

（2）以市盈率估算内部收益率

由于预期未来股利的困难极大地限制了股票价值估价模型使用的广泛性，故企业在实际工作中可以利用市盈率大致地估计股票投资的内部收益率。

市盈率是股票目前市价与每股盈余的比值，反映投资者为取得对每股盈余的要求权而愿意支付的代价，即购买价格是每股盈余的倍数。由于股票的购买价格就是在股票上的投资额，每股盈余则表示在该股票上应当取得的投资收益（包括股利收益和留存收益），因此市盈率的倒数就表示在股票上的收益率。若用 P 表示内部收益率，用 PE 表示市盈率，则有：

$$P=\frac{1}{PE}$$

第五章　利润规划、预算与分配管理

第一节　利润规划与预算管理

一、利润规划

利润管理是对企业利润来源、利润规划和利润控制等方面所进行的管理。

企业利润的来源首先取决于营业收入，因此进行利润管理就要对营业收入进行预测和计划。其次，成本费用的构成会影响利润水平。而企业要实现预期的利润离不开对利润的规划和控制，利润管理是企业财务管理的重要内容，其核心是利润规划。

（一）营业收入

1. 营业收入的构成

营业收入是企业在生产经营过程中，对外销售商品或提供劳务等取得的各项收入，由主营业务收入和其他业务收入构成。

（1）主营业务收入

主营业务收入是指企业持续的、主要的经营活动所取得的收入。主营业务收入在企业收入中所占的比重较大，它对企业的经济效益有着举足轻重的影响。对于不同的企业，其主营业务也不同。一般来说，工业企业的主营业务是销售产品，因此其主营业务收入就是产品销售收入。产品销售收入是指销售产成品、自制半成品、提供工业性劳务等取得的收入。

（2）其他业务收入

其他业务收入是指企业在主要经营活动以外从事其他业务活动而取得的收入，它在企业收入中所占的比重较小。工业企业的其他业务收入就是其他销售收入，包括销售原材料、固定资产出租、包装物出租、外购商品销售、无形资产转让、提供工业性劳务等取得的收入。

在生产经营活动中，许多因素影响着营业收入的实现，如产品的价格、销量、销售退回、销售折扣及折让。因此，在规划和分析营业收入时应该充分考虑这些因素对营业收入的影响。

2. 营业收入的预测

企业为了加强营业收入的管理，必须加强营业收入的预测工作。从企业营业收入的构成来看，企业的营业收入主要是由销售收入构成的，因此营业收入的预测主要是对销售收入的预测。

企业的销售预测是对市场需求的预测，这种预测虽然是以各种数据资料为基础，但是市场是复杂多变的，预测难免存在一定的误差。尽管如此，销售预测仍然具有积极作用，企业可以根据销售预测情况改进销售工作，提高销售的工作效率，并根据销售预测来确定生产经营计划，调整经营目标，争取更好的经济效益。

销售预测就是企业经过充分的调查研究，收集各种有关的信息和数据，并运用科学的方法对影响企业销售的各种因素进行分析，以测算企业在未来一定时期内各种产品的销量及变化趋势。销售预测分析法大致可分为定量分析法和定性分析法，其中定量分析法有趋势分析法、因果分析法、本量利分析法、调查分析法等，定性分析法有判断分析法等。在进行销售预测分析时，应将定量分析法和定性分析法相结合，以提高预测的准确性。

3. 营业收入计划的编制

预测是经济决策的基础。计划是对经济决策的具体化，使决策的目标具体地、系统地反映出来，以便在工作中实施。企业的销售计划是企业预测的销售目标的具体化，预算出企业在一年内各种产品的销售数量和销售收入。一般来说，企业的销售计划是企业编制财务计划的起点。下面介绍销售计划编制的方法。

编制销售计划的方法主要是通过预测的销售量计算出销售收入，其计算公式为：

计划期产品销售收入 = 某种产品计划销售量 × 某种产品销售价格

4. 营业收入的控制

控制就是按照计划的要求对企业生产经营活动的过程和结果进行监督管理，以实现预期的目标。为了做好营业收入的控制工作，就要加强各个环节的监督和管理，包括合同履行、广告宣传、售后服务、货物发运、货款结算等具体管理工作及信息反馈。

（1）认真执行销售合同，完成销售计划

销售合同是企业与其他单位之间进行商品销售活动而签订的、具有法律效力的购销契约。合法的合同受法律保护，是企业维护自身合法权益的有效武器。企业在产品销售过程中，一定要事先与购货方签订有效的购销合同，并严格按合同行事，以免因承担违约责任而造成损失。当自身的合法权益受到侵害时可以同对方交涉，必要时可采取法律手段。

（2）提高服务质量，做好售后服务工作

质量是企业的生命，关系企业生产经营的成败兴衰。提高服务质量，不仅要提高企业的服务态度和服务水平，还要提高企业产品的质量。售后服务对企业销售也至关重要，有助于提高企业信誉，增强产品竞争能力，扩大销售。

（3）加强商业折扣的管理

折扣一般分为商业折扣和现金折扣两种。商业折扣是企业可以从货品价目单上规定的价格中扣减一定的数额，扣减后的净额才是实际的销售价格；现金折扣则是企业为了鼓励买方在一定时限内尽早付款而给予的优惠。加强商业折扣管理就是要根据企业的战略规划，制定出切实可行的折扣政策，达到促进销售、提高盈利水平的效果，同时要加强企业销售人员的控制，尽可能减少营业收入的流失。

（4）做好生产销售过程中的信息反馈工作

企业生产、销售必须以市场为导向，根据市场需求变化来调整企业的经营活动。如因质量问题发生的销售退回和销售折让，不仅给企业带来经济上的损失，还会造成企业信誉的恶化，影响企业的外在形象，因而必须尽力杜绝此类现象。一方面，企业应从提高员工的质量意识入手，全面实现质量管理；另一方面，要注意倾听顾客的意见，按顾客的要求设计质量标准，同时要不断了解市场情况，不断开发新品种，以满足不同顾客对产品的要求。

（二）利润规划和控制

1. 利润的构成

企业的利润是企业在一定时期内生产经营成果的最终体现，是评价企业生产经营状况的一个重要指标。企业的利润总额由营业利润和营业外收支净额组成。用公式表示为：

利润总额 = 营业利润 ± 营业外收支净额

（1）营业利润

营业利润是指企业从事生产经营活动所取得的综合利润，包括主营业务利润、其他业务利润、投资收益、公允价值变动收益等。由于营业利润包括的内容很多，可以将营业利润拆分为经营利润和其他利润，其中经营利润是企业的核心利润，也是企业利润的主要来源。其计算公式为：

经营利润 = 营业收入 − 营业成本 − 税金及附加 − 销售费用 − 管理费用 − 财务费用 − 研发费用

营业利润 = 经营利润 ± 投资收益 ± 公允价值变动收益 − 资产减值损失

企业的经营利润是企业利润总额的主要部分。销售费用、管理费用、财务费用和研发费用都是企业的期间费用，直接冲减利润。管理费用是指企业行政管理部门为管理和组织生产经营活动而发生的各种费用，具体包括公司经费、工会经费、职工教育经费、劳动保险费、待业保险费、董事会费、咨询费、审计费、诉讼费、排污费、绿化费、税金、土地使用费、土地损失补偿费、技术开发费、技术转让费、无形资产摊销、开办费摊销、业务招待费、坏账损失、存货盘亏等。财务费用是指企业为筹集资金而发生的各种费用，具体包括企业生产经营期间发生的利息净支出、汇兑净损益以及因筹资而发生的其他财务费用。

（2）投资收益

投资收益是指企业对外投资所取得的投资收益扣除投资损失后的净额。投资收益包括对外投资分回的利润、股利和债券利息，投资到期收回或者中途转让取得款项高于账面价值的差额，以及按权益法核算的股权投资在被投资单位增加的净资产中所拥有的数额等。

（3）营业外收支净额

营业外收支净额是指营业外收入扣除营业外支出后的数额。营业外收入是指与企业的经营活动无直接关系的各种收入，主要包括固定资产盘盈和出售的净收益、罚没收入、因债权人的原因确实无法支付的应付账款、教育费附加返还款等；营业外支出是指与企业的经营活动无直接关系的各种支出，主要包括固定资产盘亏、报废、毁损和出售的净损失，非季节性和非大修理期间的停工损失，非正常损失，职工子弟学校经费和技工学校经费，公益性捐赠，赔偿金，违约金等。

2. 利润规划的方法

利润规划包括两个部分：一是确定盈亏临界点的销量和销售收入；二是为实现目标利润而对企业的经营活动的规模、方向和水平进行综合的调整。利润规划的方法有许多，这里主要介绍本量利分析法。

（1）本量利的相互关系

本量利分析法全称为成本—业务量—利润分析法，也称损益平衡法。它主要根据成本、业务量和利润三者之间的变化关系，分析某一因素的变化对其他因素的影响。本量利分析是以成本性态研究为基础的。

成本性态是指成本总额对业务量的依存关系。成本按其成本性态可以划分为以下三类：固定成本、变动成本和混合成本。固定成本是指在一定的业务量范围内，不受业务量影响的成本；变动成本是指随业务量增长而成正比例增长的成本；混合成本是指随着业务量的增长而增长，但与业务量增长不成正比的成本。由于混合成本介于固定成本和变动成本之间，可以将其分解为固定成本和变动成本两部分。

本量利分析是以各因素之间的关系为基础的，其相互关系为：销售收入等于单位售价乘以产品销售数量；变动成本总额等于单位变动成本乘以产品销售数量；在相关范围内，固定成本总额不变；单位边际贡献等于产品单价减去单位变动成本；单位边际贡献乘以产品销售数量等于边际贡献总额；边际贡献与固定成本总额的差额为利润额（若为负数，则为亏损额）。

由此可见，影响利润的因素有四个：单价、产品销量、单位变动成本以及固定成本总额。在了解本量利三者之间的关系后，就可以建立本量利的数学模型，进行利润规划。

（2）盈亏临界分析

盈亏临界分析是本量利分析的主要内容，它主要研究盈亏临界点的确定、有关因素变动对盈亏临界点的影响等问题。

①盈亏临界点的确定

盈亏临界点又称保本点，是企业边际贡献等于固定成本时所处的既不盈利也不亏损的状态。通常可用三个指标来表示：盈亏临界点销售量、销售额和作业率。

$$盈亏临界点销量=\frac{固定成本}{单价-单位变动成本}$$

一般多品种的盈亏临界点用销售额来表示。已知公式：

$$利润=销售额\times边际贡献率-固定成本$$

令利润为零，则：

$$盈亏临界点销售额=固定成本\div边际贡献率$$

盈亏临界点作业率是指盈亏临界点销售量（销售额）占企业正常销售量（额）的比重。其计算公式为：

$$盈亏临界点作业率=\frac{盈亏临界点销售量}{正常销售量}$$

该公式指标值表明了企业保本业务量在正常业务量中所占的比重，也可以说明企业保本状态下生产经营能力的利用程度。

②安全边际和安全边际率

安全边际是指企业正常销售量超过盈亏临界点销售量的差额。其计算公式为：

$$安全边际=正常销售量-盈亏临界点销售量$$

该公式表明销售量下降多少企业仍不至于亏损，从而反映了企业经营的安全程度。一般来说，安全边际越大，企业就越安全。

安全边际是一个绝对数，为了便于同其他企业比较安全程度，可以采用安全边际率这一指标。其计算公式为：

$$安全边际率=\frac{安全边际}{正常销售量（本年实际订货量）}$$

在实际工作中，为了准确判断企业自身的安全程度，可以建立企业安全性的经验数据表。

一般标准是：当安全边际低于25%时，企业就应作出提高安全边际率的决策。提高安全边际率有两条途径：一是增加销售额；二是使盈亏临界点下移。使盈亏临界点下移有两种方法：一是降低固定成本。只有安全边际才能为企业提供利润，盈亏临界点的销售额只能用来补偿固定成本，而不能提供利润。二是提高单位产品边际贡献。安全边际本身并非利润，安全边际中的边际贡献才是真正的利润。

安全边际与盈亏临界点销售量之间的关系可以表示为：

正常销售量 = 盈亏临界点销售量 + 安全边际

两端同除以正常销售量，则：

盈亏临界点作业率 + 安全边际率 =1

上述结论可通过公式证明：

已知：

利润 = 销售收入 × 边际贡献率－固定成本

令利润为零：

固定成本 = 盈亏临界点销售收入 × 边际贡献率

利润 = 销售收入 × 边际贡献率－盈亏临界点销售收入 × 边际贡献率

=（销售收入－盈亏临界点销售收入）× 边际贡献率

= 安全边际 × 边际贡献率

若将两边同时除以销售收入，可得：

销售利润率 = 安全边际率 × 边际贡献率

（3）利润敏感性分析

敏感性分析是预测和决策中常用的一种技术方法。通常，它是指研究与分析一个系统因周围条件发生变化而引起其状态或结果变化的敏感程度的方法。本量利关系的敏感分析主要包括以下内容：各因素发生多大变化会使利润转为亏损，各因素变动对利润影响的分析及各因素对利润的敏感分析等。

①最大最小法。最大最小法是指分别测算影响利润的四个因素（单价、单位变动成本、固定成本和销量）发生多大变化使利润转为亏损的分析方法。

②单一因素变动对利润影响的分析。在规划目标利润时，企业可以采取某一因素（措施）或多种因素（综合措施）来实现目标利润。采用单一因素变动实现目标利润包括四个方面的内容：提高单价、减少单位变动成本、减少固定成本和增加销量。

③各因素同时变动对利润影响的分析。单因素变动对目标利润的影响比较容易测定，但在现实经济生活中，影响利润的诸因素是相互关联的。为了提高销量，就要增加广告费用，降低单价。因此，企业很少采取单一措施来实现目标利润，一般情况下，企业都采取综合措施以实现目标利润。

④各因素对利润的敏感程度分析。各因素变化都会引起利润的变化，但其影响程度是各不相同的。有些因素发生微小的变化，就会使利润发生很大的变化，利润对这些因素的变化十分敏感，因而将这类因素称为敏感因素；反之，若利润对某些因素的变化不敏感，则称为不敏感因素。一般用敏感系数指标来反映敏感程度，其计算公式为：

$$敏感系数=\frac{目标值变动百分比}{某因素变动百分比}$$

3. 利润控制

利润控制就是根据利润规划的要求，对影响利润规划实现的各种因素进行管理，以便增加企业收入，压缩各种费用支出。利润是一项综合指标，它集中体现了企业的生产经营活动的财务成果。为了实现利润规划，必须全面完成各项生产经营计划，提高企业的总体经济效益。所以，进行利润控制必须做好企业的各方面工作。一般来说，利润控制主要从以下六个方面进行。

第一，企业必须充分挖掘潜力，降低成本，压缩各项费用支出，提高产品质量，以增强产品的市场竞争力。

第二，企业要面向市场，了解市场的需求变化，努力开发新产品，以满足市场的需求。企业只有根据市场的变化，不断实现产品的更新换代，才能在激烈的市场竞争中立于不败之地。

第三，企业必须经常收集各种市场信息，积极调整生产经营策略，调整计划中的不切实际之处，以保证企业经营目标的圆满实现。

第四，加强企业各方面的管理，建立责任制，将责权利结合起来，充分调动全体职工的积极性，以保证各项生产经营计划的实现。

第五，充分利用企业的闲置资金进行对外投资。企业要充分预测各种投资的风险和收益，根据企业自身的财务情况，选择最佳投资组合，以增加投资收益，减少投资损失。

第六，企业必须加强管理，充分利用各类资产，严格控制各种营业外支出，尽量减少各类损失。

二、预算管理

（一）财务预算的概念及内容

全面预算就是企业未来一定时间内全部经营活动各项具体目标的计划与相应措施的数量说明，具体包括特种决策预算、日常业务预算和财务预算三大类。其中，财务预算是一系列专门反映企业未来一定预算期内预计财务状况和经营成果，以及现金收支等价值指标的各种预算总称。它具体包括反映现金收支活动的现金预算、反映企业财务状况的预计资产负债表、反映企业财务成果的预计损益表和预计现金流量表等内容。

（二）财务预算的作用

财务预算是企业全面预算体系中的组成部分，它在全面预算体系中具有重要作用，主要表现在以下三个方面。

1. 财务预算使决策目标具体化、系统化和定量化

在现代企业财务管理中，财务预算必须服从决策目标的要求，尽量做到全面、综合地协调、规划企业内部各部门、各层次的经济关系与职能，使之统一服从未来经营总体目标的要求。同时，财务预算又能使决策目标具体化、系统化和定量化，能够明确规定企业有关生产经营人员的各自职责及相应的奋斗目标，做到人人事先心中有数。

2. 财务预算是总预算，其余预算是辅助预算

财务预算作为全面预算体系中的最后环节，可以从价值方面总括地反映经营各种决策预算与业务预算的结果，使预算执行情况一目了然。

3. 财务预算有助于财务目标的顺利实现

通过财务预算，可以建立评价企业财务状况的标准，以预算数作为标准的依据，将实际数与预算数进行对比，及时发现问题和调整偏差，使企业的经济活动按预定的目标进行，从而实现企业的财务目标。编制财务预算，并建立相应的预算管理制度，可以指导与控制企业的财务活动，提高预见性，减少盲目性，使企业的财务活动有条不紊地进行。

（三）财务预算的编制方法

1. 固定预算与弹性预算

（1）固定预算

固定预算又称静态预算，是把企业预算期的业务量固定在某一预计水平上，并以此为基础来确定其他项目预计数的预算方法。也就是说，预算期内编制财务预算所依据的成本费用和利润信息只是在一个预定的业务量水平的基础上确定的。显然，以未来固定不变的业务水平所编制的预算赖以存在的前提条件，是预计业务量与实际业务量相一致（或相差很小）。但是，在实际工作中，预计业务量与实际业务量相去甚远时，必然导致有关成本费用及利润的实际水平与预算水平因基础不同而失去可比性，不利于开展控制与考核。而且有时会引起人们的误解，例如编制财务预算时，预计业务量为生产能力的 90%，其成本预算总额为 40000 元，而实际能力为 110% 时，其成本预算总额为 55000 元，实际成本与预算相业务量为生产比，则超支很大。但是，实际成本脱离预算成本的差异包括因业务量增长而增加的成本差异，而业务量差异对于成本分析来说是无意义的。

（2）弹性预算

弹性预算是固定预算的对称，关键在于把所有的成本按其性态划分为变动成本与固定成本两大部分。在编制预算时，变动成本随业务量的变动而予以增减，固定成本则在相关的业务量范围内稳定不变，要分别按一系列可能达到的预计业务量水平编制能适应企业在

预算期内任何生产经营水平的预算。由于这种预算是随着业务量的变动做机动调整，适用面广，有一定弹性，故称为弹性预算或变动预算。

由于未来业务量的变动会影响成本费用和利润各个方面，因此弹性预算理论上讲适用于全面预算中与业务量有关的各种预算。但从实用角度看，主要用于编制制造费用、销售及管理费用等半变动成本（费用）的预算和利润预算。

制造费用与销售及管理费用的弹性预算，均可按下列弹性预算公式进行计算：

成本的弹性预算 = 固定成本预算数 + ∑（单位变动成本预算数 × 预计业务量）

但两者略有区别，制造费用的弹性预算是按照生产业务量（生产量、机器工作小时等）来编制的，销售及管理费用的弹性预算是按照销售业务量（销售量、销售收入）来编制的。成本的弹性预算编制出来以后，就可以编制利润的弹性预算。它是以预算的各种销售收入为出发点，按照成本的性态扣减相应的成本，从而反映企业预算期内各种业务量水平上应该获得的利润指标。

2. 增量预算与零基预算

（1）增量预算

增量预算是指在基期成本费用水平的基础上，结合预算期业务量水平及有关低成本的措施，通过调整有关原有成本费用项目而编制预算的方法。这种预算方法比较简单，但它是以过去的水平为基础，实际上就是承认过去是合理的，无须改进。因此，往往不加分析地保留或接受原有成本项目，或按主观臆断平均削减，或只增不减，这样容易造成预算的不足或者安于现状，造成预算不合理的开支。

（2）零基预算

零基预算或称零底预算，是指在编制预算时，对于所有的预算支出均以零为基础，不考虑其以往情况如何，从实际需要与可能出发，研究分析各项预算费用开支是否必要合理，进行综合平衡，从而确定预算费用。这种预算不以历史为基础进行修修补补，而是以零为出发点，一切推倒重来。

零基预算编制的程序：首先，根据企业在预算期内的总体目标，对每一项业务说明其性质、目的，以零为基础，详细提出各项业务所需要的开支或费用；其次，按成本—效益分析方法比较分析每一项预算费用是否必要，能不能避免，以及它所产生的效益，以便区别对待；最后，对不可避免费用项目优先分配资金，对可延缓成本则根据可动用资金情况，按轻重缓急以及每个项目所需经费的多少分成等级，逐项下达费用预算。

零基预算的优点是：不受现有条条框框的限制，对一切费用都以零为出发点，这样不仅能压缩资金开支，而且能切实做到把有限的资金，用在最需要的地方，从而调动各部门人员的积极性和创造性，量力而行，合理使用资金，提高效益。其缺点是：由于一切支出均以零为起点进行分析、研究，势必带来繁重的工作量，有时甚至得不偿失，难以突出重点。为了弥补零基预算这一缺点，企业并不是每年都按零基预算来编制预算，而是每隔若干年进行一次零基预算，以后几年内略做适当调整，这样既能减轻预算编制的工作量，又能适当控制费用。

3. 定期预算与滚动预算

（1）定期预算

定期预算就是以会计年度为单位编制的各类预算。这种定期预算具有三大缺点：第一，盲目性，因为定期预算多在其执行年度开始前两三个月进行，难以预测预算期后期的情况，特别是在多变的市场条件下，许多数据资料只能估计，具有盲目性；第二，不变性，预算执行中，许多不测因素会妨碍预算的指导功能，甚至使之失去作用，而预算在实施过程中又往往不能进行调整；第三，间断性，预算的连续性差，定期预算只考虑一个会计年度的经营活动，即使年中修订的预算也只是针对剩余的预算期，对下一个会计年度则很少考虑，形成人为的预算间断。

（2）滚动预算

滚动预算又称永续预算，其主要特点在于：不将预算期与会计年度挂钩，而始终保持12个月，每过去一个月，就根据新的情况进行调整和修订后几个月的预算，并在原预算的基础上增补下一个月的预算，从而逐期向后滚动，连续不断地以预算形式规划未来的经营活动。这种预算要求一年中，头几个月的预算要详细完整，后几个月可以略粗一些。随着时间的推移，原来较粗的预算逐渐由粗变细，后面补充新的较粗的预算，以此不断滚动。

滚动预算可以保持预算的连续性和完整性。企业的生产经营活动是连续不断的，因此企业的预算也应该全面地反映这一延续不断的过程，使预算方法与生产经营过程相适应。同时，企业的生产经营活动是复杂的，而滚动预算便于随时修订预算，确保企业经营管理工作秩序的稳定性，充分发挥预算的指导与控制作用。滚动预算能克服传统定期预算的盲目性、不变性和间断性。从这个意义上说，编制预算已不再仅仅是每年年末才开展的工作，而是与日常管理密切结合的一项措施。当然，滚动预算采用按月滚动的方法，预算编制工作比较繁重，所以也可以采用按季度滚动的方式来编制预算。

（四）现金预算的编制

现金预算又称现金收支预算，是反映预算期企业全部现金收入和全部现金支出的预算。完整的现金预算，一般包括四个组成部分：①现金收入；②现金支出；③现金收支差额；④资金的筹集与运用。

现金收入主要指经营业务活动的现金收入，主要来自现金余额和产品销售现金收入。现金支出除涉及有关直接材料、直接人工、制造费用和销售及管理费用、缴纳税金、股利分配等方面的经营性现金支出外，还包括购买设备等资本性支出。现金收支差额反映了现金收入合计与现金支出合计之间的差额，差额为正说明现金有多余，可用于偿还过去向银行取得的借款，或用于购买短期证券；差额为负，说明现金不足以向银行取得新的借款。资金的筹集和运用主要反映预算期内向银行借款还款、支付利息以及进行短期投资及投资收回等内容。

现金预算实际上是其他预算有关现金收支部分的汇总以及收支差额平衡措施的具体计划。它的编制要以其他各项预算为基础，或者说其他预算在编制时要为现金预算做好数据准备。

第二节 利润分配管理

一、利润分配概述

企业年度决算后实现的利润总额，要在国家、企业所有者和企业之间进行分配。利润分配关系着国家、企业、职工及所有者各方面的利益，是一项政策性较强的工作，必须严格按照国家的法规和制度执行。利润分配的结果，形成了国家的所得税收入、投资者的投资报酬和企业的留存收益不同的项目。其中，企业的留存收益是指盈余公积金、未分配利润。税法具有强制性和严肃性，缴纳税款是企业必须履行的义务，从这个意义上看，财务管理中的利润分配主要是指企业的净利润分配，利润分配的实质就是确定给投资者分红与企业留用利润的比例。

（一）利润分配的基本原则

1. 依法分配原则

为规范企业的利润分配行为，国家制定和颁布了若干法规，这些法规规定了企业利润分配的基本要求、一般程序和重大比例。企业的利润分配必须依法进行，这是正确处理企业各项财务关系的关键。

2. 分配与积累并重原则

企业的利润分配，要正确处理长期利益和近期利益两者的关系，坚持分配与积累并重。企业除按规定提取法定盈余公积金外，可适当留存一部分利润作为积累，这部分未分配利润仍归企业所有者所有。这部分积累的净利润不仅可以为企业扩大生产筹措资金，增强企业发展能力和抵抗风险的能力，还可以供未来年度进行分配，起到以丰补歉、平抑利润分配数额波动、稳定投资报酬率的作用。

3. 兼顾职工利益原则

企业的净利润归投资者所有，是企业的基本制度。但企业职工不一定是企业的投资者，净利润不一定归他们所有，而企业的利润是由全体职工的劳动创造的，他们除了获得工资和奖金等劳动报酬以外，还应该以适当的方式参与净利润的分配，用于企业职工的集体福利设施支出。

4. 投资与收益对等原则

企业利润分配应当体现“谁投资谁收益”、收益大小与投资比例相适应，即投资与收益对等原则，这是正确处理企业与投资者利益关系的立足点。投资者因投资行为，以出资额依法享有利润分配权，就要求企业在向投资者分配利润时，要遵守公开、公平、公正的原则，不搞幕后交易，不帮助大股东侵蚀小股东的利益，一视同仁地对待所有投资者。只有任何人不得以在企业中的特殊地位谋取私利，这样才能从根本上保护投资者的利益。

（二）利润分配的一般程序

利润分配程序是指公司制企业根据适用法律、法规或规定，对企业一定期间实现的净利润进行分配必须经过的先后步骤。

1. 非股份制企业的利润分配程序

（1）弥补以前年度的亏损

按我国财务和税务制度的规定，企业的年度亏损，可以由下一年度的税前利润弥补，下一年度税前利润尚不足以弥补的，可以由以后年度的利润继续弥补，但用税前利润弥补以前年度亏损的连续期限不超过 5 年。5 年内弥补不足的，用本年税后利润弥补。本年净利润 + 年初未分配利润为企业可供分配的利润。只有可供分配的利润大于零时，企业才能进行后续分配。

（2）提取法定盈余公积金

可供分配的利润大于零是计提法定盈余公积金的必要条件。法定盈余公积金以净利润扣除以前年度亏损为基数，按 10% 提取。即企业年初未分配利润为借方余额时，法定盈余公积金计提基数为本年净利润减去年初未分配利润（借方）余额，若企业年初未分配利润为贷方余额时，法定盈余公积金计提基数为本年净利润，未分配利润贷方余额在计算可供投资者分配的净利润时计入。当企业法定盈余公积金达到注册资本的 50% 时，可不再提取。法定盈余公积金主要用于弥补企业亏损和按规定转增资本金，但转增资本金后的法定盈余公积金一般不低于注册资本的 25%。

（3）向投资者分配利润

企业本年净利润扣除弥补以前年度亏损、提取法定盈余公积金后的余额，加上年初未分配利润贷方余额，即为企业本年可供投资者分配的利润，按照分配与积累并重原则，确定应向投资者分配的利润数额。

2. 股份制企业的利润分配程序

第一，弥补以前年度亏损。

第二，提取法定盈余公积金。

第三，支付优先股股息。一般来说，优先股按事先约定的股息率取得股息，不受企业盈利与否或多少的影响。

第四，提取任意盈余公积金。任意盈余公积金是根据企业发展的需要自行提取的公积金，其提取基数与计提盈余公积金的基数相同，计提比例由股东会根据需要决定。

第五，支付普通股股利。

从上述利润分配程序看，股利来源于企业的税后利润，但净利润不能全部用于发放股利，股份制企业必须按照有关法规和公司章程规定的顺序、比例，在提取了法定盈余公积金后才能向优先股股东支付股息；在提取了任意盈余公积金之后，才能向普通股股东发放股利。如股份公司当年无利润或出现亏损，原则上不得分配股利。但为维护公司股票的信誉，经股东大会特别决议，可按股票面值较低比率用盈余公积金支付股利，支付股利后留存的法定盈余公积金不得低于注册资本的 25%。

二、股利分配政策

（一）股利分配政策类型

股利分配政策的核心问题是确定支付股利与留用利润的比例，即股利支付率问题。目前，企业财务管理中，常用的股利政策主要有以下四种。

1. 剩余股利政策

剩余股利政策主张，企业未来有良好的投资机会时，根据企业设定的最佳资本结构，确定未来投资所需的权益资金，先最大限度地使用留用利润来满足投资方案所需的权益资本，再将剩余部分作为股利发放给股东。

2. 固定股利政策

固定股利政策表现为每股股利支付额固定的形式。其基本特征是，无论经济情况如何，企业经营好坏，不降低股利的发放额，将企业每年的每股股利支付额，稳定在某一特定水平上保持不变，只有企业管理层认为企业的盈利确已增加，而且未来的盈利足以支付更多的股利时，企业才会提高每股股利支付额。

稳定的股利政策应用比较广泛。如果企业的盈利下降，而股利并未减少，那么投资者会认为企业未来的经济情况会有好转。因此，一般的投资者都比较喜欢投资有稳定的股利支付政策的企业。而稳定的股利政策则有助于消除投资者心中的不确定感，对于那些期望每期有固定数额收入的投资者，则更喜欢比较稳定的股利政策。因此，许多企业在努力促使其股利稳定。固定股利政策的缺点主要在于股利的支付与盈利相脱节，当盈利较低时仍要支付固定股利，致使企业出现资金短缺、财务状况恶化的情况，影响企业的长远发展。这种股利政策适用于盈利稳定或处于成长期的企业。

3. 固定股利支付率政策

固定股利支付率政策，是将每年盈利的某一固定百分比作为股利分配给股东。实行这一政策的企业认为，只有维持固定股利支付率，才能使股利与公司盈利紧密结合，体现多盈多分、少盈少分、不盈不分的原则，这样才算真正做到公平地对待每一个股东。这一政策的问题在于，如果企业的盈利各年波动不定，则其股利也随之波动。由于股利随盈利而波动，会影响股东对企业未来经营的信心，不利于企业股票的市场价格的稳定与上涨，因此大多数企业并不采用这一股利政策。

4. 正常股利加额外股利政策

正常股利加额外股利政策是介于固定股利与固定股利支付率之间的一种股利政策。其特征是：企业一般每年都支付较低的固定股利，当盈利增长较多时，再根据实际情况加付额外股利。也就是说，当企业盈余较低或现金投资较多时，可维护较低的固定股利，而当企业盈利有较大幅度增加时，则加付额外股利。这种政策既能保证股利的稳定性，使依靠股利度日的股东有比较稳定的收入，从而吸引这部分股东，又能使股利和盈利有较好的配合，使企业具有较大的灵活性。这种股利政策适用于盈利与现金流量不稳定的企业，因而也被大多数企业采用。

（二）影响股利分配的因素

企业分配股利并不是无所限制，总是要受到一些因素的影响。一般认为，企业股利政策的影响因素主要有法律因素、企业因素、股东意愿及其他因素四个方面。

1. 法律因素

为了保护债权人、投资者和国家的利益，有关法规对企业的股利分配有以下限制。

（1）资本保全限制

资本保全限制规定，企业不能用资本发放股利。例如，我国法律规定，各种资本公积准备不能转增股本，已实现的资本公积只能转增股本，不能分派现金股利；盈余公积主要用于弥补亏损和转增股本，一般情况下不得用于向投资者分配利润或现金股利。

（2）资本积累限制

企业积累限制规定，企业必须按税后利润的一定比例和基数，提取法定公积金。企业当年出现亏损时，一般不得给投资者分配利润。

（3）偿债能力限制

偿债能力限制是指企业按时足额偿付各种到期债务的能力。如果企业已经无力偿付到期债务或因支付股利将使其失去偿还能力时，则企业不能支付现金股利。

2. 企业因素

企业资金的灵活周转是企业生产经营得以正常进行的必要条件。因此，企业长期发展和短期经营活动对现金的需求，便成为对股利最重要的限制因素。其相关因素主要如下。

（1）资产的流动性

企业现金股利的分配，应以一定资产流动性为前提。企业的资产流动性越好，说明其变现能力越强，股利支付能力也就越强。高速成长的营利性企业，其资产可能缺乏流动性，因为他们的大部分资金投资在固定资产和永久性流动资产上。这类企业当期利润虽然多，但资产变现能力差，企业的股利支付能力就会削弱。

（2）投资机会

有着良好投资机会的企业需要有强大的资金支持，因而往往少发现金股利，将大部分盈余留存下来进行再投资；缺乏良好投资机会的企业，保留大量盈余的结果必然是大量资金闲置，于是倾向于支付较高的现金股利。所以，处于成长中的企业，因一般具有较多的良好投资机会而多采取低股利政策；许多处于经营收缩期的企业，则因缺少良好的投资机会而多采取高股利政策。

（3）筹资能力

如果企业规模大、经营好、利润丰厚，其筹资能力一般较强，那么在决定股利支付数额时，有较大的选择余地。但对那些规模小、新创办、风险大的企业，其筹资能力有限，这类企业应尽量减少现金股利支付，而应将利润更多地留存在企业，作为内部筹资。

（4）盈利的稳定性

企业的现金股利来源于税后利润。盈利相对稳定的企业，有可能支付较高股利，而盈利不稳定的企业，一般采用低股利政策。这是因为对于盈利不稳定的企业，低股利政策可以减少因盈利下降而造成的股利无法支付、企业形象受损、股价急剧下降的风险，还可以将更多的盈利用于再投资，以提高企业的权益资本比重，减少财务风险。

（5）资本成本

留用利润是企业内部筹资的一种重要方式，同发行新股或举借债务相比，不但筹资成本较低，而且具有较强的隐蔽性。企业一方面大量发放股利，而另一方面以支付高额资本成本为代价筹集其他资本的做法是不恰当的，甚至有损于股东利益。因而从资本成本考虑，如果企业扩大规模，需要增加权益资本时，不妨采取低股利政策。

3. 股东意愿

股东在避税、规避风险、稳定收入和股权稀释等方面的意愿，也会对企业的股利政策产生影响。毫无疑问，企业的股利政策不可能使每个股东财富最大化，企业制定股利政策的目的在于，对绝大多数股东的财富产生有利影响。

（1）避税考虑

企业的股利政策会受到股东所得税负的影响。在我国，由于现金股利收入的税率是20%，而股票交易尚未征收资本利得税，因此低股利支付政策，可以给股东带来更多的资本利得收入，达到避税目的。

（2）规避风险

在一部分投资者看来，股利的风险小于资本利得的风险，当期股利的支付解除了投资者心中的不确定性。因此，他们往往会要求企业支付较多的股利，从而减少股东的投资风险。

（3）稳定收入

如果一个企业拥有很大比例的富有股东，这些股东多半不会依赖企业发放的现金股利维持生活，他们对定期支付现金股利的要求不十分迫切。相反，如果一个企业绝大部分股东属于低收入阶层以及养老基金等机构投资者，他们需要企业发放的现金股利来维持生活或用于发放养老金等，因此这部分股东特别关注现金股利，尤其是稳定的现金股利发放。

（4）股权稀释

企业必须认识到高股利支付率会导致现有股东股权和盈利的稀释，如果企业支付大量现金股利，然后发行新的普通股以融通所需资金，现有股东的控制权就有可能被稀释。另外，随着新普通股的发行，流通在外的普通股股数增加，最终将导致普通股的每股盈利和每股市价的下降，对现有股东产生不利影响。

4. 其他因素

影响股利政策的其他因素主要包括不属于法规规范的债务合同约束、政府对机构投资者的投资限制以及因通货膨胀带来的企业对重置实物资产的特殊考虑等。

（1）债务合同约束

企业的债务合同特别是长期债务合同，往往有限制企业现金股利支付的条款，这使得企业只能采用低股利政策。

（2）政府对机构投资者的投资限制

机构投资者包括养老基金、储蓄银行、信托基金、保险企业和其他机构。机构投资者对投资股票种类的选择，往往与股利特别是稳定股利的支付有关。如果某种股票连续几年不支付股利或所支付的股利金额变动较大，则该股票一般不能成为机构投资者的投资对象。因此，如果某一企业想更多地吸引机构投资者，则应采用较高且稳定的股利政策。

（3）通货膨胀的影响

在通货膨胀的情况下，企业固定资产折旧的购买水平会下降，会导致没有足够的资金来源重置固定资产。这时较多的留存利润就会被当作弥补固定资产折旧购买力水平下降的资金来源，因此在通货膨胀时期，企业股利政策往往偏紧。

（三）股利种类

企业通常以多种形式发放股利，股利支付形式一般有现金股利、股票股利、财产股利和负债股利，其中最为常见的是现金股利和股票股利。在现实生活中，我国上市公司的股利分配广泛采用一部分股票股利和一部分现金股利的做法。其效果是股票股利和现金股利的综合。

1. 现金股利

现金股利是指企业以现金的方式向股东支付股利，又称红利。现金股利是企业最常见也是最易被投资者接受的股利支付方式。企业支付现金股利，除了要有累计的未分配利润外，还要有足够的现金。因此，企业在支付现金前，必须做好财务上的安排，以便有充足的现金支付股利。因为企业一旦向股东宣告发放股利，就对股东承担了支付的责任，必须如期履约；否则，不仅会丧失企业信誉，而且会带来麻烦。

2. 股票股利

股票股利是指应分给股东的股利采用额外增发股票的形式来发放。以股票作为股利，一般都是按在册股东持有股份的一定比例来发放，对于不满一股的股利仍采用现金发放。股票股利最大的优点就是节约现金支出，因而常被现金短缺的企业采用。

发放股票股利时，在企业账面上，只需在减少未分配利润项目金额的同时，增加股本和资本公积等项目金额，并通过中央清算登记系统增加股东的持股数量。显然，发放股票股利是一种增资行为，需经股东大会同意，并按法定程序办理增资手续。但发放股票股利与其他的增资行为不同的是，它不增加股东财富，企业的财产价值和股东的股权结构也不会改变，改变的只是股东权益内部各项目的金额。

（四）股利支付程序

1. 股利宣告日

股利一般是按每年度或每半年进行分配的。一般来说，分配股利要由公司董事会向公众发布分红预案，在发布分红预案的同时或之后，公司董事会将公告召开公司股东大会的日期。股利宣告日是指董事会将股东大会决议通过的分红方案（或发放股利情况）予以公告的日期。在公告中将宣布每股股利、股权登记日、除息日和股利支付日等事项。

2. 股权登记日

股权登记日是指有权领取股利的股东资格登记截止日期。只有在股权登记日前在公司股东名册上的股东，才有权分享当期股利，在股权登记日以后列入名单的股东无权领取股利。

3. 除息日

除息日是指领取股利的权利与股票相互分离的日期。在除息日前，股利权从属于股票，持有股票者即享有领取股利的权利；从除息日开始，股利权与股票相分离，新购入股票的人不能享有股利。除息日的确定是由证券市场交割方式决定的。因为股票买卖的交接、过户需要一定的时间。在美国，当股票交割方式采用例行日交割时，股票在成交后的第五个营业日才办理交割，也即在股票登记日的四个营业日以前购入股票的新股东，才有资格领取股利。在我国，由于采用次日交割方式，除息日与登记日只差一个工作日。

4. 股利发放日

股利发放日即向股东发放股利的日期。

第六章　财务会计的固定资产与无形资产管理

第一节　财务会计的固定资产管理

一、固定资产的取得

企业拥有固定资产规模的大小和质量高低，直接影响其生产能力及盈利能力。固定资产所占用的资金在企业总资金中占有的比例较大，且周转期长，合理有效地控制固定资产占用的资金对整个企业资金的周转、使用具有重要意义。企业对固定资产的需求量，取决于现有的生产规模、生产能力、企业产品在市场上的竞争能力和现代化程度等因素，特别是直接参与生产的机器设备，更应随生产任务、使用效率等的变化而作相应的调整。所以，企业是否要新增固定资产，采用何种方式增加，应权衡投资效益再做选择，以确保固定资产发挥最佳的效用。企业一旦决定增加固定资产投资，就面临选择何种投资方法的问题。

固定资产增加的方式多种多样，主要有购入、自建自制、接受投资、无偿调入、接受捐赠、融资租入、接受抵债、非货币性交易换入、盘盈、改建扩建等方式。

为核算企业的固定资产，设置“固定资产”账户，该账户反映企业固定资产的原价。借方发生额，反映企业增加的固定资产的原价；贷方发生额，反映企业减少的固定资产的原价；期末借方余额，反映企业期末固定资产的账面原价。企业应当设置“固定资产登记簿”和“固定资产卡片”，按固定资产类别、使用部门和每项固定资产进行明细核算。临时租入的固定资产，应当另设备查簿进行登记，不在本科目核算。

（一）购入固定资产

购入不需要安装的固定资产，借记“固定资产”，按实际支付（含应支付，下同）的价款，贷记“银行存款”等；购入需要安装的固定资产，先记入“在建工程”，安装完毕交付使用时再转入“固定资产”科目。

（二）投资者投入固定资产

企业对接受投资者作价投入的固定资产，按投资各方确认的价值，借记“固定资产”科目；按投资方拥有被投资方的股权，贷记“实收资本”科目；按其差额，贷记“资本公积”科目。

（三）无偿调入固定资产

企业按照有关规定并报经有关部门批准无偿调入的固定资产，按调出单位的账面价值加上新的安装成本、包装费、运杂费等，作为调入固定资产的入账价值。企业调入需要安装的固定资产，按调入固定资产的原账面价值以及发生的包装费、运杂费等，借记“在建工程”等科目；按调入固定资产的原账面价值，贷记“资本公积——无偿调入固定资产”科目；按所发生的支出，贷记“银行存款”等科目；发生的安装费用，借记“在建工程”等科目，贷记“银行存款”“应付工资”等科目。工程达到可使用状态时，按工程的实际成本，借记“固定资产”科目，贷记“在建工程”科目。

（四）接受捐赠固定资产

接受捐赠的固定资产，按确定的入账价值，借记“固定资产”科目；按未来应交的所得税，贷记“递延税款”科目；按确定的入账价值减去未来应交所得税后的余额，贷记“资本公积”科目；按应支付的相关税费，贷记“银行存款”等科目。

外商投资企业接受捐赠的固定资产，按确定的入账价值，借记“固定资产”科目；按应计入待转资产价值的金额，贷记“待转资产价值”科目；按应支付的相关税费，贷记“银行存款”等科目。

（五）租赁固定资产

企业在生产经营过程中，由于生产经营的临时性或季节性需要，或出于融资等方面的考虑，对于生产经营所需的固定资产可以采用租赁的方式取得。租赁按其性质和形式的不同可分为经营租赁和融资租赁两种。融资租赁是指实质上转移与资产所有权有关的全部风险和报酬的租赁；经营租赁是指融资租赁以外的租赁。

1. 以经营租赁方式租入

采用经营租赁方式租入的资产，主要是为了解决生产经营的季节性、临时性的需要，并不是长期拥有，租赁期限相对较短；资产的所有权与租赁资产相关的风险和报酬仍归属出租方，企业只是在租赁期内拥有资产的使用权；租赁期满，企业将资产退还给出租方。

企业对以经营租赁方式租入的固定资产，不作为本企业的资产入账，当然也无须计提折旧。

2. 融资租入

融资租入的固定资产，应当单设明细科目进行核算。企业应在租赁开始日，按租赁开始日租赁资产的原账面价值与最低租赁付款额的现值两者中较低者作为入账价值，借记“固定资产”科目；按最低租赁付款额，贷记“长期应付款——应付融资租赁款”科目；按其差额，借记“未确认融资费用”科目。租赁期满，如合同规定将设备所有权转归承租企业，应进行转账，将固定资产从“融资租入固定资产”明细科目转入有关明细科目。

（六）接受抵债固定资产

企业接受的债务人以非现金资产抵偿债务方式取得的固定资产，或以应收债权换入固定资产的，按应收债权的账面余额，贷记“应收账款”等科目，按该项应收债权已计提的坏账准备，借记“坏账准备”科目，按应支付的相关税费，贷记“银行存款”“应交税费”等科目，按下式计算的固定资产入账价值，借记“固定资产”科目。

收到补价的，固定资产入账价值 = 应收债权的账面价值 + 应支付的相关税费 − 补价

支付补价的，固定资产入账价值 = 应收债权的账面价值 + 应支付的相关税费 + 补价

按收到（或支付）的补价，借记（或贷记）“银行存款”等科目。

二、固定资产的自建与自制

（一）自营工程

1. 自行建造固定资产入账价值的确定

企业自行建造的固定资产（亦称在建工程），应按建造过程中所发生的全部支出确定其价值，包括所消耗的材料、人工、其他费用和缴纳的有关税金等，作为入账价值。设备安装工程，应把设备的价值包括在内。

工程达到预定可使用状态前因进行试运转所发生的净支出，计入工程成本。企业的在建工程项目在达到预定可使用状态前所取得的试运转过程中形成的能够对外销售的产品，其发生的成本，计入在建工程成本；销售或转为库存商品时，按实际销售收入或按预计售价冲减工程成本。

盘盈、盘亏、报废、毁损的工程物资，减去保险公司过失人赔偿部分后的差额，工程项目尚未完工的，计入或冲减所建工程项目的成本；工程已经完工的，计入当期营业外收支。在建工程发生单项或单位工程报废或毁损，减去残料价值和过失人或保险公司等赔款后的净损失，计入继续施工的工程成本；如为非正常原因造成的报废或毁损，或在建工程项目全部报废或毁损，应将净损失直接计入当期营业外支出。

企业应当定期或者至少于每年年度终了，对在建工程进行全面检查，如果有证据表明在建工程已经发生减值，应当计提减值准备。存在下列一项或若干项情况的，应当计提在建工程减值准备：①长期停建并且预计在未来 3 年内不会重新开工的在建工程。②所建项目无论在性能上还是在技术上已经落后，并且给企业带来的经济利益具有很大的不确定性。③其他足以证明在建工程已经发生减值的情形。

所建造的固定资产已达到预定可使用状态，但尚未办理竣工决算的，应当自达到预定可使用状态之日起，根据工程预算造价或者工程实际成本等，按估计的价值转入固定资产，并按本制度关于计提固定资产折旧的规定，计提固定资产的折旧。待办理了竣工决算手续后再做调整。

2. 会计处理

（1）工程物资

企业为在建工程准备的各种物资，应当按照实际支付的买价、增值税额、运输费、保险费等相关费用，作为实际成本，并按照各种专项物资的种类进行明细核算。企业的工程物资，包括为工程准备的材料、尚未交付安装的需要安装设备的实际成本，以及预付大型设备款和基本建设期间根据项目概算购入为生产准备的工具及器具等的实际成本。企业购入不需要安装的设备，应当在"固定资产"科目核算，不在本科目核算。

本科目应当设置以下明细科目：①专用材料。②专用设备。③预付大型设备款。④为生产准备的工具及器具。

企业购入为工程准备的物资，应按实际成本和专用发票上注明的增值税额，借记本科目（专用材料、专用设备），贷记"银行存款""应付账款""应付票据"等。企业为购置大型设备而预付款时，借记本科目（预付大型设备款），贷记"银行存款"；收到设备并补付设备价款时，按设备的实际成本，借记本科目（专用设备），按预付的价款，贷记本科目（预付大型设备款），按补付的价款，贷记"银行存款"等。工程领用工程物资，借记"在建工程"，贷记本科目（专用材料等）；工程完工后对领出的剩余工程物资应当办理退库手续，并做相反的账务处理。工程完工将为生产准备的工具及器具交付生产使用时，应按实际成本，借记"低值易耗品"，贷记本科目（为生产准备的工具及器具）。工程完工后剩余的工程物资，如转作本企业存货的，按原材料的实际成本或计划成本，借记"原材料"，按可抵扣的增值税进项税额，借记"应交税费——应交增值税（进项税额）"，按转入存货的剩余工程物资的账面余额，贷记本科目；如工程完工后剩余的工程物资对外出售的，应先结转工程物资的进项税额，借记"应交税费——应交增值税（进项税额）"，贷记本科目，出售时应确认收入并结转相应的成本。

（2）在建工程

本科目核算企业进行基建工程、安装工程、技术改造工程、大修理工程等发生的实际支出，包括需要安装设备的价值。企业根据项目概算购入不需要安装的固定资产、为生产准备的工具器具、购入的无形资产，以及发生的不属于工程支出的其他费用等，不在本科目核算。本科目的期末借方余额，反映企业尚未完工的基建工程发生的各项实际支出。

本科目应当设置以下明细科目：①建筑工程。②安装工程。③再安装设备。④技术改造工程。⑤大修理工程。⑥其他支出。

企业自营的基建工程，领用工程用材料物资时，应按实际成本，借记本科目（建筑工程、安装工程等——××工程），贷记"工程物资"；基建工程领用本企业原材料的，应按原材料的实际成本加上不能抵扣的增值税进项税额，借记本科目（建筑工程、安装工程等——××工程），按原材料的实际成本或计划成本，贷记"原材料"，按不能抵扣的增值税进项税额，贷记“应交税费——应交增值税（进项税额转出）”。采用计划成本进行材料日常核算的企业，还应当分摊材料成本差异。基建工程领用本企业的商品产品时，按商品产品的实际成本（或进价）或计划成本（或售价）加上应交的相关税费，借记本科目（建筑工程、安装工程——××工程），按应交的相关税费，贷记“应交税费——应交增值税（销项税额）”等，按库存商品的实际成本（或进价）或计划成本（或售价），贷记“库存商品”。库存商品采用计划成本或售价的企业，还应当分摊成本差异或商品进销差价。基建工程应负担的职工工资，借记本科目（建筑工程、安装工程——××工程），贷记“应付工资”。企业的辅助生产部门为工程提供的水、电、设备安装、修理、运输等劳务，应按月根据实际成本，借记本科目（建筑工程、安装工程等——××工程），贷记“生产成本——辅助生产成本”等。

基建工程发生的工程管理费、征地费、可行性研究费、临时设施费、公证费、监理费等，借记本科目（其他支出），贷记“银行存款”等；基建工程应负担的税金，借记本科目（其他支出），贷记“银行存款”等。

由于自然灾害等原因造成的单项工程或单位工程报废或毁损，减去残料价值和过失人或保险公司等赔款后的净损失，报经批准后计入继续施工的工程成本，借记本科目（其他支出）科目，贷记本科目（建筑工程、安装工程等——××工程）；如为非正常原因造成的报废或毁损，或在建工程项目全部报废或毁损，应将其净损失直接计入当期营业外支出。工程物资在建设期间发生的盘亏、报废及毁损，其处置损失，报经批准后，借记本科目，贷记“工程物资”；盘盈的工程物资或处置收益，做相反的账务处理。

基建工程达到预定可使用状态前进行负荷联合试车发生的费用，借记本科目（其他支出），贷记“银行存款”“库存商品”等；获得的试车收入或按预计售价将能对外销售的产品转为库存商品的，做相反账务处理。

基建工程完工后应当进行清理，已领出的剩余材料应当办理退库手续，借记“工程物资”，贷记本科目。

基建工程完工交付使用时，企业应当计算各项交付使用固定资产的成本，编制交付使用固定资产明细表。

企业应当设置“在建工程其他支出备查簿”，专门登记基建项目发生的构成项目概算内容，但不通过“在建工程”科目核算的其他支出，包括按照建设项目概算内容购置的不需要安装设备、现成房屋、无形资产以及发生的递延费用等。企业在发生上述支出时，应当通过“固定资产”“无形资产”和“长期待摊费用”科目核算。但同时应在“在建工程——其他支出备查簿”中进行登记。

（3）在建工程减值准备

为核算企业的在建工程减值准备，设置“在建工程减值准备”科目。企业发生在建工程减值时，借记“营业外支出——计提的在建工程减值准备”，贷记本科目；如已计提减值准备的在建工程价值又得以恢复，应在原已提减值准备的范围内转回，借记本科目，贷记“营业外支出——计提的在建工程减值准备”。本科目期末贷方余额，反映企业已提取的在建工程减值准备。

（二）出包工程

企业采用出包方式进行的自制、自建固定资产工程，“在建工程”账户实际上成为企业与承包单位的结算账户，企业将与承包单位结算的工程价款作为工程成本，通过“在建工程”账户进行核算。

企业发包的基建工程，应于按合同规定向承包企业预付工程款、备料款时，按实际支付的价款，借记“在建工程”科目（建筑工程、安装工程等——××工程），贷记“银行存款”科目；以拨付给承包企业的材料抵作预付备料款的，应按工程物资的实际成本，借记“在建工程”科目（建筑工程、安装工程等——××工程），贷记“工程物资”科目；将需要安装设备交付承包企业进行安装时，应按设备的成本，借记“在建工程”科目（在安装设备），贷记“工程物资”科目；与承包企业办理工程价款结算时，补付的工程款，借记“在建工程”科目（建筑工程、安装工程等——××工程），贷记“银行存款”等科目。

三、固定资产的折旧

（一）折旧的性质及计提范围

1. 折旧的性质

固定资产在长期使用过程中，实物形态保持不变，但因使用、磨损及陈旧等原因会发生各种有形和无形的损耗。有形损耗对使用中的固定资产而言，产生于物质磨损；不使用的固定资产也可能发生损耗，如自然气候条件的侵蚀及意外毁损造成的损耗。无形损耗是因技术进步、市场变化、企业规模改变等原因引起的。有的资产因陈旧、不适应大规模生产发展的需要，而导致在其耐用年限届满前退废。

固定资产的服务能力随着时间的推移逐步消失，其价值也随之发生损耗，企业应采用系统合理的方法，将其损耗分摊到各经营期，计作每期的费用，并与当期营业收入相配比。固定资产的成本随着逐期分摊，转移到它所生产的产品或提供的劳务中去，这个过程即为计提折旧，每期分摊的成本称为折旧费用。

企业应当根据固定资产的性质和消耗方式，合理地确定固定资产的预计使用年限和预计净残值，并根据科技发展、环境及其他因素，选择合理的固定资产折旧方法，按照管理权限，经股东大会或董事会，或经理（厂长）会议或类似机构批准，作为计提折旧的依据。按照法律、行政法规的规定报送有关各方备案，并备置于企业所在地，以供投资者等有关各方查阅。企业已经确定并报送，或备置于企业所在地的有关固定资产预计使用年限和预计净残值、折旧方法等，一经确定不得随意变更；如需变更，仍然应当按照上述程序，经批准后报送有关各方备案，并在会计报表附注中予以说明。

固定资产项目的应折旧金额应当在其使用寿命内系统地摊销，所使用的折旧方法应能反映企业消耗该资产所含经济利益的方式。每期的折旧额应确认为费用，除非将其计入另一项资产的账面金额。

我国《企业会计准则——固定资产》规定，折旧是指在固定资产的使用寿命内，按照确定的方法对应计折旧额进行的系统分摊。其中，应计折旧额是指应当计提折旧的固定资产的原价扣除其预计净残值后的余额；如果已对固定资产计提减值准备，还应当扣除已计提的固定资产减值准备累计金额。使用寿命是指固定资产预期使用的期限。有些固定资产的使用寿命也可以用该资产所能生产的产品或提供的服务的数量来表示。

2. 折旧的范围

固定资产因使用会发生实物磨损，所以使用中的固定资产（如机器设备）均需计提折旧；考虑到无形损耗的原因，对一些未使用、不需用的固定资产，仍应计提折旧，房屋和建筑物不管是否使用均计提折旧；以融资租赁方式租入的固定资产，应当比照自有固定资产进行会计处理，故亦要计提折旧。

具体来讲，企业的下列固定资产应当计提折旧：①房屋和建筑物。②在用的机器设备、仪器仪表、运输工具、工具器具。③季节性停用、大修理停用的固定资产。④融资租入和以经营租赁方式租出的固定资产。

下列固定资产不计提折旧：①房屋、建筑物以外的未使用、不需用固定资产。②以经营租赁方式租入的固定资产。③已提足折旧继续使用的固定资产。④按规定单独估价作为固定资产入账的土地。

已达到预定可使用状态的固定资产，尚未办理竣工决算的，应按估计价值暂估入账，并计提折旧；待办理竣工决算手续后，再按照实际成本调整原来的暂估价值，同时调整原已计提的折旧额。

已提足折旧的固定资产，如仍可继续使用，不再计提折旧；提前报废的固定资产，未提足的折旧不再补提折旧。提足折旧是指已经提足该项固定资产应提的折旧总额。应提的折旧总额为固定资产原价减去预计残值加上预计清理费用。

（二）影响折旧的因素

固定资产折旧的计算，涉及固定资产原值、预计净残值、估计使用年限三个要素。

1. 固定资产原值

固定资产原值是固定资产取得时的实际成本。

2. 预计净残值

预计净残值是指固定资产在报废时，预计残料变价收入扣除清算时清算费用后的净值，也称预计净残值。实物中常用固定资产原值的一定百分比估算。在计算折旧时，把固定资产原值减去估计残值后的余额称为折旧基数或折旧总额。

3. 估计使用年限

在估计时应同时考虑有形损耗和无形损耗，即实物的使用寿命和与经济效用等有关的技术寿命。在科学技术飞速发展的今天，技术密集型企业应更多地考虑无形损耗，合理估计使用年限。

我国《企业会计准则——固定资产》规定，企业在确定固定资产的使用寿命时，主要应当考虑下列因素：①该资产的预计生产能力或实物产量。②该资产的有形损耗，如设备使用中发生磨损、房屋建筑物受到自然侵蚀等。③该资产的无形损耗，如因新技术的出现而使现有的资产技术水平相对陈旧、市场需求变化使产品过时等。④有关资产使用的法律或者类似的限制。

我国《企业会计准则——固定资产》规定，企业应当根据固定资产的性质和使用情况，合理确定固定资产的使用寿命和预计净残值。除下述定期复核引起使用寿命改变外，固定资产的使用寿命、预计净残值一经选定，不得随意调整。企业应当定期对固定资产的使用寿命进行复核。如果固定资产使用寿命的预期数与原先的估计数有重大差异，则应当相应调整固定资产的折旧年限。

（三）折旧方法

固定资产的折旧方法有很多种，如直线法、加速折旧法等。我国会计制度规定，企业可以采用直线法计提折旧，在经有关部门批准的前提下，也可以采用加速折旧法。

1. 直线法

直线法，具体又分为年限平均法和工作量法两种。

（1）年限平均法

年限平均法是各种折旧方法中最简单的一种。固定资产折旧总额在使用年限内平均分摊，每期的折旧额相等。

计算公式表示如下：

$$\text{年折旧额} = (\text{固定资产原值} - \text{预计净残值}) \div \text{估计使用年限}$$

$$\text{年折旧率} = (1 - \text{预计净残值率}) \div \text{估计使用年限}$$

其中

$$\text{预计净残值率} = \text{预计净残值} \div \text{固定资产原值}$$

$$\text{月折旧率} = \text{年折旧率} \div 12$$

$$\text{月折旧额} = \text{固定资产原值} \times \text{月折旧率}$$

我国固定资产折旧一般采用年限平均法，这种方法最大的优点是计算简便。但是，它只考虑固定资产的估计使用时间，而忽略了实际使用的现状。固定资产使用早期，其工作效率相对较高，发生的维修保养费少；后期固定资产的工作效率相对较低，发生的维修保养费逐步增加。在整个使用期内，各期费用总额分布均匀，呈递增趋势，而固定资产工作效率呈递减趋势。在其他因素不变的情况下，利润逐年递减。采用年限平均法，不能反映资产的实际使用情况，从而影响到决策者对财务信息的分析判断。

（2）工作量法

工作量法是将固定资产的总折旧额按其估计工作总量（如总生产量、总工作小时等）平均分摊，以求得单位工作量应负担的折旧额。

采用年限平均法尽管在实际操作中比较简单，但由于无形损耗的存在，固定资产可能在估计使用年限届满前甚至早期即遭淘汰，导致大部分成本无法通过折旧收回，企业将面临一定的损失。

2. 加速折旧法

加速折旧法是在固定资产使用早期多提折旧，在使用后期少提折旧的一种方法。这种处理的理论依据是，固定资产在使用早期，提供的服务多，为企业创造的效益高；后期随着实物磨损程度的加剧，提供的服务量减少，而修理费用增加。如果在资产使用过程中折旧的计提逐年递减，可使固定资产在各年承担的总费用接近，利润平稳。这也弥补了年限平均法的局限。在加速折旧法下，由于早期计提了较多的折旧，即使固定资产提前报废，其成本于前期基本已收回，也不会造成过多损失。加速折旧法主要有双倍余额递减法和年数总和法两种。

（1）双倍余额递减法

在这一方法下，固定资产的折旧率为年限平均法折旧率的 2 倍，账面价值同样随着每期计提的折旧而减少。每期应计提的折旧计算公式为：

$$\text{年折旧额} = \text{递减的账面价值} \times \text{年折旧率} = \text{递减的账面价值} \times 2 \div \text{折旧年限}$$

其中，第一年的账面价值为固定资产的原始成本（不减估计残值）。

值得注意的是，在固定资产使用的后期，如果期末账面价值扣除预计净残值后的余额，采用直线法在剩余年限内的计提的折旧额，比继续使用双倍余额递减法计提的折旧额大，从该会计期开始必须改用直线法。

（2）年限积数法

年限积数法又称年数总和法，是将固定资产应计提的折旧总额按递减的折旧率计算每期的折旧额。

用公式可表示为：

$$\text{年折旧额} = (\text{固定资产原值} - \text{估计残值}) \times \text{递减的折旧率}$$

折旧率为分数，分母是根据固定资产估计使用年限计算的积数，分子是固定资产尚可使用的年数，即从使用年限起依次递减的自然数。用公式表示为：

年折旧率 = 尚可使用年数 ÷ 预计使用年限的年数总和

=（预计使用年限－已使用年限）÷[预计使用年限 ×（预计使用年限 +1）]÷2

企业一般是按月提取折旧。当月增加的固定资产，当月不提折旧，从下月起计提折旧；当月减少的固定资产，当月照提折旧，从下月起不提折旧。实际中常用的计算公式是：

固定资产月折旧额 = 上月计提的固定资产折旧额 + 上月增加固定资产应计提折旧额 − 上月减少固定资产应计提折旧额

为核算企业固定资产的累计折旧，设置“累计折旧”账户。本科目期末贷方余额，反映企业提取的固定资产折旧累计数。企业按月计提的固定资产折旧，借记“制造费用”“营业费用”“管理费用”“其他业务支出”等科目，贷记“累计折旧”科目。

借：制造费用（生产用固定资产计提的折旧）。

营业费用（销售等用固定资产计提的折旧）。

管理费用（管理部门用固定资产计提的折旧）。

其他业务支出（出租等用固定资产计提的折旧）。

应付福利费（福利部门用固定资产计提的折旧）。

外商投资企业采购的国产设备退还的增值税款，在设备达到预定可使用状态前收到的，冲减设备的成本，借记“银行存款”科目，贷记“在建工程”等科目；如果采购的国产设备已达到预定可使用状态，应调整设备的账面原价和已提的折旧，借记“银行存款”科目，贷记“固定资产”科目；同时，冲减多提的折旧，借记“累计折旧”科目，贷记“制造费用”“管理费用”等科目。如果采购的国产设备已达到预定可使用状态，但税务机关跨年度退还增值税，则应相应调整设备的账面原价和已提的折旧，借记“银行存款”科目，贷记“固定资产”科目；同时，冲减多提的折旧，借记“累计折旧”科目，贷记“以前年度损益调整”科目。

四、固定资产使用中的支出

固定资产在使用过程中会发生各种支出，如为了恢复、改进固定资产的性能发生的维修费、保养费支出，固定资产因改建、扩建、增建等原因增加的支出，为了发挥固定资产潜力增加的支出等。这些开支发生时，关键要区分支出的性质，即资本性支出还是收益性支出，进而做出不同的账务处理。

（一）影响固定资产数量方面的支出

固定资产因数量增加发生的支出，主要应用于增加企业固定资产实体及在原有基础上的扩建，如房屋加层、增设电子监控设备等。对新增的资产，因其受益期一般与估计使用年限相近，至少一年，所以要把有关支出资本化。购建新固定资产时，把全部支出列为固定资产的成本。扩建时，把所付出的代价全部计入原资产的成本，在扩建过程中如涉及拆除一部分旧设施，在会计处理上通常不减去拆除旧资产的成本，扩建成本先在“在建工程”账户中归集，完工后一次转入原“固定资产”账户。

（二）影响固定资产质量方面的支出

1. 换新

固定资产换新是指调换原资产上陈旧或受损的项目，以恢复其应有的性能和生产能力，包括整个资产项目的换新和非经常性的大部件换新。换新后的资产并不提高质量或功能。由于换新项目大小不等，发生的费用在处理上也应有所区别。大型项目，非经常性大部件的更换，作为资本性支出处理；中、小项目的换新，可视同经常性修理，作为收益性支出处理。

2. 维修保养

为了使固定资产保持良好的使用状态，应进行日常的维护保养，如更换螺丝、弹簧，定期添加润滑剂等。这种支出费用较低，发生比较频繁，一般视为收益性支出，计为当期费用。

随着固定资产的不断使用，实物磨损加剧，往往会发生局部的损坏，影响其使用效率。为恢复原有的性能，必须对固定资产定期或不定期地加以修理，使之处于正常运转状态。固定资产的修理，按范围的大小和间隔时间长短可分为大修理和中小修理两种。

大修理是对固定资产进行局部更新，通常修理的范围大，间隔时间长，修理次数少，一次修理所花的费用较大。由于大修理费用发生不均匀，企业可采用预提或待摊的方法均衡成本。

中小修理又称经常性修理，是为了维护和保持固定资产正常工作状态进行的修理工作，如更换零部件、排除故障等。其特点是修理范围小，间隔时间短，修理次数多，每次的修理费用少。一般将经常性修理作为收益性支出处理，在支出发生时计入当期费用。即按实际发生数额借记有关成本费用账户，贷记“银行存款”等科目。为了平衡各会计期的费用，或当中小修理费用较大时，也可以采用摊销的方法。

值得注意的是，在实际操作中，中小修理、维护保养、换新等很难严格区分，企业应根据规模大小、资产的重要程度等实际情况区别对待。

3. 改良和改善

改良和改善支出主要用于改进固定资产的质量和功能。改良支出较大，能使固定资产的质量或功能有显著的提高，如安装中央空调以取代原有的取暖设施。固定资产改良工程中的所有支出均应作为资本性支出处理，计入资产的成本。在工程进程中，如有被替换的旧资产，则旧资产的成本应从原资产账户中转出。

固定资产改善一般支出较小，质量改进不显著，如一般照明设备的改进。凡属于这种支出的均应视为收益性支出，计入本期损益。

我国《企业会计准则——固定资产》规定，与固定资产有关的后续支出，如果使可能流入企业的经济利益超过了原先的估计，如延长了固定资产的使用寿命，或者使产品质量实质性提高，或者使产品成本实质性降低，则应当计入固定资产账面价值，其增计金额不应超过该固定资产的可收回金额；否则，应当确认为费用。

第二节　财务会计的无形资产管理

一、无形资产的核算

（一）无形资产的增加

1. 无形资产的计价

企业的无形资产在取得时，应按取得时的实际成本计量。取得时的实际成本应按以下规定确定。

第一，购入的无形资产，按实际支付的价款作为实际成本。国际会计准则规定确认时按成本计量。但是，如果采用赊购的方法且延期支付的期限较长时，则规定对购入的无形资产通过折现的方法进行初始计量。

第二，投资者投入的无形资产，按投资各方确认的价值作为实际成本。但是，为首次发行股票而接受投资者投入的无形资产，应按该项无形资产在投资方的账面价值作为实际成本。

第三，企业接受的债务人以非现金资产抵偿债务方式取得的无形资产，或以应收债权换入无形资产的，按应收债权的账面价值加上应支付相关税费，作为实际成本。涉及补价的，按以下规定确定受让的无形资产的实际成本：①收到补价的，按应收债权的账面价值减去补价，加上应支付的相关税费，作为实际成本。②支付补价的，按应收债权的账面价值加上支付的补价和应支付的相关税费，作为实际成本。

第四，以非货币性交易换入的无形资产，按换出资产的账面价值加上应支付的相关税费，作为实际成本。涉及补价的，按以下规定确定换入无形资产的实际成本：收到补价的，按换出资产的账面价值加上应确认的收益和应支付的相关税费减去补价后的余额，作为实际成本；应确认的收益 = 补价 ×（换出资产的公允价值 - 换出资产的账面价值）- 换出资产的公允价值。

支付补价的，按换出资产的账面价值加上应支付的相关税费和补价，作为实际成本。

第五，接受捐赠的无形资产，应按以下规定确定其实际成本：①捐赠方提供了有关凭据的，按凭据上标明的金额加上应支付的相关税费，作为实际成本。②捐赠方没有提供有关凭据的，按如下顺序确定其实际成本：同类或类似无形资产存在活跃市场的，按同类或类似无形资产的市场价格估计的金额，加上应支付的相关税费，作为实际成本；同类或类似无形资产不存在活跃市场的，按该接受捐赠的无形资产的预计未来现金流量现值，作为实际成本。

第六，自行开发并按法律程序申请取得的无形资产，按依法取得时发生的注册费、聘请律师费等费用，作为无形资产的实际成本。在研究与开发过程中发生的材料费用、直接参与开发人员的工资及福利费、开发过程中发生的租金、借款费用等，直接计入当期损益。

已经计入各期费用的研究与开发费用，在该项无形资产获得成功并依法申请取得权利时，不得再将原已计入费用的研究与开发费用资本化。

第七，企业购入的土地使用权，或以支付土地出让金的方式取得的土地使用权，按照实际支付的价款作为实际成本，并作为无形资产核算；待该项土地开发时再将其账面价值转入相关在建工程（房地产开发企业将需开发的土地使用权账面价值转入存货项目）。

2. 会计处理

为核算企业的无形资产，设置“无形资产”科目。本科目应按无形资产类别设置明细账，进行明细核算。本科目的期末借方余额，反映企业已入账但尚未摊销的无形资产的摊余价值。企业自创的商誉以及未满足无形资产确认条件的其他项目，不能作为企业的无形资产，不在本科目内反映。具体的账务处理如下。

第一，购入的无形资产，按实际支付的价款，借记“无形资产”，贷记“银行存款”等。

第二，投资者投入的无形资产，按投资各方确认的价值，借记“无形资产”，贷记“实收资本”或“股本”等。为首次发行股票而接受投资者投入的无形资产，应按该项无形资产在投资方的账面价值，借记“无形资产”，贷记“实收资本”或“股本”等。

第三，企业接受的债务人以非现金资产抵偿债务方式取得的无形资产，或以应收债权换入无形资产的，按应收债权的账面价值加上应支付的相关税费，借记“无形资产”，按该项债权已计提的坏账准备，借记“坏账准备”，按应收债权的账面余额，贷记“应收账款”等，按应支付的相关税费，贷记“银行存款”“应交税金”等。

第四，接受捐赠的无形资产，按确定的实际成本，借记“无形资产”，按未来应交的所得税，贷记“递延税款”，按确定的价值减去未来应交所得税后的差额，贷记“资本公积”，按应支付的相关税费，贷记“银行存款”“应交税金”等。

第五，自行开发并按法律程序申请取得的无形资产，按依法取得时发生的注册费、聘请律师费等费用，借记“无形资产”，贷记“银行存款”等。

企业在研究与开发过程中发生的材料费用、直接参与开发人员的工资及福利费、开发过程中发生的租金、借款费用等，直接计入当期损益，借记“管理费用”，贷记“银行存款”等。

第六，企业通过非货币性交易取得的无形资产，比照以非货币性交易取得的固定资产的相关规定进行处理。

（二）无形资产的后续支出

无形资产的后续支出，是指无形资产入账后，为确保该无形资产能够给企业带来预定的经济利益而发生的支出，如相关的宣传活动支出。由于这些支出仅是为了确保已确认的无形资产能够为企业带来预定的经济利益，因而应在发生当期确认为费用。

无形资产的后续支出应在发生时确认为费用，除非满足以下条件：第一，该支出很可能使资产产生超过原来预定绩效水平的未来经济利益；第二，该支出能够可靠地计量和分摊至该资产。商标、刊头、报刊名、客户名单和实质上类似的项目（不论是外部购入的还是内部产生的）所发生的后续支出，只能确认为费用，以避免确认自创商誉。

（三）无形资产的摊销

无形资产应当自取得当月起在预计使用年限内分期平均摊销，计入损益。如预计使用年限超过了相关合同规定的受益年限或法律规定的有效年限，该无形资产的摊销年限按如下原则确定：①合同规定受益年限但法律没有规定有效年限的，摊销年限不应超过合同规定的受益年限。②合同没有规定受益年限但法律规定有效年限的，摊销年限不应超过法律规定的有效年限。③合同规定了受益年限，法律也规定了有效年限的，摊销年限不应超过受益年限和有效年限两者之中的较短者。④合同没有规定受益年限，法律也没有规定有效年限的，摊销年限不应超过 10 年。

摊销无形资产价值时，借记“管理费用——无形资产摊销”，贷记“无形资产”。

（四）无形资产的减值

企业应当定期或者至少于每年年度终了，检查各项无形资产预计给企业带来未来经济利益的能力，对预计可收回金额低于其账面价值的，应当计提减值准备。当存在下列一项或若干项情况时，应当计提无形资产减值准备：①某项无形资产已被其他新技术等替代，使其为企业创造经济利益的能力受到重大不利影响。②某项无形资产的市价在当期大幅下跌，在剩余摊销年限内预期不会恢复。③某项无形资产已超过法律保护期限，但仍然具有部分使用价值。④其他足以证明某项无形资产实质上已经发生了减值的情形。

当存在下列一项或若干项情况时，应当将该项无形资产的账面价值全部转入当期损益，借记“管理费用”，贷记“无形资产”：①某项无形资产已被其他新技术等替代，并且该项无形资产已无使用价值和转让价值。②某项无形资产已超过法律保护期限，并且已不能为企业带来经济利益。③其他足以证明某项无形资产已经丧失使用价值和转让价值的情形。

为核算企业计提的无形资产减值准备，设置“无形资产减值准备”科目，该科目应按单项无形资产计提减值准备。期末，企业所持有的无形资产的账面价值高于其可收回金额的，应按其差额，借记“营业外支出——计提的无形资产减值准备”，贷记“无形资产减值准备”；如已计提减值准备的无形资产价值又得以恢复，应按已计提减值准备的范围内转回，借记“无形资产减值准备”，贷记“营业外支出——计提的无形资产减值准备”。本科目期末贷方余额，反映企业已提取的无形资产减值准备。

《国际会计准则》没有直接对减值进行定义，而是对减值损失作了界定：减值损失是指资产的账面价值超过其可收回金额的金额。其中，资产的账面价值指资产负债表内确认的资产的金额减去相关累计摊销额和累计减值损失后的余额。

（五）无形资产的处置和报废

企业出售无形资产，按实际取得的转让收入，借记“银行存款”等；按该项无形资产已计提的减值准备，借记“无形资产减值准备”；按无形资产的账面余额，贷记“无形资产”；按应支付的相关税费，贷记“银行存款”“应交税金”等；按其差额，贷记“营业外收入——出售无形资产收益”或借记“营业外支出——出售无形资产损失”。

企业出租无形资产所取得的租金收入，借记“银行存款”等，贷记“其他业务收入”等；结转出租无形资产的成本时，借记“其他业务支出”，贷记“无形资产”。

企业用无形资产向外投资，比照非货币性交易的规定处理。

若预计某项无形资产已经不能给企业带来未来经济利益，应当将该项无形资产的账面价值全部转入管理费用。

《企业会计准则——无形资产》规定，企业在判断无形资产预期不能为企业带来经济利益时，应根据以下两项加以判断：第一，该无形资产是否已被其他新技术等替代，且已不能为企业带来经济利益；第二，该无形资产是否不再受法律的保护，且不能给企业带来经济利益。

二、可辨认无形资产

（一）专利权

专利权是指国家专利主管机关依法授予发明创造专利申请人对其发明创造在法定期限内所享有的专有权利，包括发明专利权、实用新型专利权和外观设计专利权。

专利权是人们智力劳动的结果，也是最常见的知识产权的一种。为了保护发明创造，鼓励发明创造，有利于发明创造成果的推广使用，促进科学技术的发展，加速科技成果的商品化，适应社会主义市场经济的需要，我国颁发了《中华人民共和国专利法》。该法明确规定，专利权拥有人的专利受到国家法律的保护。申请专利应按照法律程序进行，无论申请的是发明、实用新型还是外观设计，都应当具备新颖性、创造性和实用性三个条件。

专利权是否有价值应看其是否具有降低成本，或者提高产品质量，或者可以转让获得转让费收入，从而能给持有者带来经济利益等特点。专利权在会计上的核算包括以下三个方面。

1. 专利权取得成本的确定与核算

无形资产的计价也应遵循历史成本原则，即按取得无形资产时所发生的实际成本计价，包括必要的注册费、手续费和法律费等。自制的专利权理论上应包括在创造专利权过程中所发生的制图费、实验费、申请专利的法律登记费以及聘请律师费等。但是，由于自己创造的专利权不一定能够成功，为了谨慎起见，在研究与开发过程中发生的材料费用、直接参与开发人员的工资及福利费、开发过程中发生的租金、借款费用等，直接计入当期损益。

已经计入各期费用的研究与开发费用，在该项无形资产获得成功并依法申请取得权利时，不得再将原已计入费用的研究与开发费用资本化。

2. 专利权的转让及其核算

专利发明创造作为一种无形资产，可以进入商品流通领域，作为买卖的标的物。当专利权人不打算利用其专利或无法利用时，就可以将其专利权转让给他人利用。专利权的转让是指专利权人将其专利权转移给受让人所有，受让人支付一定报酬或价款，成为新的专利人的行为。专利权转让必须签订转让合同，并向专利局备案。专利权转让有以下两种形式：一种是所有权转让；另一种是使用权转让。

（1）所有权转让

根据我国税法规定，转让专利权的所有权应缴纳个人所得税，计入“应交税金——应交税金”。

企业出售无形资产，按实际取得的转让收入，借记“银行存款”等，按该项无形资产已计提的减值准备，借记“无形资产减值准备”；按无形资产的账面余额，贷记“无形资产——专利权”；按应支付的相关税费，贷记“银行存款”“应交税金”等；按其差额，贷记“营业外收入——出售无形资产收益”或借记“营业外支出——出售无形资产损失”。

（2）使用权转让

企业出租无形资产所取得的租金收入，借记“银行存款”等，贷记“其他业务收入”等；结转出租无形资产的成本时，借记“其他业务支出”，贷记“无形资产——专利权”。

3. 专利权投资及其核算

专利权人可以专利权作为投资，取得投资收益，也可以被认为是专利权人自行实施专利的一种变通形式。

专利权如受到侵害而发生诉讼时，既可能胜诉，也可能败诉。关于诉讼费的处理一般惯例是如胜诉，应予资本化；如败诉，应计入当期费用，且注销专利权成本。

（二）商标权

商标是用来辨认特定的商品或劳务的标记。商标权是指专门在某类指定的商品或产品上使用特定的名称或图案的权利。商标权包括独占使用权和禁止权两个方面。独占使用权是指商标权享有人在商标的注册范围内独家使用其商标的权利；禁止权是指商标权享有人排除和禁止他人对商标独占使用权进行侵犯的权利。

商标权是另一种知识产权的表现形式。商标是用来辨认特定的商品或劳务的标记，其外在形态是由文字、图形或者是文字与图形的组合构成的。在国外，也有以包装容器造型、音响、气味、颜色来构成商标的。商标权是指商标所有人依法对其注册商标所享有的权利。为了加强商标管理，保护商标专用权，促使生产者保证商品质量和维护商标信誉，以保障消费者的利益，促进我国知识经济的发展，我国在1982年颁布了《中华人民共和国商标法》，后又进行了修改。该法明确规定，经商标局核准注册的商标为注册商标，商标注册人享有商标专用权，受法律保护。

商标权具有专有性、地域性和时间性等法律特征。专有性是指商标注册人对注册商标享有专有使用的权利，其他任何单位或个人未经商标注册人的许可，不得使用该注册商标。专有性又可表现为商标的独占使用权和禁止权。商标注册人有权排除第三者擅自使用其注册商标，这种权利是商标权具有排他性的法律表现。地域性是指商标所有人享有的商标权，只在授予该项权利的国家有效，在其他国家内不发生法律效力。时间性是指商标权有一定的法定有效期限。有效期届满前可以申请续展注册，到期不续展则效力自行终止。

商标权之所以具有经济价值，主要是由于企业拥有某种特别商标的优质商品，成功地取得了广大消费者的信任，赢得了大量的顾客。所以它是企业的一种信誉，这种信誉能使企业高于同行业一般水平获得超额利润。

商标权的取得既可能是企业自创并注册登记而得，也可能通过购买或接受投资从其他单位或个人取得。自创的商标权，其成本包括从设计至申请注册登记取得商标权的一切费用，还包括为保护商标权所发生的诉讼费、律师费以及续展登记费等。然而，能够给拥有者带来获利能力的商标，常常是通过多年的广告宣传和其他传播手段，赢得客户的信赖而树立起来的。广告费一般直接作为销售费用，而不计入商标权的成本。外购的专利权成本包括购入的价款、登记费、法律费以及其他因受让而发生的支出。

商标权取得后应将其成本在其有效期内摊销，具体要求与专利权相同。我国商标法规定商标权的有效期限为10年，但到期可以续展。

根据商标法规定，商标可以转让，但受让人应当保证不改变转让商标的商品质量标准，而且不可再随意转让给第三方。

商标权的会计核算也包括商标权的取得、商标权的摊销和商标权的转让等，可设“无形资产——商标权”科目进行会计处理。具体核算可比照专利法。

（三）特许权

特许权又称经营特许权、专营权，是指企业在某一地区经营或销售某种特定商品的权利，或是一家企业接受另一家企业使用其商标、商号、技术秘密等的权利。前者一般是由政府机构授权，准许企业使用或在一定地区享有经营某种业务的特权，如水、电、邮电通信等专营权，烟草专卖权等；后者指企业间依照确定的合同，有限期或无限期使用另一家企业的某些权利，如连锁企业分店使用总店的名称。

专营权的法律特征是独占性和无地域性。独占性是指一旦企业从政府机构或其他企业取得某种特许权，其他企业或个人不得侵犯和享用。无地域性是指专营权可以跨国界授予。在我国，特许经营权也早已出现，电力公司、电话公司、煤气公司等公用事业单位，都是政府给予特定企业的特许权。近年来，我国以特许经营权的方式从事的连锁超市、快餐业、出租车经营的公司也日渐增多。特许权给受让人带来的经济利益是无形的，也是很多企业生存的前提。某些特许权经过企业精心经营可以为企业创造巨大的超额利润。

所以，在取得特许权时，受让人应付出一定的代价，有的是一次性支付总金额，有的是分期支付占用费。受让人在进行会计核算时，应设“无形资产——特许权”科目，并将初始一次性支付一笔较大的数额资本化，在合同规定的期限内摊销；无规定期限的按不超过 10 年摊销。摊销费计入管理费用。关于分次按营业额支付的占用费，在支付时计入当期费用。

（四）非专利技术

非专利技术也称专有技术，指不为外界所知、在生产经营活动中已采用的、不享有法律保护的各种技术和经验。非专利技术一般包括工业专有技术、商业贸易专有技术、管理专有技术等。非专利技术可以用蓝图、配方、技术记录、操作方法的说明等具体资料表现出来，也可以通过卖方派出技术人员进行指导，或接受买方人员进行技术实习等手段实现。非专利技术具有经济性、机密性和动态性等特点。

第七章　财务会计负债及所有者权益管理

第一节　流动负债核算

一、企业筹措资金过程中发生的流动负债

（一）短期借款

企业在生产经营中，经常会发生暂时性的资金短缺，为了生产经营的正常进行，需要向银行或其他金融机构取得一定数量的短期资金，由此形成了企业的短期借款。短期借款是指企业向银行或其他金融机构等借入的期限在一年以下（含一年）的各种借款。企业在借入短期借款时，应按实际借入金额，借记“银行存款”，贷记“短期借款”；归还借款时，借记“短期借款”，贷记“银行存款”。

企业使用银行或其他金融机构的资金，要支付一定的利息。企业取得短期借款是一项融通资金的行为，短期借款的利息应作为融通资金的费用计入当期损益。有关短期借款利息的会计核算，要按支付利息的方式不同而进行不同的会计处理。通常利息的支付有以下两种方式：一是到期连同本金一同支付，在这种情况下，根据会计的重要性原则，如果利息金额较大，需要按期计提利息，借记“财务费用”，贷记“预提费用”；如果金额不大，可以不分期预提，到期随同本金支付时，一次性计入财务费用。二是按期支付，在实际支付或收到银行的计息通知单时，直接计入当期损益，借记“财务费用”，贷记“银行存款”或“现金”。

（二）一年内到期的长期负债

企业为了扩大生产经营规模，进行固定资产投资，要举借大量长期负债。长期负债自资产负债表日起还有一年或超过一年的一个营业周期内的到期部分，虽然仍在长期负债账上，但应视为流动负债核算，这部分长期负债在资产负债表上应转列为流动负债。

必须注意，在下列两种情况中，一年内到期的长期负债不应视为流动负债。

第一，它们的清偿不需要动用流动资产或不会产生流动负债。其原因在于，这部分负债在未来一年内无须以流动资产来支付。因此，如果即将到期的长期负债并不需要用流动

资产来偿还，而是用专门积累起来的“偿债基金”偿还，则不能作为流动负债。

第二，它们的清偿需要用新发行长期债券或新发行股票来调换，也无须转列为流动负债。

二、企业购销业务过程中发生的流动负债

（一）应付票据

应付票据亦称短期应付票据，是指债务人出具的承诺在一年或一个营业周期内的特定日期支付一定金额的款项给持票人的书面文件。在我国现行的会计制度中核算的应付票据，仅指承兑的商业汇票。

商业汇票是购货企业在正常经营活动中向销货企业出具的承诺在将来特定时日支付一定金额的期票（远期票据）。商业票据按照承兑人的不同，可分为银行承兑汇票和商业承兑汇票。由债务人的开户银行承兑的商业票据称为银行承兑汇票，由债务人直接承兑的商业票据称为商业承兑汇票。商业汇票的期限最长不得超过6个月期。

应付票据按票面是否注明利率可分为带息票据和不带息票据两种：带息票据载明了票面利率，到期按票面金额（本金）与票面利率计算利息，与本金一并支付；不带息票据没有利息问题，票据到期时，债务人按票面金额支付即可。我国企业多采用不带息票据。

企业应设置“应付票据”科目，进行应付票据的核算。由于票据期限较短，应付票据不论是否带息，一般均按面值入账。企业开出商业承兑汇票或以商业承兑汇票抵付货款、应付账款时，借记“物资采购”“库存商品”“应付账款”“应交税金应交增值税（进项税额）”等，贷记“应付票据”。支付银行承兑汇票的手续费时，借记“财务费用”，贷记“银行存款”。收到银行支付到期票据的付款通知时，借记“应付票据”，贷记“银行存款”。企业开出的应付票据如为带息票据，应于月份终了计算本月应付利息，借记“财务费用”，贷记本科目。票据到期支付本息时，按应付票据的账面余额，借记“应付票据”，按未计的利息，借记“财务费用”，贷记“银行存款”。如果票据期限不长，利息不多，也可以于票据到期时，把利息一次性计入财务费用，不逐月计提。票据到期如果企业无能力偿付的，转作应付账款，借记“应付票据”，贷记“应付账款”。企业往来客户众多，为了加强应付票据管理，企业还应设置“应付票据备查簿”，详细登记每一应付票据的种类、号数、签发日期、到期日、票面金额、合同交易号、收款人姓名或单位名称，以及付款日期和金额等详细资料。应付票据到期付清时，应在备查簿内逐笔注销。各企业可根据需要，自行设计应付票据备查簿的格式。

（二）应付账款

1. 应付账款的含义及其确认

应付账款是指企业因购买材料、商品、其他资产或接受外界提供的劳务而发生的债务。

从理论上说，凡是购进商品的所有权转移到企业时，或企业实际使用外界提供的劳务时确认应付账款。但是由于应付账款的期限一般不长，而且收到购货发票的时间同收到货物的时间往往很接近，在实际工作中，如果货物在发票之后到达，一般是等货物验收入库后才按发票价格入账，这样处理能避免在验收入库时发现货物的数量和质量与发票不符而带来的调账的麻烦，从而简化核算。但应注意的是，如果到期末，虽收到发票但仍未收到货物，为了配比原则，应根据发票价格，借记“物资采购”，贷记“应付账款”。反之，如果到期末，收到货物而没有收到发票时，也应对该货物进行暂估入账，借记“原材料”等，贷记“应付账款”。

2. 应付账款的计价

应付账款的入账金额按发票价格计量，但是在购货时存在现金折扣的，目前在理论上存在以下两种计量方法，即总价法和净价法。

按总价法核算，应付账款是按扣除现金折扣之前的发票价格入账，如在折扣期内付款而享受的现金折扣，视为一种理财收益。按净价法核算，应付账款是按扣除现金折扣之后的发票价格入账，如在超过折扣期付款而丧失现金折扣，作为一种理财损失处理。在我国，目前不允许企业采用净价法处理应付账款。

3. 应付账款的会计核算

企业购入材料、商品等验收入库，但货款尚未支付时，应根据有关凭证，如发票账单、随货同行发票等，按凭证上记载的实际价款，或在未取得有关凭证时，按照暂估价登记入账，借记“物资采购”“原材料”“库存材料”“库存商品”“应交税金应交增值税（进项税额）”等，贷记“应付账款”。

企业接受供应单位提供的劳务而发生的应付未付款项，应根据供应单位的发票账单，借记“生产成本”“管理费用”等，贷记“应付账款”。实际支付时，借记“应付账款”，贷记“银行存款”等。如果企业开出承兑商业汇票抵付应付账款，借记“应付账款”，贷记“应付票据”。

在购销业务过程中，购货单位也可能在购货业务发生之前先期预付一定货款。在这种情况下，为了集中反映购货业务所形成的结算关系，企业按规定预付供货单位货款时，借记“应付账款”，贷记“银行存款”等。待购货业务实际发生，材料、商品验收入库时，再根据有关发票账单的应付金额，借记“原材料”“库存商品”“应交税金应交增值税（进项税额）”等，贷记“应付账款”。补付货款时，再借记“应付账款”，贷记“银行存款”等。应付账款一般应在较短时间期限内支付，由于债权单位撤销或其他原因而无法支付的应付账款应作为企业的一项额外收入，列入营业外收入处理。

（三）预收账款

预收账款是指企业按照合同规定向购货单位或个人预先收取的款项。企业在销售商品或提供劳务前预先向对方收取款项，通常在预收款项后的一年或超过一年的一个营业周期内交付商品或提供劳务。在企业的生产经营中，发生预收款项是很经常的事情。例如，企业按照规定向购货单位预收购货款、向建设单位预收工程款、预收委托单位的开发建设资金、向个人预收的购房定金，以及向发包单位预收的备料款和工程款等都属于企业的预收账款。企业为了核算预收的款项的结算情况，应设置“预收账款”账户来进行预收款项的核算。当企业收取预收款项时，借记“银行存款”科目，贷记“预收账款”科目。商品产品完工交给购货单位或与建设单位结算工程价款时，借记“预收账款”科目，贷记“主营业务收入”“工程结算收入”等科目。一般情况下，企业先预收将来实际销售商品或提供劳务的价款的一部分，等企业实际发出商品或完成劳务时，再收回另一部分销售商品款或劳务款项。在进行会计处理时，为了反映业务的完整性和方便会计记账凭证的编制，企业发出商品或完成劳务时，按商品或劳务的全部价款，借记“预收账款”科目，贷记“主营业务收入”科目；再按照全部款项与预收的款项的差额，借记“银行存款”科目，贷记“预收账款”科目。

三、企业在生产过程中形成的流动负债

（一）应付工资

应付工资是指企业应付给职工的工资总额，包括在工资总额内的各种工资、奖金、津贴等，它是企业在一定时期内支付给全体职工的劳动报酬总额。不论是否在当月支付，都应通过本科目核算。在工资总额内的发给职工的款项，如医药费、福利补助、退休费等，不在本科目核算。工资的结算是由财务部门根据人事部门、劳动工资部门转来的职工录用、考勤、调动、工资级别调整等情况的通知单，以及有关部门转来的待扣款项通知单编制工资单（亦称工资结算单、工资表、工资计算表等），计算各种工资。工资单的格式由企业根据实际情况自行规定。财会部门将工资单进行汇总，编制工资汇总表，按照规定手续向银行提取现金，准备支付工资。企业实际支付工资时，借记“应付工资”，贷记“现金”。从应付工资中扣还的各种款项（代垫的房租等），借记“应付工资”，贷记“其他应收款”。职工在规定期限内未领取的工资，应由发放工资的单位及时交回财会部门，借记“现金”，贷记“其他应付款”。

月份终了，应将本月应发的工资进行分配。

生产、施工、管理部门的人员（包括炊事人员）工资，借记“生产成本”“管理费用”，贷记“应付工资”。

采购、销售费用开支的人员工资，借记“营业费用”，贷记“应付工资”。

应由在建工程负担的人员工资，借记“在建工程”，贷记“应付工资”。

应由工会经费开支的工会人员的工资，借记“其他应付款”，贷记“应付工资”。

应由职工福利费开支的人员工资，借记“应付福利费”，贷记“应付工资”。

（二）应付福利费

在我国，为了保障职工的身体健康，改善和提高职工的福利待遇，规定企业必须为职工的福利准备资金。职工福利方面的资金来源有以下两个渠道：一是从费用中提取，二是从税后利润中提取。从费用中提取的福利费计入“应付福利费”核算，主要用于职工的个人福利（目前，我国不允许外商投资企业在税前计提福利费，外商投资企业职工的个人福利支出从税后计提的职工奖励及福利基金中列支）。从税后提取的福利费计入“盈余公积公益金”，主要用于职工的集体福利设施的建设。目前，应付福利费是按照企业应付工资总额的 14% 提取，其应付工资总额的构成与统计上的口径一致，不做任何扣除。应付福利费主要用于职工的医药费，医护人员的工资，医务经费，职工因工负伤赴外地就医的路费，职工生活困难补助，职工浴室、理发室、幼儿园、托儿所人员等的工资，以及按国家规定开支的其他职工福利支出。提取职工福利费时，借记“有关费用成本”科目，贷记“应付福利费”科目。支付职工医药费，职工困难补助和其他福利费以及应付的医务、福利人员工资等，借记“应付福利费”科目，贷记“银行存款”“应付工资”等科目。期末应付福利费的结余，在“资产负债表”的流动负债项目应付福利费中单独列示。

（三）预提费用

按照权责发生制原则，企业在日常生产经营中经常要对有些费用进行预提，原因是有些费用的发生期间并不一定实际支付，在发生与支付的时间上可能会存在差异。例如，企业固定资产大修理费，在平时固定资产并不需要进行大修理，但实际进行大修理时支出往往比较大，而此大修理并不是由大修理当期一次性造成的，在大修理期以前各期虽然没有大修理支出，但也要确认固定资产大修理费。按期预提计入费用的金额，同时也形成一笔负债，在会计核算中设“预提费用”科目。将有关的预提费用预提入账时，借记“有关费用”科目，贷记“预提费用”科目；预提的费用实际支出时，借记“预提费用”科目，贷记“银行存款”或“现金”等科目。“预提费用”科目的期末余额一般在贷方，反映实际预提但尚未支出的费用数额。

（四）其他应付款

其他应付款是指与企业的经营活动有直接或间接相关的应付、暂收其他单位或个人的款项，主要包括应付经营性租入固定资产和包装物的租金、存入保证金（如收取包装物押金）、职工未按时领取的工资等。这些应付、暂收款项形成了企业的流动负债，在会计核算中设置“其他应付款”科目。企业发生的上述各种应付、暂收款项，借记“银行存款”“管理费用”“财务费用”等科目，贷记“其他应付款”科目；支付时，借记“其他应付款”科目，贷记“银行存款”等科目。“其他应付款”科目应按应付和暂收等款项的类别和单位或个人设置明细账，进行明细分类核算。

第二节 长期负债

一、长期负债的性质及分类

（一）长期负债的概念及性质

长期负债是指偿付期超过一年或一个营业周期的负债。长期负债除具有负债的一般特征外，还具有金额大、期限长、可以分期偿还的特征。企业为了满足生产经营的需要，特别是在企业扩大阶段，往往需要大量的长期资金。长期负债作为企业的义务，应付流出现金或其他经济资源的结算期限较长，因而长期负债成为企业筹措资金的一种重要方式。企业筹措长期负债资金，一般多用于添置大型机器设备，购置房地产，或者改建、扩建厂房等方面。

对企业来说，通过举债来筹措长期资金，相比于从所有者那里获取长期资金有下列优势。

第一，作为长期负债的债权人在企业经营中不具有管理权和表决权，不会稀释大股东对企业的控制权。

第二，企业举债不会影响企业原有的股权结构，他们仅按照固定的利率获取利息，不参与利润的分配。因此，不会因举债而减少每股收益率，从而影响股票的价格。

第三，长期负债的利息支出可以作为费用从税前利润中扣除，从而减少所得税的开支，享受税收的优惠，相当于国家让出一部分税金帮助企业还债。而股利只能从税后利润中支付。

但是，长期负债也有其不利的一面：一是不管企业经营得好坏，企业都将按照固定的利率向债权人支付利息，在投资报酬低于资金成本时，会减少股东的股本收益率。二是长期负债到期时一次性支付的资金数额较大，在企业资金困难时，有被债权人申请破产还债的风险。三是在企业破产还债时，债权人与股东相比，对破产资产有优先受偿权。

（二）长期负债的分类

根据企业举借长期负债形式不同，长期负债可以分为以下三类。

（1）长期借款

它是指企业从银行或其他金融机构借入的，偿还期在一年（不含一年）以上的各种借款，包括人民币长期借款和外币长期借款。

（2）应付债券

它亦称长期应付债券或应付公司债券，是指企业以发行债券的方式筹措资金而形成的长期负债。债券是指发行人依照法定程序发行的、承诺在一定时期内偿还本金和按照固定利率支付利息的一种债务凭证。

（3）长期应付款

核算企业除长期借款和应付债券外的其他长期应付款项，主要包括采用补偿贸易方式引进国外设备应付的价款和融资租入固定资产应付给出租方的租赁费。

二、长期负债的核算

（一）长期借款

长期借款主要是指企业从银行或其他金融机构借入的偿还期限在一年以上的借款。为了核算企业的长期借款，会计准则规定设置“长期借款”科目。企业在取得长期借款时，借记“银行存款”科目，贷记“长期借款”科目。因长期借款而发生的利息支出，应按照权责发生制原则按期预提。根据《企业会计准则——借款费用》准则的规定，如专项用于固定资产投资的，在固定资产购建期间进行借款费用资本化，借记“在建工程”科目，贷记“长期借款”科目。固定资产竣工交付使用后，借款利息计入财务费用。例如，非专项用于固定资产投资的长期借款利息，进行借款费用费用化，借记“财务费用”科目，贷记“长期借款”科目。归还本息时，借记“长期借款”科目，贷记“银行存款”科目。

（二）应付债券

企业债券是指企业为了筹集长期使用资金而按照法定程序对外发行的、约定在一定期限内还本付息的一种书面凭证。企业债券要载明企业的名称、债券面值、票面利率、还本期限和方式、利息支付的方式、发行日期等。按照债券的发行价格与面值的大小，债券有以下三种发行方式，即溢价发行、平价发行和折价发行。由于债券的发行价格受票面利率和市场利率的影响，当票面利率高于市场利率时，债券的发行价格就会超过债券面值，按超过债券面值的价格发行称为溢价发行；当票面利率等于市场利率时，债券的发行价格就会等于债券面值，此时称为平价发行，也叫面值发行；当债券的票面利率低于市场利率时，债券的发行价格就会低于债券面值，称为折价发行。

为了核算企业的长期债券，企业设置“应付债券”科目，在该科目下设置“债券面值”“债券溢价”“债券折价”和“应计利息”四个明细科目。

1. 债券发行时的账务处理

债券按平价发行时，按实际收到的价款，借记“银行存款”；按债券的面值，贷记“应付债券面值”。债券按溢价发行时，按实际收到的价款，借记“银行存款”等；按债券的面值，贷记“应付债券面值”；按超过债券面值的溢价，贷记“应付债券溢价”。企业按折价发行的债券，按实际收到的金额，借记“银行存款”等；按债券券面金额与实际收到金额之间的差额，借记“应付债券折价”；按券面金额，贷记“应付债券面值”。企业债券发行时，如果发行费用大于发行期间冻结资金的利息收入，按发行费用减去发行期间冻结资金的利息收入的差额计入财务费用。如果所筹款项用于固定资产项目的，则要按照借款费用资本化的处理原则，进行借款费用资本化，计入固定资产成本。如果发行费用小于发行期间冻结资金的利息收入，按发行期间冻结资金所产生的利息收入减去发行费用的差额，作为发行债券的溢价收入，在债券存续期间，计提利息时摊销。

2. 计息与到期还本付息时的会计处理

企业债券应按期计提利息。按面值发行债券应提的利息，借记“在建工程”或“财务费用”，贷记“应付债券应计利息”。企业溢价或折价发行债券，其实际收到的金额与债券票面金额的差额，应在债券存续期内按实际利率法或直线法进行分期摊销。溢折价要在利息计提时进行摊销。在溢价发行的情况下，按应摊销的溢价金额，借记“应付债券溢价”；按应计利息与溢价摊销额的差额，借记“在建工程”或“财务费用”；按应计利息，贷记“应付债券——应计利息”。在折价发行的情况下，按应摊销的折价金额和应计利息之和，借记“在建工程”或“财务费用”；按应摊销的折价金额，贷记“应付债券折价”；按应计利息，贷记“应付债券应计利息”。债券到期实际支付债券本息时，借记“应付债券面值”和“应付债券应计利息”，贷记“银行存款”。

3. 溢价和折价的摊销

债券溢价和折价的摊销方法有两种，即直线法和实际利率法。

（1）直线法

企业采取直线法进行溢折价的摊销，就是把债券的溢折价按照债券的期限平均分摊，每期的摊销数额相等，此方法的特点是计算比较简单。

（2）实际利率法

企业采取实际利率法进行溢折价摊销的，每期确认的利息费用为应付债券账面价值与实际利率的乘积，每期确认的应付利息为应付债券的面值与票面利率的乘积，每期溢折价的摊销额为每期的利息费用与应付利息的差额。采用实际利率法计算实际利率时，要按照债券利息的偿还方式不同采用不同的公式。

①分次付息，一次还本方式。

债券面值 ± 债券溢折价 = 债券到期应付本金的贴现值 + 各期实付的债券利息的贴现值

②到期一次还本付息方式。

债券面值 ± 债券溢折价 = 债券到期应付本息和的贴现值

4. 可转换公司债券的会计处理

可转换公司债券是指发行人依照法定程序发行的、在一定期限内依据约定的条件转换成发行公司股份的债券。可转换公司债券的最大特点是，可转换公司债券的持有人在可转换期间有选择权，即当该公司的股票价格较高时，可以把手中的债券转换成股票；相反，如果股价较低，可以不行使转换权，到期收回债券的本息。因此，可转换公司债券对投资人来说具有更大的吸引力，而对于发行人来说，则减少了到期要一次性支付大量资金的困难。利用可转换公司债券筹资越来越受到企业的青睐。企业在进行可转换公司债券的会计核算时，应设置“可转换公司债券”科目。企业发行可转换公司债券时，按照发行一般的公司债券进行处理。对于可转换公司债券的计息和溢折价摊销，在可转换公司债券的持有人行使转换权利之前，应按一般公司债券的处理方法进行会计处理，按期计息并进行溢折价的摊销。当可转换公司债券的持有人行使转换权时，应按其账面价值转换，借记“可转换公司债券”科目；按转换的股份面值，贷记“股本”科目；按转换公司债券时向债券持有人支付的现金，贷记“现金”科目；按可转换公司债券的价值与转换的股份面值的差额，减去支付的现金的余额，贷记“资本公积”科目。如果可转换公司债券的持有人在可转换期间没有行使其转换权，企业应像一般债券一样到期还本付息，借记“可转换公司债券”科目，贷记“银行存款”科目。

（三）专项应付款

专项应付款是指企业接受国家拨入的具有专门用途的拨款，如专项用于技术改造、技术研究等以及从其他来源取得的款项。为了核算专项应付款，企业应设置“专项应付款”科目。在实际收到专项应付款时，借记“银行存款”，贷记“专项应付款”。拨款项目完成后，按照形成各项固定资产部分的实际成本，借记“固定资产”，贷记“银行存款”“现金”等。同时，借记“专项应付款”，贷记“资本公积”。未形成固定资产需核销的部分，借记“专项应付款”，贷记“有关科目”。拨款项目完工后，如拨款结余需上交的，借记“专项应付款”，贷记“银行存款”。

三、借款费用

（一）借款费用的概念

大多数国家和地区对借款费用的定义与《国际会计准则》第23号借款费用基本相同，即认为，借款费用是指企业借入资金而发生的利息和其他费用。

我国《企业会计准则——借款费用》规定，借款费用是指企业因借款而发生的利息、折价或溢价的摊销和辅助费用，以及因外币借款而发生的汇兑差额。借款费用包括短期借款费用和长期借款费用，而在本章中所讲的借款费用指的是长期借款费用，并且主要研究专门借款费用的处理。专门借款是指为购建固定资产而专门借入的款项。

（二）借款费用的内容

借款费用包括四个方面：因借款而发生的利息、发行债券的溢折价、借款过程中发生的辅助费用以及外币借款产生的汇兑损益。准则明确指出借款费用不包括两项费用：①与融资租赁有关的融资费用。②房地产商品开发过程中发生的费用。

国际会计准则中关于借款费用的定义与我国的会计准则中的借款费用的定义描述基本相同，但具体包括的内容有所不同，国际会计准则规定的借款费用的内容包括：①银行透支、短期借款和长期借款的利息。②与借款有关的折价或溢价的摊销。③安排借款所发生的附加费用的摊销。④作为利息费用调整的外币借款产生的汇兑差额。

从以上对借款费用的列示可以看出，我国会计准则规定的借款费用的内容要比国际会计准则规定的借款费用的内容要少，主要是把与融资租赁有关的融资费用和房地产开发过程中发生的借款费用排除在外。下面就我国会计准则的借款费用具体内容讲述如下。

1. 因借入资金而发生的利息

因借款而发生的利息，包括企业从银行和其他金融机构等借入资金发生的利息，发行债券发生的利息以及承担带息债务应计的利息等。

2. 发行债券而发生的折价或溢价的摊销

因借款而发生的折价或溢价主要是发行债券发生的折价或溢价。折价或溢价的摊销实质上是指对借款利息的调整，因而构成了借款费用的组成部分。企业应在借款的存续期间对折价或溢价进行分期摊销。折价或溢价的摊销，既可以采用实际利率法，也可以采用直线法。

3. 与借款或债券发行有关的辅助费用

因借款而发生的辅助费用，是指企业在借款过程中发生的诸如手续费、佣金、印刷费、承诺费等费用。由于这些费用是因安排借款而发生的，也是借入资金的一部分代价，因而这些费用构成了借款费用的组成部分。

4. 因外币借款而发生的汇兑损益

因外币借款而发生的汇兑差额，是指由于汇率变动而对外币借款本金及其利息的记账本位币金额产生影响的金额。由于这部分汇兑差额是与外币借款直接相关联的，因而也构成了借款费用的组成部分。

（三）借款费用的会计处理

借款费用的会计处理包括两个方面：一是借款费用的确认，就是确定一定时期的借款费用金额以及应归属何种会计要素的过程；二是借款费用的计量，就是如何来通过会计的方法和手段反映借款费用以及反映多少。

1. 借款费用确认的原则

关于借款费用的确认原则，目前国际上主要有两种不同的理论观点：一是借款费用应该资本化，计入相关资产的成本；二是借款费用应该费用化，直接计入当期损益。现就两种理论观点分别阐述如下。

第一种观点是借款费用资本化。持此观点者主张，长期负债往往是为了取得某项长期资产而借入的，其利息等借款费用与索取的资产有紧密的联系，它与构成资产成本的其他要素并无本质上的区别，如果使一项资产达到预定可使用状态和场所需要相当长的时间，在此时间内因该项资产支出而发生的借款费用属于其历史成本的一部分。此外，如果将借款费用费用化，会导致还款前的各会计期间，由于巨额的借款费用而导致盈利偏少乃至亏损，而借款所购建资产往往在还款之后的相当长时间内仍然发挥作用。可见，借款费用费用化不利于正确反映各期损益。而将购置此类资产有关的借款费用资本化，则会提高企业建造（或生产）资产成本与购置资产成本（其价格考虑了借款费用）之间的可比性。如果将赞成借款费用资本化的理由进行归纳，一是符合收入与费用配比原则的要求；二是适应了一项资产完全成本核算的要求。

第二种观点是借款费用费用化。持此观点者主张，企业债务所发生的利息等借款费用属于筹集资金过程中发生的筹资费，与借入资金的运用无关，因而应将其计入当期损益，而不应计入购置资产的成本。如果将借款费用资本化，会使同类资产的取得成本仅仅由于筹资方式不同而产生差异：用借入资金购置资产的成本要高于用自有资金购置资产的成本，而且这种差异往往较大。这样会使资本成本缺乏可比性的支持：一方面，企业的部分资产是由带息负债筹措的；另一方面，有的资产是由权益筹措的，当负债利息资本化时，其资产的入账成本会大于由权益筹措资产的入账成本，因为作为权益报酬支付所有者的金额不作为资本化费用。而以借款费用冲减收益即费用化，能使财务报表提供各期之间更为可比的财务成果，从而更能说明一个企业日后的现金流量。借款费用费用化使利息费用随着形成利息费用的借款水平和利率发生变动，而不是受购置资产的影响。赞成借款费用费用化的理论支持是稳健性原则。

2. 借款费用资本化金额的确定

借款费用资本化是指借款费用在企业的财务报表中作为购置某些资产的一部分历史成本。在会计实务上对如何进行借款费用资本化也存在不同的观点：一种观点认为，不管用在购建固定资产上的专门借款是多少，当期因该专门借款发生的所有借款费用均应资本化，计入购建固定资产的成本。理由是，该借款是为购建该项固定资产专门借入的，该借款在当期所发生的所有借款费用均应计入该项固定资产的成本。另一种观点认为，当期计入购建固定资产成本的借款费用，应只是使用在该项固定资产上的专门借款金额所产生的借款费用，未使用的专门借款所发生的借款费用应计入当期损益。理由是，该项固定资产既然没有占用全部专门借款，就不应承担全部借款费用。我国《企业会计准则——借款费用》采用的是后一种观点。

（四）借款费用资本化的起止时间

1. 借款费用资本化的开始

与国际会计准则和其他大多数国家或地区会计准则的规定大体相同，我国会计准则规定，以下三个条件同时具备时，因专门借款而发生的利息、折价或溢价的摊销和汇兑差额应当开始资本化。

（1）资产支出已经发生

资产支出只包括购建固定资产而以支付现金、转移非现金资产或者承担带息债务形式发生的支出。

①支付现金是指用货币资金支付固定资产的购建或建造支出。例如，用现金、银行存款或其他货币资金等购买工程材料，用现金支付建造固定资产的职工工资等。

②转移非现金资产是指将非现金资产用于固定资产的建造与安装。例如，将企业自己生产的产品用于固定资产的建造，或以企业自己生产的产品向其他企业换取用于固定资产建造所需要的物资等。

③承担带息债务是指因购买工程用材料等而带息应付款项（如带息应付票据）。企业以赊购方式从供货单位购买工程物资，由此产生的债务可能带息也可能不带息。如果是不带息债务，就不计入资产支出，因为在该债务偿付前不需要承担利息，企业不会因这部分未偿付债务承担借款费用，亦即没有任何借款费用是应当归属于这部分未偿付债务的。而对于带息债务来说情况就不同了，由于企业要为这笔债务付出代价即承担利息，与企业用银行借款支付资产支出的性质是一样的。因此，带息债务应当作为资产支出，用以计算应予资本化的借款费用金额。

（2）借款费用已经发生

借款费用已经发生是指已经发生购建固定资产而专门借入款项的利息、折价或溢价的摊销、辅助费用或汇兑差额。

（3）为使资产达到预定可使用状态所必要的购建活动已经开始

为使资产达到预定可使用状态所必要的购建活动主要是指资产的实体建造活动。开始状态是指实体购建活动已经开始，如果仅仅购置了建筑用地但未发生有关房屋建造活动就不包括在内。

2. 借款费用资本化的暂停

如果固定资产的购建活动发生非正常中断，并且中断时间连续超过3个月，应当暂停借款费用的资本化，将其确认为当期费用，直至资产的购建活动重新开始。但如果中断是使购建的固定资产达到预定可使用状态所必要的程序，则借款费用的资本化应当继续进行。

3. 借款费用资本化的停止

（1）不需要试生产或试运行的固定资产

当所购建固定资产达到预定可使用状态时，应当停止其借款费用的资本化，以后发生的借款费用应当于发生当期确认为费用。所购建固定资产达到预定可使用状态是指资产已经达到购买方或建造方的可使用状态。具体可以从下述三个方面进行判断：①固定资产的实体建造（包括安装）工作已经全部完成或者实质上已经完成。②所购建的固定资产与设计要求或合同要求相符或基本相符，即使有极个别与设计或合同要求不相符的地方，也不影响其正常使用。③继续发生在所购建固定资产上的支出金额很少或几乎不再发生。

（2）需要试生产或试运行的固定资产

如果所购建的固定资产需要试生产或试运行，则在试生产结果表明资产能够正常生产出合格产品时，或试运行结果表明能够正常运转或营业时，就应当认为资产已经达到预定可使用状态。

（3）购建固定资产部分完工的处理

购建的固定资产不是整体一次性完工，而是分部分逐步完工，有关先完工部分的借款费用资本化的停止问题，具体又要分两种情况处理：一是如果所购建固定资产的各部分分别完工，每部分在其他部分继续建造过程中可供使用，并且为使该部分达到预定可使用状态所必要的购建活动实质上已经完成，则应当停止该部分资产的借款费用资本化；二是如果所购建固定资产的各部分分别完工，但必须等到整体完工后才可使用，则应当在该资产整体完工时停止借款费用的资本化。

第三节　所有者权益

一、所有者权益的性质及构成

（一）所有者权益的性质

所有者权益是企业所有者对企业净资产的所有权。它是财务会计的基本要素之一，在金额上表现为企业的全部资产扣除全部负债后的余额，即企业的净资产额。独资企业、合伙企业和公司的所有者权益分别称为业主权益、合伙人权益和股东权益。所有者权益和负债同属权益，都是对企业资产的要求权，企业的资产总额等于负债总额加上所有者权益总额。但是所有者权益和负债之间存在着明显的区别，概括为以下四个方面。

1. 性质不同

企业与债权人之间的经济关系一般有明确的规定，债权人按事先规定的条件收取本息。所有者则依据公司的盈利情况和分红政策取得分红收入。负债是企业对债权人承担的经济责任；所有者权益是企业对所有者承担的经济责任。从这一意义上讲，只有企业所有者才真正承担着企业的经营风险。

2. 权利不同

作为企业负债对象的债权人与企业只有债权债务关系，既无权参与企业的经营管理，也不参与企业的利润分配；而作为所有者权益对象的投资人则有法定参与管理企业或委托他人管理企业的权利，与此相适应，所有者也享有债权人所不能享有的权利，除了可能享有较利息更高的股利收入之外，还包括未分配的净利润，即留存利润。

从“资产 - 负债 = 所有者权益”这一会计方程式来看，所有者权益是一种剩余权益。会计计量是以一定的会计假设为前提，以一定的会计原则为依据的。在企业的整个经营过程中，物价、币值、汇率等诸多因素的频繁变动，都可能导致会计计量结果偏离实际现时的状况。所以，通过会计核算所得的所有者权益，可能是一个账面意义上的所有者权益。一旦企业停业清算，实际归所有者享有的权益，只能是全部资产的清算价值扣减全部负债的差额。也就是说，所有者权益的实质是净资产的现时价值。

3. 偿还责任不同

负债有规定的偿还期限，一般要求企业按规定的利率计算并支付利息，到期偿还本金。对于债权人来说，利息收入和偿还时间较为固定，与企业的经营成果并无多大关系，承担的风险相对较小。所有者权益在企业持续经营的条件下，投资者一般不能抽回投资。对于投资人来说，其投资报酬与企业的经营成果有密切的关系，投资人对企业的经营活动承担着比债权人更大的风险，同时也享受着分配企业利润的权利。

4. 偿还顺序不同

企业对债权和所有权满足的先后顺序不同，一般规定债权优先于所有权，债权是第一要求权，表现为在企业清算时，对企业的剩余资产的要求权，债权人要先于所有者。

（二）所有者权益的构成

不同组织形式的企业，其所有者权益构成项目的名称及包含的具体内容有所差异。但不论何种形式的企业，其所有者权益的基本构成情况大体相同。通常，所有者权益都应包括投入资本、资本公积、盈余公积和未分配利润。

1. 投入资本

投入资本是指企业的投资者实际投入企业的资本，是所有者权益的主体和基础。按其投资者的性质不同，可分为国家投资、法人投资、个人投资和外商投资等。

与投入资本密切相关的一个概念是注册资本。注册资本是指企业在设立时向工商行政管理部门登记的资本总额。在资本分次募集的情况下，在最后一次缴入资本之前，投入资本始终小于注册资本。

2. 资本公积

投入资本有确指的投资者，但有些特殊事项引起的所有者权益，可能不便归于具体的投资者，但它们又不是由盈利而形成的。这种类型的所有者权益被称为资本公积，主要包括资本（或股本）溢价、接受捐赠财产、外币资本折算差额等。资本公积是一切所有者的共同权益。

3. 盈余公积

盈余公积是指从税后利润中提取的公积金，包括法定盈余公积金、任意盈余公积金和法定公益金。

4. 未分配利润

未分配利润是指企业实现的利润中留于以后年度分配或待分配的那部分结存利润。

二、独资及合伙企业的所有者权益

（一）独资企业的所有者权益

1. 独资企业所有者权益的特点

独资企业是由个人独立出资而形成的一种企业组织形式。它不具有独立的法律主体地位，也不是纳税主体。出资人对企业的财产和赚取的利润拥有全部支配权，对企业的债务负有无限清偿责任。

独资企业所有者权益的最大特点：不需要区分业主投资和利润积累，因为无论是业主对企业进行投资，还是业主从企业提款及进行利润分配等活动，均是业主的自主行为。

2. 独资企业所有者权益的会计处理

尽管独资企业不是独立的法律主体，但并不否认其独立会计主体地位。为此，应区别独资企业与业主个人的经济活动，业主提款必须在企业账面上得到反映。

独资企业所有者权益在“业主资本”科目中核算。该科目贷方登记业主的投入资本和作为业主资本的增加的盈利；借方登记亏损和业主提款，期末贷方余额为业主权益总额。

平时发生业主提款时应先通过“业主提款”这一暂记性科目进行反映，年终结转业主资本，以便于进行业主资本状况变动分析。

（二）合伙企业的所有者权益

1. 合伙企业及其所有者权益的特征

由于个人资本数量限制等原因，许多小企业由若干个投资人合伙组建，如律师事务所、会计师事务所、诊疗所等。这种合伙企业与独资企业十分类似，其差别主要在于：合伙企业是由两个或两个以上的合伙人共同投资设立的，因而为了明确合伙人之间的权、责、利关系，必须订立合伙契约。在合伙契约中，需明确规定以下主要内容：损益分配原则，合伙人提款的具体规定，合伙企业解散与清算的程序等。与公司制企业相比，合伙企业主要有以下特征。

①合伙企业不是独立法人。合伙的形成无须经过正式的法律程序，由合伙人自愿结合。法律没有赋予合伙企业法人资格。因此，合伙企业的对外事务都应以合伙人个人的名义进行。合伙企业是依附于合伙人而存在的，属于人合企业，合伙人一般亲自参与企业的经营与管理。

②合伙人之间互为代理。除合伙契约另有规定者外，在合伙经营的业务范围内，任何合伙人经办的业务，其他合伙人均应负责。每个合伙人都是其合伙组织的代理人，在正常

营业范围内有权代表合伙企业签订合同，如签订购货合同、销货合同等。

③合伙人对企业负债负连带无限责任。作为一般合伙人，无论其投资金额多少或占投资总额的比重多高，每个合伙人都对合伙企业的债务承担全部清偿的责任，即连带无限责任。因此，合伙应以自愿为基础。新的合伙人的加入也必须经过全体合伙人的同意。

④合伙企业存在期间有限。合伙企业的形成是以合伙契约的签订为基础的。合伙人的死亡或退伙，都会宣告合伙契约终止。新的合伙人的加入，也同样宣告原合伙契约终止。作为会计主体依然遵循持续经营假设，会计记录连续进行。新的合伙契约的签订，意味着该组织已成为一个新的合伙企业。

⑤合伙企业的任何财产归全体合伙人共有。在合伙企业成立过程中，由各合伙人投入的资金，在形态上无论是货币资产还是非货币资产，一旦投入企业，它就不属于任何一个特定的合伙人，而是归全体合伙人共有。依附于该资产的重估升值和变卖损益，也不属于任何特定的合伙人，而属于合伙企业的损益。

⑥合伙企业不计缴企业所得税。由于合伙企业不是独立的纳税主体，它所实现的利润不纳企业所得税，而是作为业主个人所得，申报并缴纳个人所得税。

在所有者权益的会计处理方面，合伙企业与独资企业十分相似。合伙企业的所有者权益也不需要区分业主投资和经营赚取的利润。合伙人投入的资金，应全部作为实收资本，分记在各合伙人名下。合伙人从企业提款，将减少该合伙人在企业中的资本。另外，合伙企业的损益，应按照合伙契约中所规定的方法来分配，然后分别转入各合伙人的资本账户。

2. 合伙企业所有者权益的会计处理

合伙企业组织与独资企业组织有很多相似之处，同样，合伙企业的会计也与独资企业会计十分类似。相当于多个独资企业的综合体，合伙企业的会计必须为每一个合伙人开设一个“资本”科目（总账或明细账）和“提款”科目（总账或明细账），分别用于记录每一个合伙人的投资和提款的增减变化及余额。合伙人“提款”科目的功能类似股份公司的“股利分配”账户，记录年度内合伙人从企业提走的款项。会计年度终了，应将“提款”科目余额转到相应合伙人的“资本”科目。合伙企业的损益，在按照合伙契约规定的分配方案分配之后，将每一合伙人应享有的份额由“损益”科目结转到相应合伙人的“资本”科目。与股份公司会计不同，合伙企业会计不单独设置“留存利润”科目，而是将原始投入资本和各种原因引起的积累均合并计入“资本”科目。

合伙人除了向企业投资和从企业提款外，还可能与企业发生借贷往来。为此，应另设合伙企业与合伙人之间的往来账户。这些往来应与企业同外界的往来分开记录。在资产负债表上，它们分别列作负债类的应付款和资产类的应收款，但须与企业同外界应付、应收款项分别列示。

合伙企业成立时，合伙人即按合伙契约所规定的条款将资产投入企业。就投入资产的形式而言，既可以是现金，也可以是非现金资产。此外，如果合伙人（一个或多个）原本是独资企业的业主，那么他也可以原独资企业的资产和负债作为入伙的投资，即以全部投入资产的原账面价值（或重估价值）与全部负债之差额作为其投入资本。因此，就应将合伙人投入的资产借记有关资产账户，将转由合伙企业承担的负债贷记有关的负债账户；同时，将资产扣除负债后的差额作为其投入的净资产而贷记该合伙人的资本账户。合伙人投入的非现金资产，应按公允市价计价，并须经全体合伙人同意。

合伙企业的损益分配不同于股份公司，均为按出资额比例分配损益。合伙企业没有固定的规定，而是取决于合伙人的契约规定。通常，合伙损益既可以按各合伙人投入资本的比例分配，也可以按一个固定的约定比例分配。如果合伙契约对损益分配未作规定，通常就认为合伙损益按合伙人平均分配。另外，合伙契约也可对盈利和亏损规定不同的分配比例。但是，如果契约只规定盈利分配比例，一般就认为亏损也按照同样的比例进行分配。

合伙企业因契约期满停止经营，或由于全部转让给别人经营，或由于其他原因而经全体合伙人同意停止经营时，就需要进行清算。合伙企业清算的具体方法取决于合伙契约的规定。但一般而言，合伙企业清算的基本程序为：①出售合伙企业的全部非现金资产，使之变现。②将资产处置损益按规定的损益分配率在各合伙人之间进行分配，并转入各合伙人资本账户。③清偿所有债务。④将清偿债务后所余现金按各合伙人资本账户余额比例进行分配。

三、资本公积

（一）资本溢价或股本溢价

资本溢价是指股东缴付的出资额大于注册资本而产生的差额。股东的出资额决定了该出资者在企业中应享有的权利和承担的义务。为了明确记录股东认缴的出资额，真实反映各股东对企业享有的权利和义务，公司设置了“实收资本”科目，核算投资者按照合同、协议或公司章程所规定的出资比例实际缴付的出资额。若股东实际的出资额大于这一规定的出资比例，为维护各股东的权益，这一差额可作为资本公积处理。

资本溢价通常发生在企业追加新的投资（包括新的投资者加入和原有投资者按与以往不同比例增资）而使原有资本比例发生变化的情况下。这是因为，企业创立之初，要经过筹建、试生产经营、为产品寻找市场、开辟市场等过程，从而投入的资金需要承担较大的风险和费用，其利润率通常也较低。企业正常经营后，通常经营风险降低，利润率提高。另外，企业经过一段时期的经营之后，利润积累增加了所有者权益，但并未转增资本。鉴于以上原因，新加入的资本欲与原有资本获得同样的权利，必须对原有资本提供补偿，新加入的投资者要付出大于原有投资者的出资额，才能取得与原投资者相同的投资比例，这就是资本溢价。

上市公司的股东以其所拥有的其他企业的全部或部分股权作为配股资金，或作为认购新股的股款的，上市公司所接受的股权，应按照配股或增发新股所确定的价格，确认为初始股权投资成本，按照该股东配股或增发新股所享有的股份面值总额作为股本，其差额作为资本公积（股本溢价）；上市公司的股东以实物资产和可辨认的无形资产作为配股资金，或作为认购新股股款的，上市公司所接受的实物资产和可辨认的无形资产，应当按照配股或增发新股所确定的价格作为其接受资产的成本，按照该股东配股或增发新股所享有的股份面值总额作为股本，其差额作为资本公积（股本溢价）。

（二）接受捐赠资产

接受捐赠资产是指企业接受捐赠人捐赠的资产。捐赠是捐赠人对企业的援助行为，但由于捐赠人援助后并不一定谋求对企业的资产请求权，也不会由于其捐赠资产行为对企业承担责任，所以捐赠人不是企业的股东，这种援助也不形成企业的实收资本。但这种援助会使企业的经济资源增加。我国《企业会计准则》规定，企业接受捐赠的资产价值作为资本公积，为所有者所共有，属于所有者权益，会计上记入“资本公积”账户。

接受捐赠的资产可以分为现金资产和非现金资产两部分。接受非现金资产捐赠，因其待处置时要缴纳所得税，因此在所接受的非现金资产尚未处置前所形成的资本公积作为资本公积的准备项目。另外，从会计核算角度考虑，在企业持续经营的情况下，在接受捐赠非现金资产时，如接受固定资产、原材料等捐赠时，没有实际的货币流入，这时可将捐赠视为一种投资行为，将接受捐赠的实物资产价值扣除未来应缴所得税后的差额暂记在“资本公积接受捐赠非现金资产准备”科目中；在处置该项捐赠的实物资产或使用时，由于该项资产上的所有收益已经实现，应将原记在“资本公积接受捐赠非现金资产准备”科目的金额转入“资本公积其他资本公积”科目。

如果企业接受货币性捐赠，应将接受捐赠的现金资产扣除应缴所得税后的余额直接计入“资本公积接受现金捐赠”科目。

（三）股权投资准备

股权投资准备是企业对被投资单位的长期股权投资采用权益法核算时，因被投资单位接受资产捐赠等原因增加的资本公积，企业按其持股比例计算而增加的资本公积。它是未转入“资本公积其他资本公积”前所形成的股权投资准备。采用权益法核算时，对于被投资单位资本公积中形成的股权投资准备，企业按其持股比例计算的部分，也在本明细科目核算。

企业采用权益法核算长期股权投资时，长期投资的账面价值财务会计将随被投资单位所有者权益的增减而增加或减少，以使长期股权投资的账面价值与应享有被投资单位所有者权益的份额基本保持一致。因此，对于被投资单位接受资产捐赠等形成的属于准备性质的资本公积，企业应按其持股比例计算应享有的份额，增加长期股权投资和资本公积的准备项目，待处置长期股权投资时，再将其余额转入“资本公积其他资本公积”明细科目。

（四）拨款转入

拨款转入是国家对某些国有企业拨入的专项用于技术改造、技术研究等项目的拨款。在该拨款项目完成后，形成资产的拨款部分，转作资本公积。在我国，国家对某些行业或企业拨出专款，专门用于企业的技术改造、技术研究等项目，在收到拨款时，暂作长期负债处理。待该项目完成后，属于费用而按规定予以核销的部分，直接冲减长期负债；属于形成资产价值的部分，从理论上讲应视为国家的投资，增加国家资本，但因增加资本需要经过一定的程序。因此，暂计资本公积，待转增资本时再减少资本公积。在未转增资本公积前，形成资本公积的一项来源。

（五）外币资本折算差额

外币资本折算差额是指企业接受外币投资时，外币资产采用不同折合汇率产生的差额。在我国，企业通常以人民币为记账本位币，在收到外币资产时需要将外币资产价值折合为人民币记账。在将外币资产折合为人民币记账时，其折合汇率按以下原则确定。

第一，对于各项外币资产账户，一律按收到出资额当日的汇率折合。

第二，对于实收资本账户，合同约定汇率的，按合同约定的汇率折合；合同没有约定汇率的，按收到出资额当日的汇率折合。由于有关资产账户与实收资本账户所采用的折合汇率不同而产生的人民币差额，做资本公积处理。企业收到投资者投入的外币资产，按收到出资额当日的汇率折合的人民币金额，借记有关资产科目，按合同约定汇率或按收到出资额当日的汇率折合的人民币金额，贷记“实收资本”，按收到出资额当日的汇率折合的人民币金额与按合同约定汇率折合的人民币金额之间的差额，借记或贷记“资本公积外币资本折算差额”。

第八章　会计电算化的基本原理与系统管理

第一节　会计电算化的基本原理和实施

一、会计数据处理流程

会计数据处理是指采用各种处理方式（人工、机械、计算机等）对会计数据进行加工处理、生成管理所需会计信息的过程。会计数据处理有手工处理、半手工处理、机械化处理、电子计算机处理四种处理方式，无论哪种方式，会计数据处理的一般流程都包括会计数据收集、会计数据处理、会计数据报告或输出和会计数据存储。

（一）手工会计数据处理流程

1. 数据收集

手工会计信息系统的数据收集过程就是填制审核凭证的过程。财会人员收集各种原始凭证，然后根据审核无误的原始凭证或原始凭证汇总表填制记账凭证，这样就可将反映经济业务的会计数据保存在记账凭证上。

2. 数据处理

出纳根据收款凭证和付款凭证，登记现金日记账和银行存款日记账；根据企业业务量的大小，分别由多个会计登记往来明细账、费用明细账、存货明细账等各种明细账簿；总账会计负责登记总账、编制会计报表等。由于登记账簿的工作是由多个财会人员完成的，不可避免地出现这样或那样的错误，所以要进行总账和明细账的核对、总账和日记账核对。

在上述会计数据处理过程中，凭证和账簿的传递、排序、汇总、计算、核对、查询、更新等数据处理工作都是由人工分别进行的。

3. 数据输出

会计期末，财会人员从账簿中或其他资料中摘取数据（如现金、银行存款期末数、计划数等），并对其进行加工，以信息使用者需要的格式编制成各种报表，并将报表发送给企业管理者、投资人、债权人、税务部门、财政主管部门等。由于编制报表需要人工从会计账簿或其他报表中提取数据，然后进行填制、计算小计、合计、审核等后，才能发送报表。如果发现报表不平或一个数据出错，需要重复上述过程。

4. 数据存储

在手工会计信息系统中，所有的信息资料包括凭证、会计账簿及会计报表等都是以纸张的形式存放的。

在手工会计信息系统中，会计数据的收集和加工处理、会计报表的编制等，都是人工完成的，具有十分鲜明的特点，包括数据量大，数据结构复杂，数据加工处理方法要求严格，数据的及时性、真实性、准确性、完整性和全面性等要求严格，安全可靠性要求高等。

（二）电算化会计数据处理流程

在电算化会计信息系统中，会计数据的收集、加工处理、存储和输出与手工流程相比都发生了很大的变化。

1. 数据输入

在电算化会计信息系统中，会计数据的输入方式有以下三种。

（1）直接输入方式

直接输入方式是指财会人员根据原始凭证或记账凭证（如销售发票、出差单据等），通过键盘、屏幕将数据直接输入计算机存入凭证文件的一种方式。采用这种方式输入的凭证称为人工凭证，类似于手工填制凭证。

（2）间接输入方式

间接输入方式也称脱机输入方式，财会人员将会计数据录制在磁介质上，然后将其转换成计算机所能接收的凭证，并保存在凭证文件中。

（3）自动输入方式

自动输入方式是指计算机自动编制凭证，并保存在凭证文件中。这种方式生成的凭证称为机制凭证，包括以下两种。

①各业务子系统处理业务后自动编制的机制凭证。例如，固定资产子系统转来的固定资产增加、减少、计提折旧等凭证；材料子系统转来的材料、发料等凭证；工资子系统转来的工资费用分配凭证；销售子系统转来的销售凭证；等等。

②财务子系统自身自动生成的机制凭证。例如，月末辅助生产费用的分配结转凭证；月末制定用的结转凭证；月末把本期销售成本、销售税金、期间费用、销售收入等科目余额结转年利润科目等形成的凭证；等等。

由于机制凭证是计算机自动生成的，不需要人工干涉，所以这种方式产生的凭证及时、准确、效率高。

2. 数据处理

在电算化会计信息系统中，会计数据处理工作都是由计算机自动完成的，目前最常见的会计数据处理方式有以下两种。

（1）成批处理

成批处理是指定期收集会计数据，按组或按批进行处理的方式。例如，输入并审核50张凭证后，要求计算机对这50张凭证进行记账，或者输入并审核一天或一周的凭证后，要求计算机对一天或一周的凭证进行记账。计算机会自动、准确、高速地将这些数据分别登记在总账、明细账、日记账等“电子账簿”中。由于登记账簿的工作是由计算机自动完成的，不会出现人工记账时的错误，所以不需要进行总账和明细账的核对、总账和日记账的核对。成批处理是会计信息系统中使用最广泛的一种处理方式。当财会人员发出成批处理的命令后，计算机便进行成批处理。在处理过程中，人和计算机不发生任何交互作用，财会人员一般不需要介入，计算机便会自动、高速地完成工作。

（2）实时处理

实时处理就是当产生一次数据或会计人员有一次要求时，计算机就立即进行一次处理。例如，银行办理存取款业务，就必须进行实时处理，否则就会发生差错。实时处理要求计算机必须随时接受处理要求，及时进行处理，对系统的响应时间、可靠性、安全性要求都比较高。目前，很多财务软件已经具备实时处理的功能。

3. 数据输出

在电算化会计信息系统中，会计数据是保存在磁性介质的文件中的，会计信息的使用者要看到这些信息，就要从磁性介质的文件中提取信息并输出。会计信息输出常见的方式有以下三种。

（1）屏幕显示输出

屏幕显示输出是指计算机以字符或图形的形式，将磁性介质文件中的会计数据按照会计人员的要求输出到显示器上。这种输出方式的特点是信息的使用者可以准确地获取所需的信息，尽管这些信息是临时性的，不能长期保存，但可以实现交互式信息输出，并且时间很快，一般可用于随机查询信息。

（2）打印输出

打印输出是指计算机以字符或图形的形式，将磁性介质文件中的会计数据按照会计人员的要求输出到打印机，并打印到纸上，形成可以长期保存和阅读的纸质资料。这种输出方式的特点是会计信息的使用者可以方便、快捷地得到永久性拷贝资料，并可以长期保存。

（3）移动存储设备

移动存储设备是指将会计信息系统中，无论是凭证、账簿还是会计报表，所有会计数据都以文件形式保存在磁性介质中，肉眼无法看见，必须借助计算机才能查看。

4. 数据存储

在电算化会计信息系统中，无论是记账凭证、账簿，还是会计报表，都是以数据库文件形式保存在磁性介质中的。

在电算化会计信息系统中，原来手工处理过程中的登记总账、明细账、日记账及根据账簿编制报表等操作将由计算机自动完成，处理速度快，数据准确性高。同时，由于数据输出方式的变化，信息输出的速度和质量都有了很大的提高，并且网络技术的应用也为数据共享提供了极大的便利。

（三）手工会计核算与电算化会计核算异同

无论是手工会计核算，还是电算化会计核算，其最终目标都是加强经营管理，提供对决策有用的会计信息，因此两者在原理上是一致的。但是，电算化会计毕竟是会计发展史上的一次革命，与手工会计核算相比，在会计核算工具、会计信息载体等许多方面都有不同。

1. 手工会计核算与电算化会计核算的相同之处

（1）目标一致

无论是手工会计核算，还是电算化会计核算，其目标都是进行会计核算，提供与决策相关的会计信息，参与企业经营决策，提高企业的经济效益。

（2）遵守共同的会计准则和会计制度

会计法规是进行会计工作的法律依据，会计准则和会计制度是指导会计工作的规范。会计法规不能因为约束对象所使用的操作工具或操作手段的改变而改变，手工会计核算和电算化会计核算同样要遵守相关的会计法规。

（3）遵守共同的基本会计理论和会计方法

虽然电算化会计核算是依据现代信息技术开发而成的，现代信息技术极大地改变了会计数据处理的方式，但电算化会计核算始终是处理会计业务数据的。无论信息技术如何变化，电算化会计核算所依据的会计理论和会计方法与手工会计核算所依据的都是一致的。因此，电算化会计核算与手工会计核算要遵守共同的基本会计理论和会计方法。

（4）会计数据处理流程大体一致

手工会计核算处理数据的流程是：会计制证人员根据原始凭证制作记账凭证、审核人员审核记账凭证、记账人员把审核过的记账凭证登记到明细账和总账，结账前进行账账核对及账证核对等工作，月末结账并生成报表。电算化会计核算的数据处理流程与手工会计核算的大体一致，只是有些步骤由于计算机处理的特点而取消了。例如，由于采用了计算机处理，账账核对及账证核对步骤取消了。总体来看，电算化会计核算的数据处理流程本质上是模仿手工会计核算流程的，因此两者的会计数据处理流程基本相同。

2. 手工会计核算与电算化会计核算的不同之处

（1）会计核算工具不同

手工会计使用的会计工具是算盘、计算器、笔、纸张等。电算化会计核算系统是一个人机结合系统，其最大的特点就是使用计算机来处理会计数据。数据处理程序已经存储在计算机中，数据处理过程按程序自动完成，尤其是记账及报表生成的工作过程无须人工干预。

（2）会计信息载体不同

手工会计核算处理的会计信息是以纸张为载体，而电算化会计核算处理的会计信息是以电子数据的形式存储在磁性介质、光盘存储介质等非纸张的存储材料上的，其特点是信息存储量大，检索方便、快速。

（3）记账规则不完全相同

手工会计核算采用平行登记法分别登记明细账和总账，以便检验登账的正确性。电算化会计核算登账（记账或过账）操作由软件完成，登账的正确性是由电算化会计软件的正确性来保证的，只要记账凭证数据录入正确，就能保证账实相符。

（4）账务处理流程类型存在差别

在手工会计核算中，为了提高会计核算工作的效率和质量，节省人力和物力，各企事业单位根据企业规模和会计业务的繁简程度不同，设计出根据登记总账的方式不同来划分的多种不同的账务处理程序，如记账凭证账务处理程序、科目汇总表账务处理程序、汇总记账凭证账务处理程序等。但这些账务处理程序只能在一定程度上减少或简化转抄工作，却不能完全避免转抄，这就决定了这些账务处理形式不能避免其数据大量重复、准确性差等局限性。

在电算化会计核算系统中，会计数据是由计算机完成的，计算机由于处理速度快、存储容量大，一般不会因会计数据量大而影响记账，因此不用区分登记总账的方式，也就无所谓区分账务处理流程类型。

（5）内部控制方式不同

在手工会计核算中，会计工作的分工以会计业务的不同性质为依据，各业务责任人之间通过传递各票据、凭证来建立联系，相互制衡，实现整体的会计职能。其内部控制主要包括：管钱的不能同时管账，并通过对账检查是否账证相符、账账相符和账实相符以及利用会计凭证、账簿、报表数据间的钩稽关系等，从而保证会计数据的正确性与合法性。在会计核算软件环境下，会计数据进入系统后，在程序的控制下连续自动地进行处理，中间一般无须人工干预，许多传统的内部控制方式失去了作用，由人工控制变为人机共同控制。因此，其内部控制不但要遵循手工情况下的会计准则和会计制度，还要遵循对会计电算化环境的一些特殊制度，如组织控制、硬件控制、软件维护控制、文档控制等。在会计核算软件环境下，内部控制的重点是控制好原始会计数据的录入，以便把非法数据排除在系统之外。此外，主要通过操作员授权、预留审计线索、软件上采用检错和纠错技术、重新处理前自动保留副本、数据定期备份、设置并控制运行状态等手段来加强内部控制，从而保证系统的安全与可靠。

二、电算化会计信息系统的基本功能模块

（一）电算化会计信息系统的职能结构

电算化会计信息系统具有核算、管理和决策三大职能。可以根据其职能，分为三个子系统，子系统下面又可分为若干子系统（也可以称为模块）。

（二）会计核算系统的功能模块

会计核算系统要代替手工完成会计工作，必须与使用单位所采用的会计制度、核算方法及工作习惯相适应。由于使用单位的企业规模、行业特点、性质和管理水平各有不同，企业对会计工作的要求也存在差异，因此会计核算系统所划分的功能模块也不能要求完全一致。但是会计核算系统通常分为账务处理、应收应付款核算、工资核算、固定资产核算、存货核算、销售核算、成本核算、报表管理等功能模块。其中，账务处理模块是会计核算软件的核心模块，该模块以记账凭证为接口与其他功能模块有机地连接在一起，构成完整的会计核算系统。

1. 账务处理模块

作为整个会计核算系统的核心，账务处理模块是以凭证为数据处理起点，通过凭证输入和处理，完成记账、银行对账、结账、账簿查询及打印输出等工作。账务处理模块不仅能完成和其他业务模块之间的数据交换，还可以向报表处理模块提供数据。

目前，为了更好地完成账务处理工作，许多商品化的账务处理模块还包括往来款管理、部门核算、项目核算和管理及现金银行管理等辅助核算的功能。

2. 工资核算模块

工资核算模块是进行工资核算和管理的模块。该模块以职工个人的原始工资数据为依据，完成职工工资的计算、工资的发放、工资费用的汇总和分摊、个人所得税计算和按照部门、项目、个人时间等条件进行工资分析、查询和打印输出，以及自动编制工资费用分配转账凭证传递给账务处理功能模块等。

3. 固定资产核算模块

固定资产核算模块主要完成两个功能：一是通过固定资产卡片进行固定资产增减变动情况的登记；二是根据各种折旧计算方法计算固定资产折旧。对于折旧计提，主要是通过设置自定义转账凭证的方式，自动编制转账凭证传递给账务处理功能模块。

固定资产核算模块同时也提供了固定资产按类别、使用情况、所属部门和价值结构等进行分析、统计和各种条件下的查询、打印功能，以及该模块与其他模块的数据接口管理。

4. 成本核算模块

成本核算模块主要提供成本核算、成本分析、成本预测功能，以满足会计核算的事前预测、事后核算分析的需要。此外，成本核算模块还具有与生产模块、供应链模块，以及

账务处理、工资核算、固定资产核算和存货核算等模块进行数据传递的功能。

5. 销售核算模块

销售核算模块是根据有关销售凭证及销售费用等数据，完成产品销售收入、销售费用、销售税金、销售利润的核算，合同的辅助管理，生成产成品收发结存汇总表等表格，生成产品销售收入、销售成本明细账以及可灵活地查询、统计和打印各种销售报表。

6. 存货核算模块

存货核算模块以供应链模块产生的入库单、出库单、采购发票等核算单据为依据，核算存货的出入库和库存金额、余额，确认采购成本，分配采购费用，确认销售收入、成本和费用，并将核算完成的数据按照需要分别传递到成本核算模块、应收应付账款核算模块和账务处理模块。

7. 应收应付款核算模块

在会计业务活动中，应收应付账款均为往来业务科目，因此一般也称应收应付款核算模块为往来账管理核算模块。

应收应付款核算模块以发票、费用单据、其他应收单据及应付单据等原始单据为依据，记录销售、采购业务所形成的往来款项，处理应收应付款项的收回、支付和转账，进行账龄分析和坏账估计及冲销，并对往来业务中的票据、合同进行管理，提供统计分析、打印和查询输出功能，以及与采购管理、销售管理、账务处理等模块进行数据传递的功能。

8. 报表管理模块

报表管理模块与其他模块相连，可以根据会计核算的数据，生成各种内部报表、外部报表、汇总报表，并根据报表数据分析报表，生成各种分析图等。在网络环境下，很多报表管理模块同时提供了远程报表的汇总、数据传输、检索查询和分析处理等功能。

会计报表的设计和生成功能使会计人员能够灵活地定义报表格式和报表数据来源（定义取数公式）与报表的钩稽关系，由计算机自动生成所需的会计报表。

（三）会计核算系统各功能模块之间的关系

会计核算系统有若干模块，各模块之间相互作用、相互依赖，主要表现在数据的传递联系上，即一个模块的数据输出作为另一个模块的数据输入。当一个模块单独使用时，不能直接利用其他模块的输入数据，而要通过人工的方法将数据输入。当若干个模块组合使用时，则要组合数据流向，做好数据的传递工作，从而有利于各模块实现数据共享，防止重复输入，重复存储。

1. 账务处理模块与各模块之间的关系

账务处理模块在会计核算系统中处于核心地位，以记账凭证为接口与其他功能模块有机地连接在一起。由于账务处理模块以会计凭证为主要数据处理对象，而会计凭证所包含的信息相对比较全面、标准，因此账务处理模块与其他模块之间的联系主要表现为凭证数据的传递。

第一，存货核算模块生成存货入库、存货估价入账、存货出库、盘亏/毁损、存货销售收入、存货期初余额调整等业务的记账凭证，并传递到账务处理模块，以便用户审核登记存货账簿。

第二，应付款核算模块完成采购单据处理、供应商往来处理、票据新增、付款、退票处理等业务后，生成相应的记账凭证并传递到账务处理模块，以便用户审核登记赊购往来及其相关账簿。

第三，应收款核算模块完成销售单据处理、客户往来处理、票据处理及坏账处理等业务后，生成相应的记账凭证并传递到账务处理模块，以便用户审核登记赊销往来及其相关账簿。

第四，固定资产核算模块生成固定资产增加、减少、盘盈、盘亏、固定资产变动、固定资产评估和折旧分配等业务的记账凭证，并传递到账务处理模块，以便用户审核登记相关的资产账簿。

第五，工资核算模块进行工资核算，生成分配工资费用、应缴个人所得税等业务的记账凭证，并传递到账务处理模块，以便用户审核登记应付职工薪酬及相关成本费用账簿；工资核算模块为成本核算模块提供人工费资料。

第六，成本核算模块中，如果计入生产成本的间接费用和其他费用定义为来源于账务处理模块，则成本核算模块在账务处理模块记账后，从账务处理模块中直接取得间接费用和其他费用的数据；如果不使用工资核算、固定资产核算、存货核算模块，则成本核算模块还需要在账务处理模块记账后，自动从账务处理模块中取得材料费用、人工费用和折旧费用等数据；成本核算模块的成本核算完成后，要将结转制造费用、结转辅助生产成本、结转盘点损失和结转工序产品耗用等记账凭证数据传递到账务处理模块。

2. 除账务处理模块外，各模块之间的关系

第一，存货核算模块为成本核算模块提供材料出库核算的结果，存货核算模块将应计入外购入库成本的运费、装卸费等采购费用和应计入委托加工入库成本的加工费传递到应付款核算模块。

第二，固定资产核算模块为成本核算模块提供固定资产折旧费数据。

第三，报表管理和财务分析模块可以从各模块取数编制相关财务报表，进行财务分析。

第四，预算管理模块编制的预算经审核批准后，生成各种预算申请单，再传递给账务处理模块、应收款核算模块、应付款核算模块、固定资产核算模块、工资核算模块，进行责任控制。

第五，项目管理模块中发生和项目业务相关的收款业务时，可以在应收发票、收款

单或者退款单上输入相应的信息，并生成相应的业务凭证传递至账务处理模块；发生和项目相关的采购活动时，其信息也可以在采购申请单、采购订单、应付款核算模块的采购发票上记录；在固定资产核算模块引入项目数据可以更详细地归集固定资产建设和管理的数据；项目的领料和项目的退料活动等数据可以在存货核算模块进行处理，并生成相应凭证传递到账务处理模块。此外，各功能模块都可以从账务处理模块获得相关的账簿信息；存货核算、工资核算、固定资产核算、项目管理等模块均可从成本核算模块获得相关成本数据。

综上所述，不难总结出成本核算模块数据来源于存货核算模块、工资核算模块、固定资产核算模块及账务处理模块；存货核算模块数据来源于成本核算模块、应付款核算模块及应收款核算模块。此外，只有成本核算模块和账务处理模块之间才是双向联系的。

三、会计电算化的实施

会计电算化的实施工作是一项复杂的系统工程，因此应从企业总体目标出发，制订科学的实施计划与实施步骤，保证会计电算化工作顺利、健康地发展。

（一）会计电算化实施的准备工作

1. 系统安装

计算机软件与硬件的环境对财务软件系统是十分重要的。如果系统环境不符合要求，则财务软件无法安装和使用。系统环境的要求通常在商品财务软件使用手册中有详细说明，内容包括：硬件要求，如 CPU、内存、硬盘、显示器和打印机；软件要求，如操作系统、数据库、网络环境等。

（1）硬件系统及操作系统的安装

安装单台计算机比较简单。首先将计算机各部件进行组装；其次将硬盘分区并格式化；最后安装操作系统及各部件的驱动程序，保证整个系统各部件都能正常运行。

如果是安装网络环境，首先需要搭建网络，并在服务器上安装 Windows NT 等网络操作系统；其次在工作站中安装 Windows 等操作系统；最后进行网络的调试，直到网络上各设备相互传递数据，共享资源为止。

（2）数据库管理系统等系统软件的安装

会计软件需要数据库管理系统的支持，如用友 U8 管理软件需要 SQL Server 的支持，则必须安装数据库管理系统。可以按照 SQL Server 安装手册安装。在安装完成后，建议用户自行设定好管理员的口令，以确保数据安全保密。此外，可以根据要求安装程序设计语言等系统软件，以方便系统的运行。

（3）财务软件的安装

目前的财务软件大多保存在光盘上提供给用户。因此，用户需要将软件安装到计算机硬盘上，系统才能运行。为了确保系统安装后能顺利运行，安装前必须做好准备工作，主要是做好配置运行环境的工作。

2. 人员培训

人员培训是会计电算化实施的一个重要环节，在实施之前，所有软件操作人员、软件系统的维护人员都要经过相应的培训。

软件操作人员的培训包括以下三个方面。

（1）计算机操作基础培训

如果已有相应基础，这部分内容可以简略或者省略。

（2）软件操作方法和流程培训

这是操作人员培训的主要内容，结合软件对如何操作、使用会计电算化软件进行培训。这项培训可以由软件公司提供（作为购买软件的一项附带服务），或由第三方独立提供，也可以由单位自己组织。通过操作培训，所有人员了解软件的基本功能和结构，熟练掌握所需要使用模块的操作方法，能使用软件进行正常的业务处理。这项培训和硬件的准备可以同步进行，也可以在硬件到位以后开始实施。培训时可以采用集中授课、模拟练习等相结合的方式。

（3）软件维护培训

这项培训针对少数人员，主要是系统管理员，其内容是软件的日常维护、故障排除等。

3. 数据准备

（1）数据的整理与编码

①数据的整理。实现电算化，需要对原有会计处理系统的数据进行延续，所以要将原有手工系统的数据加以整理，形成会计电算化系统所使用的期初数据，在系统启用以后输入计算机系统。电算化系统和手工系统在业务处理上表现出一定的差异。例如，固定资产在手工核算时大部分企业采取分类折旧率，对每一类固定资产确定一个标准来计提折旧，而实行电算化以后，必须采用个别折旧率，针对每项固定资产单独计提折旧。所以，在系统实施之前，要对手工系统下的固定资产进行辨别和管理，确定每项固定资产的原值、已提折旧和净残值，便于在电算化系统中进行处理。

②数据的编码。数据准备需要对手工系统中的项目进行编码。例如，会计科目、部门、人员、存货、固定资产、往来单位、费用项目等，需要制定一定的编码规则进行编码。在电算化系统中，代码将成为辨别每一个项目的依据。如果编码不健全或不准确，可能导致系统处理效率下降，严重的甚至会使系统无法使用甚至崩溃。

（2）账户的清理

实施会计电算化，要建立机内账簿。为了保证手工会计核算与电算化核算的连续性及运行结果的准确性，必须对手工会计核算下的账户进行清理，做到“账证相符、账账相符、账实相符”。

（二）会计电算化的试运行

1. 试运行的目的

会计软件的试运行是指会计软件使用的最初阶段，人工与计算机同时进行会计处理的过程，因而又称为人机并行或试运行。试运行的主要目的如下。

第一，检查核算结果的正确性。

第二，检查核算方法的正确性。

第三，检查人员分工的合理性。

第四，提高软件操作的熟练性。

第五，建立比较完善的电算化内部管理制度。

2. 试运行的方法

第一，试运行的开始时间一般选择年初年末或季初季末。

第二，试运行的时间一般为 3 ~ 6 个月，最好能跨越一个会计季度。

第三，试运行阶段前期应以人工为主、计算机为辅，后期逐渐以计算机处理为主。

（三）计算机代替手工记账（甩账）

计算机代替手工记账（俗称甩账），是指从手工会计数据处理方式正式转为计算机会计数据处理方式。只有做到这一点，才能真正实现会计记账、算账、报账的自动化，提高会计信息的及时性、准确性和完整性。采用电子计算机代替手工记账的单位，应具备以下基本条件。

第一，配有适用的会计软件，并且计算机与手工会计核算双轨运行 3 个月以上，计算机与手工核算的数据相一致，软件运行安全可靠。

第二，配有专用的或主要用于会计核算工作的计算机或计算机终端。

第三，配有与会计电算化工作需要相适应的专职人员，其中上机操作人员已具备会计电算化初级以上专业知识和操作技能，取得财政部门核发的有关培训合格证书。

第四，建立了严格的内部管理制度。

（四）会计电算化的正式运行

当企业自己根据财政部和主管部门的有关规定认为本单位的会计电算化工作已经达到要求时，就可以向主管部门正式提出书面申请。主管部门接到申请后，应及时组织验收工作组进行验收。验收工作组一般分为会计基础工作考核组和会计电算化工作考核组。验收工作组根据财政部和主管部门的有关规定对申请单位的会计电算化工作进行全面审核，并形成审核意见，上报主管部门。主管部门根据验收工作组的审核意见作出审批，签发通过验收的证书。

经过财政部门的验收批准后，企业就可以正式甩掉手工账，从试运行阶段转入日常运行。

第二节　系统管理

一、系统管理概述

会计核算系统有若干子系统。各子系统之间相互作用、相互依赖且数据共享。每个系统都具有一些相同的公共基础信息，拥有相同的账套和年度账，无论是业务数据还是财务数据，都共用一个数据库；各个子系统的操作员和操作权限也是统一集中管理。为此，一般的通用会计软件通常都会设立一个独立的模块，即系统管理模块，作为会计信息系统运行的基础。这个模块为其他子系统提供公共的账套、年度账及其他相关的基础数据，以及进行统一的设置管理，以实现一体化的管理应用模式。

（一）系统管理模块的功能

系统管理模块的主要功能是对系统的各个子系统进行统一的操作管理和数据维护，具体包括以下四个方面。

1. 账套管理

账套是指一组相互关联的数据。一般来说，可以为企业中每一个独立核算的单位建立一个账套，系统最多可以建立 999 个账套。账套管理包括账套的建立、修改、引入、输出等。

2. 年度账管理

在企业级会计信息系统中，用户不仅可以建立多个账套，而且每个账套中还可以存放不同年度的会计数据。因此，对不同核算单位、不同时期的数据，只需要设置相应的系统路径，就可以方便地进行操作。年度账管理包括年度账的建立、清空、引入、输出和结转上年数据。

3. 操作权限的集中管理

为了保证系统及数据的安全与保密，系统管理模块提供了操作员及操作权限的集中管理职能。通过对系统操作分工和权限的管理，一方面可以避免与业务无关的人员进入系统；另一方面可以对系统所含的各个子产品的操作进行协调，以保证各负其责，流程流畅。操作权限的集中管理包括设定系统各模块的操作管理员及为操作员分配一定的权限。

4. 安全机制的统一建立

建立统一的安全机制，包括备份数据库、清除单据锁定、清除异常任务等。

（二）启用和注册系统管理

用户安装好财务软件后，需要建立本单位的核算账套，运行系统服务下的系统管理。系统允许以下两种身份注册进入系统管理：一是以系统管理员（admin）的身份；二是以账套主管的身份。普通的操作员只能在系统管理窗口查看到系统运行情况，但不能注册进入系统管理进行操作。

1. 以系统管理员的身份注册系统管理

系统管理员负责整个系统的总体控制和维护工作，可以管理该系统中所有的账套。以系统管理员身份注册进入，具体可以进行的操作包括：账套建立、恢复、备份、输出，操作员的建立、权限的设置，维护上机日志、清除异常任务等。

2. 以账套主管的身份注册系统管理

账套主管负责所选账套的维护工作，主要包括对所选账套进行修改、对年度账的管理（包括建立、清空、恢复、备份及各子系统的年末结转、所选账套的数据备份等）以及对该账套操作员权限的设置。

二、企业账套的管理

（一）创建账套

创建账套是指在会计软件中为企业建立一套符合核算要求的账簿体系，这是企业应用会计信息系统的首要环节。在同一会计软件中可以建立一个或多个账套。

1. 账套基本信息

账套基本信息包括账套号、账套名称、账套路径及启用会计期。

在会计信息系统中，可以建立多个企业账套（最多可以达到 999 个），因此必须设置账套号作为区分不同账套数据的唯一标识，账套号必须输入且不能重复。

账套名称一般用来描述账套的基本特征，可以输入核算单位的简称或账套的用途名，账套号和账套名称是一一对应的关系，共同代表特定的账套。

账套路径指明账套在计算机中的存放位置，系统提供默认路径，允许修改。

启用会计期规定企业用计算机进行业务处理的起点，一般要指定年、月。确定账套启用会计日期的同时，一般还要设置企业的会计期间，实际经营期不满一个月的，以实际经营期为一个会计期间。启用会计日期不能在计算机系统日期之后。启用日期在第一次初始设置时设定，一旦设置完毕，便不可更改。

2. 核算单位基本信息

核算单位基本信息包括单位名称、单位简称、单位地址、邮政编码、法人代表等。

单位名称必须输入。系统只在打印发票时使用企业单位的全称，其余情况全部使用企业的简称。

单位简称是用户单位的简称，最好输入。

3. 核算类型

核算类型主要包括本币代码、行业性质、企业类型、账套主管等。

其中，本币代码、本币名称必须输入。选择行业性质后，系统会为该账套提供适合该行业的基础数据。账套主管可以在此确定，也可以在操作员权限设置功能中修改。系统默认按所选行业性质预置会计科目。如果取消选择“按行业性质预置科目”，则不按行业预置会计科目。

4. 确定基础信息

如果单位的存货、客户、供应商相对较多，可以对其进行分类核算。分类信息可以在初始化时设置，也可以日后由账套主管在账套“修改”功能中设置分类核算。如果存货、客户、供应商相对较少，可以不对它们进行分类核算。如果单位有外币核算，则勾选“有无外币核算”选项；如果没有，则不勾选，日后可由账套主管在账套的“修改”功能中设置。

5. 确定编码方案

编码方案，又称编码规则，是对企业关键核算对象进行分类级次及各级编码长度的指定，以便用户进行分级核算、统计和管理。编码方案设置包括级次和级长的设定。级次是指编码共分几级，级长是指每级编码的位数。

6. 确定数据精度

数据精度是对数据的小数位数的定义。由于各单位对数量、单价的核算精度要求不一致，为了适应不同的需求，系统提供了自定义数据精度的功能。

7. 系统启用

（1）系统启用的方式

①创建账套时启用。用户创建一个新的账套后，系统弹出提示信息对话框，系统管理员可以选择立即进行系统启用设置。

②在企业门户中启用。如果新建账套时没有启用系统，就需要在账套建立、用户设置完成后，由账套主管登录企业应用平台，执行“基础设置”→“基本信息”→“系统启用”命令，进行系统启用的设置。

（2）系统启用的时间

会计电算化系统是由多个系统构成的，要使用其中任何一个系统，则必须先启用该系统。系统启用的操作是使用各系统的起点。系统启用人只能是系统管理员或者账套主管，系统启用日期必须大于或等于账套启用日期。

（二）账套的输出（备份）

由于计算机在运行时，经常会受到各方面因素的干扰，如人的因素、硬件的因素、软件的因素、计算机病毒的因素，有时会造成会计数据的破坏，因此需将账套及时输出（又称会计数据备份）。可将财务软件所产生的数据备份到硬盘、U 盘中保存起来，以后如果发生事故造成数据破坏，就可以利用备份的数据进行恢复（装有还原卡的教学环境，学生做完账必须输出，以备下次引入继续上次实训）。

以系统管理员身份登录，打开“系统管理”窗口，单击“账套”菜单中的“输出”命令；单击“确认”按钮后；将账套数据输出到的驱动器及所在文件夹内。

（三）账套的引入

账套引入，即会计数据恢复，是指把软盘或硬盘上的备份数据恢复到硬盘上的指定目录下，即利用现有数据恢复。

以系统管理员身份登录，打开“系统管理”窗口；单击“账套”菜单中的“引入”命令，打开引入账套数据对话框；将备份数据中的账套文件“UfErpAct.Lst”引入系统，单击“确定”按钮。

三、用户管理与权限设置

（一）用户及角色管理

用户是指有权登录，对会计软件进行操作的人员。角色是指企业管理中拥有某一类职能的组织。这个角色可以是实际的部门，也可以是由拥有同一类职能的人构成的虚拟组织。实际工作中最常见的就是会计和出纳两个角色。

1. 增加操作员

用户管理主要是指将合法的用户增加到系统中，设置其用户名和初始密码或对不再使用系统的人员进行注销其登录系统的权限等操作。

2. 修改和删除操作员

选择准备修改或删除的操作员，然后双击鼠标或单击功能菜单中的相应按钮，便可进行有关操作。

（二）用户的权限设置

权限设置是按照会计内部控制制度中不相容职务分工牵制的原理，对已设置好的用户所进行的权限分配。

对已设置的操作员进行赋权，只能由系统管理员和该账套的主管进行，但两者的权限又有所区别。系统管理员既可以指定某账套的账套主管，也可以对各个账套的操作员进行权限设置；而账套主管只能对所管辖账套的操作员进行权限指定。

1. 账套主管权限设置

（1）以系统管理员身份登录，打开“系统管理”窗口，单击“权限”菜单中的“权限”命令，打开“操作员权限”对话框。

（2）选择 001 号账套和 2023 年度。

（3）在左栏中，选择操作员“001 李伟”，在右栏上方选中“账套主管”复选框，从而确定李伟具有账套主管的权限；如果想放弃该操作员的账套主管资格，则取消勾选。

2. 一般操作员权限设置

（1）在打开的“操作员权限”对话框中。单击“002 王晶”，再单击“修改”按钮，打开“增加和调整权限”对话框。

（2）在“产品分类选择”栏中，勾选“GL”，单击“确定”按钮返回“操作员权限”对话框。勾选财务会计里的总账凭证中的出纳签字及出纳的所有权限，此时王晶就拥有了“总账—凭证—出纳签字”“总账—出纳”的操作权限。然后单击“保存”按钮。

（3）单击“003 马可”，再单击“修改”按钮，打开“增加和调整权限”对话框。勾选财务会计中的总账、应收款管理、应付款管理、固定资产权限，勾选人力资源中的薪资管理权限，使马可具有总账管理、薪资管理、固定资产管理、应收款管理、应付款管理的全部操作权限。

（4）账套号 +004 白雪（可自定义）。权限：采购主管、仓库主管、存货核算员。所在部门：采购部。具有公共目录设置、应收款管理、应付款管理、总账管理、采购管理、销售管理、库存管理、存货核算的全部操作权限。

（5）账套号 +005 王丽（可自定义）。权限：销售主管、仓库主管、存货核算员。所在部门：销售部。操作权限同白雪。

注意：以上权限设置只是为了实验中的学习，与企业实际分工可能有所不同，企业相关操作员比较多，分工更加细致。

（6）单击“退出”按钮返回，系统显示已设置好的权限、权限名称及隶属系统。

四、账套修改与年度账管理

（一）账套修改

经过一段时间运行之后，如果发现账套某些信息需要修改或补充，可以通过修改账套功能来完成。此功能还可以帮助用户查看某个账套的信息。只有账套主管才有权利使用账套修改功能，可以根据需要对账套信息、单位信息、核算信息、基础设置信息进行修改，但并不是所有的信息都可以修改，如账套号、启用会计年度等。

以账套主管的身份登录，打开“系统管理”窗口，单击“账套”菜单中的“修改”命令，对相关信息进行修改；修改完成后，单击“完成”按钮；系统提示“确认修改账套了吗？”单击“是”按钮；确定“分类编码方案”和“数据精度定义”，单击“确认”按钮，这时系统又提示“修改账套成功”。

（二）年度账管理

在每个账套文件中，各企业的财务数据按年度分不同的文件夹存放，该文件夹称为年度账。年度账与账套是两个不同的概念。账套是年度账的上一级，账套是由年度账组成的，先有账套再有年度账，一个账套可以拥有多个年度的年度账。

年度账的管理只能由账套主管进行，具体包括年度账的建立、引入和输出年度账、结转上年数据及清空年度数据等。

1. 建立年度账

以账套主管的身份登录，选定账套，进入“系统管理”界面。在“系统管理”界面单击“年度账”下的“建立”按钮，进入“建立年度账”界面。“建立年度账”对话框中的两个栏目“账套”和“会计年度”都是系统默认的，用户不得进行修改。

（1）账套。自动显示用户注册时所选的账套。

（2）会计年度，自动显示的是所选会计账套当前会计年度加 1 的年度。

2. 引入和输出年度账

年度账操作中的引入和输出与账套操作中的引入和输出的含义基本一致，作用都是对数据进行备份与恢复。所不同的是，年度账操作中的引入和输出不是针对整个账套，而是针对账套中的某一年度的年度账进行的。具体操作时，注意引入的是年度数据备份文件（由系统输出的年度账的备份文件，前缀名统一为 uferpyer）；在输出操作的界面上选择的是具体的年度，而非账套。

3. 结转上年数据

一般情况下，企业是持续经营的，因此企业的会计工作是一个连续性的工作。每到年末，启用新年度账时，就需要将上年度中的相关账户的余额及其他信息结转到新年度账中。

以账套主管的身份注册，选定账套，进入“系统管理”界面。在“系统管理”界面中单击“年度账”下的“结转上年数据”。

（1）在结转上年数据之前，首先要建立新年度账。

（2）建立新年度账后，可以执行供销链产品、资金管理、固定资产、工资系统结转上年度数据的工作，这几个系统的结转不分先后顺序，可以根据需要执行。

（3）如果同时使用了采购系统、销售系统和应收应付系统，那么只有在供销链产品执行完结转上年度数据后，应收应付系统款管理才能执行；如果只使用了应收应付款管理系统而没有使用采购系统、销售系统，可以根据需要直接执行应收应付款管理系统的结转工作。

（4）如果在使用成本管理系统时使用了薪资管理系统、固定资产系统、存货核算系统，那么只有薪资管理系统、固定资产系统、供销链产品执行完结转工作后，才能执行成本管理系统结转；否则，应根据需要直接执行成本管理系统的结转工作。

（5）如果在使用总账系统时使用了薪资管理系统、固定资产系统、存货核算系统、应收应付款管理系统、资金管理系统、成本管理系统，那么只有在这些系统执行完结转工作后，才能执行总账系统结转；否则，根据需要直接执行总账系统的结转工作。

4. 清空年度数据

用户有时会发现某年度账中错误太多，或不希望将上年度的余额或其他信息全部转到下一年度，这时便可使用清空年度数据的功能。“清空”并不是指将年度账的数据全部清空，而是要保留一些信息，主要有基础信息和系统预置的科目报表等。保留此信息主要是为了方便用户使用清空后的年度账来重新做账。

以账套主管的身份登录，选定账套，进入“系统管理”界面，在“系统管理”界面中单击“年度账”下的“清空年度数据”即可。

系统管理模块是会计信息系统运行的基础。这个模块为其他子系统提供公共的账套、年度账及其他相关的基础数据，以及进行统一的设置管理，以实现一体化的管理应用模式。

第九章　应收款与应付款管理系统

第一节　应收款管理系统

一、应收款管理系统初始化

初始化设置是使用应收款管理系统的前提条件，是指将应收款的手工核算资料转化成计算机处理的过程，其直接关系应收款管理系统的使用和业务点控制。在启用应收款管理系统后，进行正常应收业务处理前，企业根据核算要求和实际业务情况进行相关设置。主要内容包括选项设置、初始设置、基础档案设置、单据设置和期初余额设置。

（一）初始设置

初始设置的作用是建立应收款管理系统的基础数据，确定使用哪些单据处理应收款业务，确定需要进行账龄管理的账龄区间。有了这种功能，用户可以选择使用自己定义的单据类型，使应收款业务管理更符合用户的需要。

1. 设置会计科目

由于本系统业务类型较固定，生成的凭证类型也较固定，因此为了简化凭证生成操作，可以在此处将各业务类型凭证中的常用科目预先设置好。系统将依据制单规则在生成凭证时自动带入。

（1）基本会计科目设置

在此定义应收款管理系统凭证制单所需要的基本科目、应收科目、预收科目、销售收入科目、税金科目等。若用户未在单据中指定科目，且控制科目设置与产品科目设置中没有明细科目的设置，则系统制单时，依据制单规则取基本科目设置中的科目进行设置。设置基本会计科目时，需要先对受控科目进行修改。

①在会计科目窗口中，将光标移到需要修改的会计科目所在行。

②单击“修改”按钮（或双击该会计科目），打开“会计科目 _ 修改”窗口，再单击“修改”按钮进行项目修改。

③执行“应收款管理”→“设置”→“初始设置”→“设置科目”→“基本科目设置”菜单命令，打开“基本科目设置”对话框，在各栏目内直接输入或参照输入相应的会计科目。

（2）控制科目设置

如果在核算客户的赊销欠款时，针对不同的客户（客户分类、地区分类）分别设置了不同的应收账款科目和预收账款科目，可以先在账套参数中选择设置的依据（选择是针对不同的客户设置，还是针对不同的客户分类设置，或者是不同的地区分类设置），然后在此处进行设置。系统将依据制单规则在生成凭证时自动带入。

①依据系统选项控制科目，若选择按客户设置，则系统会显示每一个明细客户，可以对其进行科目设置；若按客户分类设置，则将对客户分类进行科目设置；若按地区分类设置，则将对地区进行科目设置。

②选择“设置”菜单下的“初始设置”，在左边的树形结构列表中单击“设置科目”下的“控制科目设置”。

③依据栏目说明，输入相关科目信息。

（3）产品科目设置

如果针对不同的存货（存货分类）分别设置不同的销售收入科目、应交销项税科目和销售退回科目，则可以先在账套参数中选择设置的依据（选择是针对不同的存货设置，还是针对不同的存货分类设置），然后在此处设置。系统将依据制单规则在生成凭证时自动带入。

①选择“设置”菜单下的“初始设置”项。

②在左边的树形结构列表中单击“设置科目”下的“产品科目设置”。

③输入科目信息。

（4）结算方式科目设置

进行结算方式、币种、科目的设置。对于现结的发票、收付款单，系统依据单据上的结算方式查找对应的结算科目，系统在制单时，会自动带出。

①选择“设置”菜单下的“初始设置”项。

②在左边的树形结构列表中单击“设置科目”下的“结算方式科目设置”。

③增加：可以单击鼠标右键，在弹出的菜单中选择“增加”项；或者单击工具栏中的“增加”按钮，增加一条记录。

④修改：可以直接在“科目”一栏里修改当前的记录。

⑤删除：可以单击鼠标右键，在弹出的菜单中选择“删除”项；或者单击工具栏中的“删除”按钮，删除当前记录。

2. 坏账准备设置

坏账准备设备是指对坏账准备期初余额、坏账准备科目、对方科目及提取比率进行设置。在第一年使用系统时，应直接输入期初余额；在以后年度使用系统时，坏账准备的期初余额由系统自动生成，不能进行修改。坏账提取比率可按销售收入百分比法和应收账款余额百分比法计提，也可直接输入计提的百分比。

执行“应收款管理”→“设置”→“初始设置”→“坏账准备设置”菜单命令，打开“坏账准备设置”对话框，在各栏目内直接输入或参照输入有关信息，单击“确定”按钮。

3. 账期内账龄区间设置

为了对应收款进行账龄分析，需要设置账龄区间。在进行账龄区间设置时，账龄区间总天数和起始天数直接输入，系统根据输入的总天数自动生成相应的区间。账期内的账龄区间设置指用户定义账期内应收款或收款时间间隔的功能，其作用是便于用户根据自己定义的账款时间间隔，进行账期内应收款或收款的账龄查询和账龄分析，清楚了解在一定期间内所发生的应收款、收款情况。

（1）选择“设置”菜单下的“初始设置”项。

（2）在左边的树形结构列表中单击“账期内账龄区间设置”。

（3）增加：单击工具栏中的“增加”按钮，即可在当前区间之前插入一个区间。插入一个区间后，该区间后的各区间起止天数会自动调整。

（4）修改：修改输入的天数，系统会自动修改该区间及其后的各区间的起止天数。最后一个区间不能修改和删除。

（5）删除：单击工具栏中的“删除”按钮，即可删除当前区间。删除一个区间后，该区间后的各区间起止天数会自动调整。最后一个区间不能修改和删除。

4. 逾期账龄区间设置

逾期账龄区间设置指用户定义逾期应收款或收款时间间隔的功能。它的作用是便于用户根据自己定义的账款时间间隔，进行逾期应收款或收款的账龄查询和账龄分析，清楚了解在一定期间内所发生的应收款、收款情况。

（1）选择“设置”菜单下的“初始设置”项。

（2）在左边的树形结构列表中单击“逾期账龄区间设置”。

（3）增加：单击工具栏中的“增加”按钮，即可在当前区间之前插入一个区间。插入一个区间后，该区间后的各区间起止天数会自动调整。

（4）修改：修改输入的天数，系统会自动修改该区间及其后的各区间的起止天数。最后一个区间不能修改和删除。

（5）删除：单击工具栏中的“删除”按钮，即可删除当前区间。删除一个区间后，该区间后的各区间起止天数会自动调整。最后一个区间不能修改和删除。

5. 报警级别设置

可以通过对报警级别的设置，将客户按照客户欠款余额与其授信额度的比例分为不同的类型，以便掌握各个客户的信用情况。

如果企业要对应收款的还款期限作出相应的规定，则可以使用超期报警功能。在运用此功能时，系统自动列出当天为止超过规定期限的应收款清单。这一信息可以按往来单位，也可以按分管人员进行分类，从而使企业可以及时催款，避免不必要的经济损失。

在进行报警级别设置时，直接输入级别名称和各区间的比率。其中，级别名称可以采用编号或者其他形式，但名称最好能够上下对应。

①选择“设置”菜单下的“初始设置”项。

②在左边的树形结构列表中单击“报警级别设置”。

③增加：单击工具栏中的“增加”按钮，即可在当前级别之前插入一个级别。插入一个级别后，该级别后的各级别比率会自动调整。

④修改：修改输入的比率，系统会自动修改该级别及其后的各级别的比率。最后一个区间不能修改和删除。

⑤删除：单击工具栏中的“删除”按钮，删除当前级别。删除一个级别后，该级别后的各级别比率会自动调整。最后一个区间不能修改和删除。

注意：插入一个级别后，该级别后的各级别比率会自动调整。删除一个级别后，该级别后的各级别比率会自动调整。最后一个区间不能修改和删除。

6. 单据类型设置

单据可以分为发票和应收单两大类型。如果同时使用销售系统，则发票的类型包括增值税专用发票、普通发票、销售调拨单和销售日报等。如果单独使用应收款管理系统，则发票的类型不包括后两种。

应收单是记录销售业务之外的应收款情况的单据，可划分为不同的类型，以区分应收货款之外的其他应收款。例如，可以将应收单分为应收代垫费用款、应收利息款、应收罚款、其他应收款等。应收单的对应科目可自由定义。

应收单中的“其他应收单”为系统默认类型，既不能删除、修改，也不能删除使用过的单据类型。

（二）单据设置

1. 单据格式设置

根据系统预置的单据模板，定义本企业所需要的单据格式。可对用友 U8 系列产品中的报账中心、采购、存货、库存、项目管理、销售、应收、应付等模块中的各种单据进行格式设计。每一种单据格式设置分为显示单据格式设置和打印单据格式设置。

2. 单据编号设置

根据企业业务中使用的各种单据的不同需求，由企业自己设置各种单据类型的编码生成原则。每种单据对应一种编号规则，单据编号设置包括编号设置、对照表、查看流水号三个功能。

（1）执行“基础设置”→“单据设置”→“单据编号设置”命令，即可打开“单据编号设置”对话框。

（2）选择“销售管理”中的“销售专用发票”，将其编号设置为“手工改动，重号时自动重取”，单击“保存”按钮后退出。

（三）期初余额设置

通过期初余额功能，用户可以将正式启用账套前的所有应收业务数据录入系统，作为期初建账的数据，系统对其进行管理，这样既保证了数据的连续性，又保证了数据的完整性。

初次使用本系统时，要将上期未处理完全的单据都录入本系统，以便以后的处理。当进入第二年度处理时，系统自动将上年度未处理完全的数据转为下一年度的期初余额。在下一年度的第一个会计期间里，可以进行期初余额的调整。

在期初余额主界面，列出的是所有客户、所有科目、所有合同结算单的期初余额，可以通过过滤功能查看某个客户、某份合同或者某个科目的期初余额。

（1）进入应收款管理系统，单击“设置”→“期初余额”，打开“期初余额”对话框。

（2）单击“确定”按钮，进入期初余额明细表窗口。

（3）单击“增加”按钮，选择单据类型进行添加。

（4）进入相应单据填制窗口。

（5）完成后单击“保存”按钮，退出。

（6）将应收款管理系统与总账系统进行对账。在“期初余额明细表”窗口中，单击“对账”按钮，打开“期初对账”窗口，查看对账结果。

注意：①在下一年度的第一个会计期间，可以进行期初余额的调整。②在往来账款系统录入期初余额，是以单据录入形式进行的，最后系统根据录入的各单据内容形成期初余额明细表。③与总账系统对账，必须在总账与应收款管理系统同时启动后才可以进行。

（四）账套参数设置

在运行应收款管理系统前，应在“选项”中设置运行所需要的账套参数，以便系统根据所设定的选项进行相应的处理。

设置账套参数时，单击“设置”选项，打开“账套参数设置”对话框，其中包括以下四个页签：常规、凭证、权限与预警、核销设置。

1.“常规”页签各选项设置

（1）单据审核日期依据

系统提供“单据日期”和“业务日期”两种审核日期依据。按单据日期：在单据处理功能中进行单据审核时，自动将单据的审核日期（入账日期）记为该单据的单据日期。按业务日期：在单据处理功能中进行单据审核时，自动将单据日期（入账日期）记为当前业务日期。

（2）汇兑损益方式

系统提供“外币结清”和“月末处理”两种汇兑损益方式。外币结清：仅当外币余额结清时，才计算汇总损益。月末计算：每个月末计算汇总损益。

（3）坏账处理方式

系统提供“应收余额百分比法”“销售收入百分比法”“账龄分析法”“直接转销法”。

（4）代垫费用类型

代垫费用类型解决从销售系统传递过来的代垫费用单在应收款管理系统中用何种单据类型进行接收的问题。系统默认为“其他应收单”，用户可以在“设置”项下选择“初始设置”中的“单据类型设置”，自行定义单据类型，然后在此进行选择。

（5）应收账款核算模型

系统提供“简单核算”和“详细核算”两种应用模型，系统默认为详细核算。

（6）自动计算现金折扣

为了鼓励客户在信用期间内提前付款而采用现金折扣政策，可选择自动计算现金折扣。

（7）进行远程应用

选择了“进行远程应用”，则系统在后续处理中提供远程传输收款单的功能。

（8）登记支票

选择“登记支票”，系统自动将具有票据管理结算方式的付款单登记在支票记录簿中。如果不选择“登记支票”，用户也可以通过付款单上的“登记”按钮手工进行登记。

①执行“应收款管理”→“设置”→“选项”菜单命令，打开“账套参数设置”对话框。

②单击“常规”页签，打开相应的对话框。

③单击“编辑”按钮，按照企业的核算要求进行相应的设置。

2.“凭证”页签各选项设置

（1）受控科目制单方式

系统提供“明细到客户”和“明细到单据”两种制单方式。明细到客户：在将一个客户的多笔业务合并成一张凭证时，如果核算这多笔业务的控制科目相同，则系统将自动将其合并成一条分录。这种方式在总账系统中能够根据客户来查询其详细信息。明细到单据：将一个客户的多笔业务合并成一张凭证时，系统会将每一笔业务形成一条分录，这种方式的目的是在总账系统中也能查看到每个客户的每笔业务详细情况。

（2）非控科目制单方式

系统提供“明细到客户”“明细到单据”及“汇总方式”。明细到客户：在将一个客户的多笔业务合并成一张凭证时，如果核算这多笔业务的控制科目相同，则系统将自动将其合并成一条分录。这种方式在总账系统中能够根据客户来查询其详细信息。明细到单据：在将一个客户的多笔业务合并成一张凭证时，系统会将每一笔业务形成一条分录。这种方式的目的是在总账系统中也能查看到每个客户的每笔业务详细情况。汇总方式：指多个客户的多笔业务在合并生成一张凭证时，如果核算这多笔业务的非受控科目相同，且其所带辅助核算项目也相同，则系统自动将其合并生成一条分录。这种方式的目的是精简总账中的数据，在总账系统中只能看到该科目的一个总的发生额。

（3）控制科目依据

系统提供“按客户分类”“按客户”及“按地区”三种受控科目依据。按客户分类：根据一定的客户属性将客户分为几个大类，在不同的方式下，针对不同的客户分类，设置不同的应收科目和预收科目。按客户：根据不同的客户，设置不同的应收科目和预收科目。按地区：针对地区的不同，设置不同的应收科目和预收科目。

（4）销售科目依据

系统提供“按存货分类”和“按存货”两种科目依据。按存货分类：根据存货的属性对存货所划分的大类，如原材料、燃料及动力等大类。针对这些存货分类设置不同的销售科目。按存货：如果存货种类不多，可以直接针对不同的存货设置不同的销售科目。

（5）月结账前全部生成凭证

根据需要选择在月结账前是否全部生成凭证。

（6）方向相反的分录合并

方向相反的分录合并是指科目相同、辅助项相同、方向相反的凭证分录是否合并。

（7）核销生成凭证

如果选择，则需要判断核销双方的单据当时的入账科目是否相同；不相同时，需要生成一张调整凭证。

（8）预收冲应收生成凭证

如果选择，则对应预收冲应收业务，当预收、应收科目不相同时，需要生成一张转账凭证。

（9）红票对冲生成凭证

如果选择，当对冲单据所对应的受控科目不相同时，则系统生成一张转账凭证。

①执行“应收款管理”→“设置”→“选项”菜单命令，打开“账套参数设置”对话框。

②单击“凭证”页签，打开相应的对话框。

③单击“编辑”按钮，按照企业的核算要求进行相应的设置。

3.“权限与预警”页签各选项设置

（1）控制客户权限

只有在企业应用平台“设置”→“数据权限”→“数据权限控制设置”中对客户进行记录集数据权限控制时，该选项才可以设置。账套参数中对客户的记录集权限不进行控制时，应收款管理系统中不对客户进行数据权限控制。若选择启用，则在所有的处理、查询中均需要根据该客户的相关客户数据权限进行限制。通过该功能，企业可加大客户管理的力度，提高数据的安全性。若选择不启用，则在所有的处理、查询中均不需要根据该客户的相关客户数据权限进行限制。

（2）控制部门权限

只有在企业应用平台“设置”→“数据权限”→“数据权限控制设置”中对部门进行记录集数据权限控制时，该选项才可以设置。账套参数中对部门的记录集权限不进行控制时，应收款管理系统中不对部门进行数据权限控制。若选择启用，则在所有的处理、查询中均需要根据该客户的相关部门数据权限进行限制。通过该功能，企业可加大部门管理的力度，提高数据的安全性。若选择不启用，则在所有的处理、查询中均不需要根据该客户的相关部门数据权限进行限制。

（3）录入发票时显示提示信息

如果选择了显示提示信息，则在录入发票时，系统会显示该客户的信用额度余额以及最后的交易情况。如果想提高录入的速度，则在录入发票时，可以选择不提示任何信息。在账套使用过程中可以修改该参数。

（4）单据报警

系统提供了三种选择：①如果选择根据信用方式自动报警，则还需要设置报警的提前天数。在每次登录本系统时，系统自动将“单据到期日－提前天数≤当前注册日期”的已经审核的单据显示出来，以提醒及时通知客户哪些业务应该回款了。②如果选择根据折扣方式自动报警，则还需要设置报警的提前天数。在每次登录本系统时，系统自动将“单据最大折扣日期－提前天数≤当前注册日期”的已经审核的单据显示出来，以提醒及时通知客户哪些业务将不能享受现金折扣待遇。③如果选择不进行自动报警，则在每次登录本系统时，不会出现报警信息。在账套使用过程中，可以修改该参数。按信用方式报警时，其单据到期日根据客户档案中的信用期限而定；按折扣方式报警时，则根据单据中的付款条件最大折扣日期计算。

（5）信用额度控制

系统提供了两种选择，如果选择进行信用控制，则在应收款管理系统中保存录入的发票和应收单时，当票面金额＋应收借方余额－应收贷方余额＞信用额度时，系统会提示此张单据不予保存处理。如果选择不进行信用额度的控制，则在保存发票和应收单时，不会出现控制信息。

（6）信用额度报警

用户可以选择是否需要根据客户的信用额度进行自动预警。信用比率＝信用余额÷信用额度，信用余额＝信用额度－应收账款余额。选择根据信用额度进行自动预警时，需要输入预警的提前比率，且可以选择是否包含信用额度为0的客户。当选择自动预警时，系统根据设置的预警标准显示满足条件的客户记录。也就是说只要该客户的信用比率小于等于设置的提前比率时，就对该客户进行报警处理。若选择信用额度为0的客户也预警，则当该客户的应收账款＞0时，即进行预警。当登录的用户没有信用额度报警单查看权限时，即使设置了自动报警，也不显示该报警单信息。选择自动预警的其他条件：客户为全部、已经审核过的所有单据、截止日期为登录日期、币种为全部。在不选择需要自动预警时，任何客户在登录时均不显示按信用额度进行预警的信息。

①执行“应收款管理”→“设置”→“选项”菜单命令，打开“账套参数设置”对话框。

②单击“权限与预警”页签，打开相应的对话框。

③单击“编辑”按钮，按照企业的核算要求进行相应的设置。

4. 核销设置

选择需核销的凭证：登录系统后，进入会计凭证模块，查找并选定需要进行核销处理的凭证。

设置核销对账单：点击“核销管理”，选择“新建核销对账单”，输入对应的应收账款和应付账款信息，确保数据准确无误。

匹配核销项：在核销对账单中，关联相应的收入和支出项目，确保收支平衡。

核销确认：检查无误后，点击“核销”按钮，系统会自动更新相关账户余额，并生成核销记录。

审核并保存：由具有审核权限的用户进行核销凭证的审核，审核通过后保存并完成核销过程。

二、应收款管理系统期末处理

期末处理指用户进行的期末结账工作。如果当月业务已全部处理完毕，就需要执行月末结账功能，只有月末结账后，才可以开始下月工作。期末处理包括月末结转和恢复结转。

（一）月末结账

如果确认本月的各项处理已经结束，则可以选择执行月末结账功能。当执行了月末结账功能后，该月将不能再进行任何处理。

（1）单击“其他处理”→“期末处理”→“月末结账”。

（2）选择结账月，双击结账标志一栏，选择该月进行结账。

（3）单击“下一步”按钮，系统将月末结账的检查结果列示，可以单击其中任意一项，以检查其详细信息。单击“取消”按钮，取消此次操作。

（4）单击“确认”按钮，执行结账功能。

（5）单击“完成”按钮，结账成功。

注意：①如果这个月的前一个月没有结账，则本月不能结账。②一次只能选择一个月进行结账。③应收款管理系统与销售管理系统集成使用，应在销售管理系统结账后，才能对应收系统进行结账处理。④当选项中设置审核日期为单据日期时，本月的单据（发票和应收单）在结账前应该全部审核。⑤当选项中设置审核日期为业务日期时，如果截至本月末还有未审核单据（发票和应收单），照样可以进行月结处理。⑥如果还有合同结算单未审核，仍然可以进行月结处理。⑦如果本月的收款单还有未审核的，不能结账。⑧当选项中设置月结时必须将当月单据及处理业务全部制单，则月结时若检查到当月有未制单的记录，不能进行月结处理。⑨当选项中设置月结时不用检查是否全部制单，则无论当月有无未制单的记录，都可以进行月结处理。⑩如果是本年度最后一个期间结账，建议将本年度进行的所有核销、坏账、转账等处理全部制单。⑪如果是本年度最后一个期间结账，建议将本年度外币余额为0的单据的本币余额结转为0。

（二）取消结账

本功能帮助用户取消最近月的结账状态。

（1）单击“其他处理”→“期末处理”→“取消月结”。

（2）选择需要取消结账的月份，双击“结账标志”一栏，单击“确认”按钮，系统执行取消结账功能。

（3）单击“确定”按钮，取消结账。

应收款管理系统主要用于核算和管理客户往来款项。应收款管理系统主要提供了初始设置、日常处理、单据查询、账表管理、其他处理等功能。

初始设置主要包括账套参数设置、基础档案设置、应收科目设置、坏账准备设置、账龄区间设置等。日常业务处理主要包括应收单据处理、收款结算、转账处理、坏账处理、票据管理、制单、统计分析等。

第二节　应付款管理系统

一、应付款管理系统初始化

初始化设置是使用应付款管理系统的前提条件，是指将应付款的手工核算资料转化成计算机处理的过程，其直接关系应付款管理的使用和业务点控制。在启用应付款管理系统后，进行正常应付业务处理前，企业根据核算要求和实际业务情况进行相关设置，其主要内容包括选项设置、初始设置、基础档案设置、单据设置和期初余额设置。

（一）初始设置

初始设置的作用是建立应付款管理的基础数据，确定使用哪些单据处理应付业务，确定需要进行账龄管理的账龄区间。有了这个功能，用户可以选择使用自己定义的单据类型，使应付款业务管理更符合用户的需要。应付款管理系统与应收款管理系统的初始设置基本一致，唯一不同的就是应付款管理系统没有坏账准备的设置。

1. 设置会计科目

（1）基本会计科目设置

①在会计科目窗口中，将光标移到需要修改的会计科目所在行。

②单击“修改”按钮（或双击该会计科目），打开“会计科目_修改”窗口，再单击“修改”按钮进行项目修改。需先修改辅助核算类型。

③执行“应付款管理”→“设置”→“初始设置”→“设置科目”→“基本科目设置”菜单命令，打开“基本科目设置”对话框，在各栏目内直接输入或参照输入相应的会计科目。

（2）控制科目设置

①依据系统选择控制科目，若选择按供应商明细设置，则系统显示每一个明细供应商，可以对其进行科目设置；若按供应商分类设置，则将对供应商分类进行科目设置；若按地区设置，则将对地区进行科目设置。

②选择“设置”菜单下的“初始设置”。在左边的树形结构列表中单击“设置科目”下的“控制科目设置”。

③依据栏目说明，输入相关科目信息。

（3）产品科目设置

①选择“设置”菜单下的“初始设置”项。

②在左边的树形结构列表中单击“设置科目”下的“产品科目设置”。

③输入科目信息。

（4）结算方式科目设置

①选择“设置”菜单下的“初始设置”项。

②在左边的树形结构列表中单击“设置科目”下的“结算方式科目设置”。

③增加：单击鼠标右键，选择弹出菜单中的“增加”项；或者单击工具栏中的“增加”按钮，增加一条记录。

④修改：直接在“科目”一栏里修改当前的记录。

⑤删除：单击鼠标右键，在弹出的菜单中选择“删除”项；或者单击工具栏中的“删除”按钮，删除当前记录。

2. 账期内账龄区间设置

（1）选择“设置”菜单下的“初始设置”项。

（2）在左边的树形结构列表中单击“账期内账龄区间设置”。

（3）增加：单击工具栏中的“增加”按钮，即可在当前区间之前插入一个区间。插入一个区间后，该区间后的各区间起止天数会自动调整。

（4）修改：修改输入的天数，系统会自动修改该区间及其后的各区间的起止天数。最后一个区间不能修改和删除。

（5）删除：单击工具栏中的“删除”按钮，即可删除当前区间。删除一个区间后，该区间后的各区间起止天数会自动调整。最后一个区间不能修改和删除。

3. 逾期账龄区间设置

（1）选择“设置”菜单下的“初始设置”项。

（2）在左边的树形结构列表中单击“逾期账龄区间设置”。

（3）增加：单击工具栏中的“增加”按钮，即可在当前区间之前插入一个区间。插入一个区间后，该区间后的各区间起止天数会自动调整。

（4）修改：修改输入的天数，系统会自动修改该区间及其后的各区间的起止天数。最后一个区间不能修改和删除。

（5）删除：单击工具栏中的“删除”按钮，即可删除当前区间。删除一个区间后，该区间后的各区间起止天数会自动调整。最后一个区间不能修改和删除。

注意：删除一个区间后，该区间后的各区间起止天数会自动调整。最后一个区间不能修改和删除。

4. 报警级别设置

（1）选择“设置”菜单下的“初始设置”项。

（2）在左边的树形结构列表中单击“报警级别设置”。

（3）增加：单击工具栏中的“增加”按钮，即可在当前级别之前插入一个级别。插入一个级别后，该级别后的各级别比率会自动调整。

（4）修改：修改输入的比率，系统会自动修改该级别及其后的各级别的比率。最后一个区间不能修改和删除。

（5）删除：单击工具栏中的“删除”按钮，删除当前级别。删除一个级别后，该级别后的各级别比率会自动调整。最后一个区间不能修改和删除。

注意：①插入一个级别后，该级别后的各级别比率会自动调整。②删除一个级别后，该级别后的各级比率会自动调整。最后一个区间不能修改和删除。

5. 单据类型设置

单据类型设置指用户将自己的往来业务与单据类型建立对应关系，以快速处理业务及进行分类汇总、查询、分析。系统提供了发票和应付单两大类型的单据。如果同时使用采购系统，则发票的类型包括采购专用发票、普通发票、运费发票和废旧物资收购凭证等。如果单独使用应付系统，则发票类型只包括前两种。发票是系统默认类型，不能修改删除。

应付单记录采购业务之外的应付款情况。在本功能中设置应付单的不同类型，可以将应付单划分为不同的类型，以区分应付货款之外的其他应付款。例如，可以将应付单分为应付费用款、应付利息款、应付罚款、其他应付款等。

（二）期初余额设置

通过期初余额功能，用户可将正式启用账套前的所有应付业务数据录入系统，作为期初建账的数据，系统对其进行管理，这样既保证了数据的连续性，又保证了数据的完整性。

初次使用本系统时，要将上期末处理完的单据都录入本系统，以便以后的处理。进入第二年度处理时，系统自动将上年度未处理完的单据转为下一年度的期初余额。在下一年度的第一个会计期间里，可以进行期初余额的调整。

在期初余额主界面，列出的是所有供应商、所有科目、所有合同结算单的期初余额，可以通过过滤功能查看某个供应商、某份合同或者某个科目的期初余额。

（1）进入应付款管理系统，单击“设置”→“期初余额”，打开“期初余额—查询”对话框。

（2）单击“确定”按钮，进入“期初余额明细表”窗口。

（3）单击“增加”按钮，选择单据类型进行添加。

（4）进入相应单据填制窗口。

（5）完成后单击“保存”按钮，退出。

（6）将应付款管理系统与总账系统进行对账。在“期初余额明细表”窗口中，单击“对账”按钮，打开“期初对账”窗口，查看对账结果。

注意：①在下一年度的第一个会计期间，可以进行期初余额的调整。②在往来账款系统录入期初余额，是以单据录入形式进行的，最后系统根据录入的各单据内容形成期初余额明细表。③与总账系统对账，必须在总账与应付系统同时启动后才可以进行。

（三）账套参数设置

在运行应付款管理系统前，应在“选项”中设置运行所需要的账套参数，以便系统根据所设定的选项进行相应的处理。

设置账套参数时，单击“设置”选项，打开“账套参数设置”对话框，其中包括以下四个页签：常规、凭证、权限与预警、核销设置。

1.“常规”页签各选项设置

（1）执行“应付款管理”→“设置”→“选项”菜单命令，打开“账套参数设置”对话框。

（2）单击“常规”页签，打开相应的对话框。

（3）单击“编辑”按钮，按照企业的核算要求进行相应的设置。

2.“凭证”页签各选项设置

（1）执行“应付款管理”→“设置”→“选项”菜单命令，打开“账套参数设置”对话框。

（2）单击“凭证”页签，打开相应的对话框。

（3）单击“编辑”按钮，按照企业的核算要求进行相应的设置。

3.“权限与预警”页签各选项设置

（1）执行“应付款管理”→“设置”→“选项”菜单命令，打开“账套参数设置”对话框。

（2）单击“权限与预警”页签，打开相应的对话框。

（3）单击“编辑”按钮，按照企业的核算要求进行相应的设置。

4.“核销设置”页签各选项设置

（1）执行“应付款管理”→“设置”→“选项”菜单命令，打开“账套参数设置”对话框。

（2）单击“核销设置”页签，打开相应的对话框。

（3）单击“编辑”按钮，按照企业的核算要求进行相应的设置。

二、应付款管理系统期末处理

期末处理是指用户进行的期末结账工作。如果当月业务已全部处理完毕，就需要执行月末结账功能，只有月末结账后，才可以开始下月工作。期末处理包括月末结账和取消结账。

（一）月末结账

如果确认本月的各项处理已经结束，则可以选择执行月末结账功能。当执行了月末结账功能后，该月将不能再进行任何处理。

（1）单击“其他处理”→“期末处理”→“月末结账”。

（2）选择结账月，双击结账标志一栏，选择该月进行结账。

（3）单击“下一步”按钮，系统将月末结账的检查结果列示，可以单击其中任意一项，以检查其详细信息。单击“取消”按钮，取消此次操作。

（4）单击“确认”按钮，执行结账功能。

（5）单击“完成”按钮，结账成功。

注意：①应付款管理系统与采购管理系统集成使用，只有在采购管理系统结账后，才能对应付款系统进行结账处理。②当选项中设置的审核日期为单据日期时，本月的单据（发票和应付单）在结账前应该全部审核。③当选项中设置的审核日期为业务日期时，如果截止到本月末还有未审核单据（发票和应付单），照样可以进行月结处理。④如果还有合同结算单未审核，仍然可以进行月结处理。⑤如果本月的付款单还有未审核的，不能结账。⑥当选项中设置月结时必须将当月单据及处理业务全部制单，则月结时若检查当月有未制单的记录，不能进行月结处理。⑦当选项中设置月结时不用检查是否全部制单，则无论当月有无未制单的记录，都可以进行月结处理。⑧如果是本年度最后一个期间结账，建议将本年度进行的所有核销、转账等处理全部制单。⑨如果是本年度最后一个期间结账，建议将本年度外币余额为0的单据的本币余额结转为0。⑩如果这个月的前一个月没有结账，则本月不能结账。⑪一次只能选择一个月进行结账。

（二）取消结账

本功能帮助用户取消最近月份的结账状态。

（1）单击“其他处理”→“期末处理”→“取消月结”。

（2）选择需要取消的结账月，双击结账标志一栏，单击“确认”按钮，系统执行取消结账功能。

（3）单击“确定”按钮，取消结账。

应付款管理系统主要用于核算和管理供应商往来款项。应付款管理系统主要提供了初始设置、日常处理、单据查询、账表管理、其他处理等功能。

初始设置主要包括账套参数设置、基础档案设置、应付科目设置、账龄区间设置等。日常业务处理主要包括应付单据处理、付款结算、票据管理、制单、统计分析等。期末处理包含结账与取消结账。

第十章　内部控制与风险管理

第一节　内部控制基本理论

一、企业内部控制的定义

内部控制是由企业董事会、监事会、经理层和全体员工实施的，旨在实现控制目标的过程。内部控制是指被审计单位为了合理保证财务报告的可靠性、经营的效率和效果以及对法律法规的遵守，由治理层、管理层和其他人员设计和执行的政策和程序。

此定义体现了全面、全员、全过程的全面控制的理念。这个定义不再局限于会计控制的范围，范围扩大到整个企业内部的控制，体现了全面控制的思想。现代意义上的内部控制超出了会计控制的范畴，涉及企业的方方面面，也就是现今的全面内部控制。

此定义明确了内部控制的主体。通常来说，内部控制的主体是企业，内部控制要求全员参与，从高层管理者到普通员工以主人翁的姿态积极参与内部控制的实施，主动承担相应责任，也就是我们说的全员控制。尽管内部控制的概念最早是由审计部门提出的，但企业内部控制的真正主体是企业管理部门而不是审计部门。因为内部控制制度实质上是一种内部管理制度，是由管理部门主导实施的。审计人员设计内部控制制度只是为了避免职业风险而拟定的一个想象的标准。

当然，由于内部控制涉及企业方方面面的内容，因此内部控制制度的设立与实施还需要会计、内部审计等相关部门与人员的广泛参与。同时，这也体现了全面控制的观点。

因此，可以将内部控制定义为：企业为了实现既定的管理目标，合法利用各种有效的经济手段来对财务信息资料、资产、经营方针等从内部进行全面调整、规划、控制，以保证其能够最大限度地符合企业发展的需求，从而提高经营管理活动的有效性与经济性，增强企业的竞争能力并促进企业的持续稳定发展。

二、控制论

（一）控制论与企业内部控制

控制论的思想和方法已经融入所有的自然科学和社会科学领域，并且随着社会的发展和进步，控制论在企业内部控制制度的制定和实施过程中发挥着越来越重要的作用。而内部控制制度是现阶段企业管理中不可或缺的组成部分，能够在一定程度上影响企业的生存和发展。所以，本章就控制论和企业内部控制制度的内涵进行了阐述，分析了控制论和企业内部控制制度的关系，进一步基于控制论对企业的内控制度进行了设计和规划，以期能够使企业的内部控制制度实现价值的最大化，进而实现企业利润的最大化，促进企业更好、更快地发展和进步。

控制论是关于动态系统控制调节的机理和一般规律的科学。其基本观点是：一切控制系统所共有的基本特性是信息的交换和反馈过程，利用这些特征可以达到对系统的认识、分析和控制的目的。从控制论角度，企业内部控制制度可以描述为：股东作为最终控制主体，董事会、经理层、各职能部门和企业全体员工作为不同层级的控制主体与受控对象，通过股东、董事会、经理层、职能部门和全体员工之间的信息耦合，使系统朝着企业整体目标运行的各种规范的综合。其主要目标就是使企业达到合规与提高效益，从而实现所有者资本保值增值的目标。

（二）控制和企业内部控制方法

控制是指按既定目标通过选择来缩小系统变化的可能范围。其基本前提是：具有控制目标，控制对象的发展存在几种可能性，控制主体有能力作出选择。其过程为：控制主体掌握控制对象和外部环境的有关信息，经加工处理后向执行装置发出控制信息，经执行装置转换为控制力作用于受控对象产生符合锁定目标的变化。基于企业内部是一个复杂的大系统的认识，企业内部控制应实行多级递阶控制。具体方法为按一个角度分解的“多目标递阶最优化”和按几个角度交叉分解协调的“递阶交叉协调”，以及更复杂的“递阶全息模型”。

考虑到控制信息的不同，企业内部控制应包含：①闭环控制，亦称“反馈控制”，即用受控系统的输出量的反馈信息来产生控制力。②开环控制，其控制过程不使用被控结果的信息，只由外来控制信息起控制作用。由于提供计划与建立未来系统超前的信息往往很难准确预料，因此常常与闭环控制组合运用形成混合控制，如在预算控制的基础上建立经济责任制。

（三）企业内部控制制度的设计

根据控制论的观点，企业内部控制制度设计的过程实际上是建立一个功能模型。在功能模型的建立中，我们经常运用黑箱技术。运用黑箱技术进行企业内部控制制度设计，一般应包括四个步骤：①控制目标的定位。②内部控制框架的确定。③控制程序的设计。④内部控制制度的评价。

控制目标的定位是内部控制的根本所在。我国《内部会计控制规范》将控制目标定位在建立和完善符合现代管理要求的内部组织结构，形成科学决策机制、执行机制和监督机制，确保单位能够实现经营管理目标；建立行之有效的风险控制系统，强化风险管理，确保单位各项业务活动能够健康运行；堵塞漏洞，消除隐患，防止并及时发现和纠正各种欺诈、舞弊行为，保护单位财产的安全完整，提高会计信息质量，确保相关法律法规得到贯彻执行。由此可知，企业内部控制系统是一个多目标的控制系统。

控制程序的设计包括内部控制的设置方式与业务程序的设计。企业内部控制设置方式通常与内部控制的基本结构结合在一起。

内部控制评价规范的制定是内部控制制度设计中的重要环节。具体包括两个方面：监督机构的设置和内部控制评价标准的制定。企业应该结合规范要求和自身情况以及同行业平均情况进行纵向和横向的比较，从而得出评价意见。

三、组织行为论

（一）组织行为论与内部控制

在内部控制的发展阶段中，内部控制结构阶段和内部控制框架阶段体现出组织行为的内容。

完善内部控制理论体与组织行为学理论内部控制的渊源可以从审计和管理两个方面追溯，但内部控制并不局限于审计和管理。随着生产的发展和社会的变迁，内部控制理论也在进一步地拓展和完善，人们对内部控制的要求和定位也越来越高。从最初的查错防弊、保护资产到后来的遵循相关法律法规、提高财务报告可靠性、提高经营效率、实现战略目标等，人们对内部控制寄予越来越多、越来越高的期望。至今，人们也更加关注企业的经营效率、效果、经营战略、竞争优势、价值的创造乃至企业的持续经营和发展。从控制手法上来看，由传统的内部牵制、核实、监督检查扩展到了文化、道德、激励、学习等手段，从消极的控制转向积极的引导。内部控制的目标也逐渐向多元化、体系化、层次化发展，由最初的仅包括企业利益的单一目标到融入了多个相关利益主体目标的目标体系。内部控制目标的实现关键靠人的行动来完成，组织行为学理论对关键点的把握起着至关重要的作用。

由于人们对内部控制定位越来越高，对内部控制的研究也不能局限于一个视角，需要从多个视角对其进行研究，从组织行为学角度分析内部控制中存在的问题，把组织行为学理论和内部控制理论结合起来，相互借鉴，系统地对内部控制理论进行分析研究。由于各个角度研究的侧重点不同，从组织行为学角度能发现并解决一些其他视角难以发现和解决的问题。

（二）内部控制基本假设的组织行为学分析

从企业整体战略规划角度来看，我国很多企业缺乏完整的战略规划，也并非要以发展成大公司为目标。企业的危机意识不足，并没有构建内部控制体系的内在需求，缺乏动力和主动性。从成本角度来看，对于很多中小型企业来说，建立一个完善的内部控制体制实属强人所难，成本与收益不一定相称。例如，很多中小企业由于人员编制不足并且业务简单，建立一个复杂的控制系统反而会增加职员的业务量，这与节约成本的追求不符。固然产生这种现状的因素很多，但不可否认，在是否需要建立内部控制体系这个层次来说，我们应对企业状况予以尊重和考量，不可“一刀切”。企业作为组织，其发展能力、发展动力等人性因素也应考虑在内。

企业的任何制度的制定和实施都离不开制度的制定者，企业的内部控制同样也无法越过制定、管理与监督制度的人的行为及其价值观。但当前的现实情况是企业高管舞弊已经成为审计的重中之重，财务舞弊、违法违规屡见不鲜。

而从管理层人员角度出发，他们的管理理念、对自身在企业的定位、对内部控制的理解、对企业现状的认识都影响着一些重要问题：他们自身是否赞成建立内部控制，企业现在是否需要内部控制，应当如何建立内部控制。因此，在内部控制建立初始，对处于组织领导地位的管理层，其利益和态度是否有考量，其观念是否进行改进和统一，其积极性是否充分调动等，应给予尊重。我们应对管理层的能力、观念、自身利益等方面给予人性化的思考。

内部控制的成败自然离不开组织的员工，要有效实施内部控制，就必须确保组织中每个人都清楚地知道其所承担的特定职务，有胜任能力、忠诚的员工是提供有效控制的基础。而这些需要在员工的招聘、评价、培训、晋升和奖励办法等各个阶段进行内部控制，并将其作为内控的组成部分。

（三）从组织行为角度完善内部控制的实施

由以上分析，我们认为对内部控制建设应从企业、管理层和员工三个层次的需求出发，使企业、管理层和员工意识到自身对内部控制的需求，继而产生实施动力，并在内部控制实施中产生自我价值实现的满足感。对此，提出以下建议：第一，提高企业风险意识，使企业全面认识其生存环境充满挑战与风险。要在激烈的竞争中取得优势，建立全面有效的内部控制不失为有效手段。第二，建立内部控制的基础，帮助管理层和员工走出误区、更新观念、强化管理需求。首先得到管理层的强烈需求和重视；其次将这种观念传达给基层员工，从而建立内部控制建设的良好环境和欢迎态度。

第二节　风险管理

一、风险管理概述

（一）风险概念

风险可以表述为两层含义：第一层含义是指风险体现未来收益的不确定性；第二层含

义是指风险体现成本 / 代价的不确定性。风险可以衍生出风险因素、风险事件、风险损失及风险分析等相关概念。

1. 风险因素

定义：风险因素是指发生风险事件，进而增加风险损失概率的潜在条件。

示例一：用以抵押的土地属于闲置土地，该抵押物很有可能被政府收回，从而使得抵押担保措施落空，此即抵押物风险的风险因素。

示例二：某信托公司的经营风格较为激进，内部控制及风险管理能力较为薄弱，此即信托公司经营风险的风险因素。

2. 风险事件

定义：风险事件是指可能造成风险损失或者已经造成风险损失的事件。

示例一：比如，用以抵押的闲置土地被政府收回，从而使得抵押担保措施落空。

示例二：某信托公司因为经营风格较为激进，其管理的多款信托计划出现兑付风险。

3. 风险损失

定义：风险损失是指由风险事件造成的实际收益低于预期收益，甚至使得本金（成本）发生亏损。

示例一：比如，用以抵押的土地被政府收回，且没有其他担保措施的情况下，债务人因丧失偿债能力而发生信用违约时，债权人的债权本息就无法收回。

示例二：某信托公司由于管理的多款信托计划出现兑付风险，该信托公司因受托人过错而需要承担以固有资金向信托受益权人进行赔付的责任。

4. 风险分析

风险分析是风险管理的重要环节，是理解风险特性和确定风险大小的过程，是企业采取风险应对策略和措施的依据。风险分析通常采用定性和定量相结合的方法，量化风险不能像会计工具那样量化“过去”，而应量化“未来”，“过去”只能是依据。虽然计量风险是非常困难的，但风险计量是很实用的，即使是不精确的估计。风险计量需要运用比较专业的方法和技能，需要较多的专业判断。

风险分析应从风险发生的可能性和影响程度两个维度展开。“可能性”和“潜在影响”是风险分析常用的两个术语，有的企业可能用“概率”“危害程度”“严重性”或“后果”等词语表述。“可能性”代表特定事件将会发生的概率，“潜在影响”代表事件发生后产生的后果。“可能性”和“潜在影响”既可以采用定性的方式，也可以采用定量的方式来描述其大小。“可能性”的定性表述可以是“高”“中”和“低”，采用概率来描述则是定量的表达方式，如百分比、发生频率或其他数字度量值。

（二）风险管理定义

公司风险管理要处理风险和把握机会，以便保持或创造价值。它是一个过程，由公司董事会、管理当局和其他人员实施，应用于战略制定并贯穿公司，旨在识别可能会影响主体的潜在事项，以使其在该主体的风险容量之内，并为主体目标的实现提供合理保证。公司风险管理是指公司围绕总体发展战略与经营目标，通过在公司管理的每个环节和经营过程中执行风险管理的基本流程，培养优秀的风险管理文化，建立健全全面风险管理体系，包括策略、措施、组织体系、信息系统和内部控制系统，从而为实现风险管理的总体目标提供合理保证的过程和方法。

1. 风险管理由人员来实施

公司风险管理由公司的董事会、管理当局和其他人员实施。它是通过一个组织中的人的言行来完成的。也就是通过人员确定公司的使命、战略和目标，并使公司风险管理机制得以落实。

一个组织中的人包括董事会、管理当局和其他人员。董事会主要负责监督，也提供指导，审批战略和特定的交易与政策。董事会是公司风险管理的重要因素。

2. 风险管理应用于战略制定

将公司风险管理应用于战略制定之中，此时管理当局考虑与备选战略相关的风险。举例来说，一个战略选择可能是收购其他公司以扩大市场份额。另一个战略选择可能是削减采购成本以实现更高的毛利率。这些战略选择中的每一个都会带来许多风险。如果管理层选择第一个战略，就可能向新的和不熟悉的市场拓展，竞争者可能会占有公司目前的市场份额，或者公司可能没有能力去有效地实施这一战略。对于第二种情况而言，风险包括必须采用新的技术或供应商，或者建立新的联盟。公司风险管理技术被应用在这个层面，以帮助管理层评价和选择该主体的战略与相关的目标。

二、风险管理衡量手段

（一）风险管理能力及衡量工具

风险管理能力是指企业在管理风险历程中的综合体现，包括风险管理政策和策略、管理风险的组织结构和对员工的基本要求、如何识别和评估风险并找出恰当的对策以及应用哪种模型对风险进行计量、用什么技术手段来帮助管理水平的提升等。政策和策略、员工和组织、风险识别和评估、模型和系统这四个基本要素，构成企业风险管理能力的四个基本方面。

政策和策略。企业的战略由多个务必实现的目标支撑，政策和策略则是确保目标能够得以实现的原则和方法，并将目标贯穿业务流程和所有组织单元，包括公司目标、风险管理政策、风险偏好、风险容忍度、风险分类、评估发生风险可能性和影响的标准，以及规划和预算等。

员工和组织。风险管理活动对员工的要求越来越高，因为伴随管理活动的复杂性增加，更加需要员工迅速作出判断和决策。独立的风险管理职能机构及其费用预算，可确保风险管理活动的强化。因此，在员工和组织要素中的关键是角色和职责分配、员工管理风险的能力、风险管理业绩评价与考核，以及界定业务部门如何利用风险管理工具。

风险识别和评估。风险需要被识别出来并予以评估，以判定企业的关键风险和分配最佳资源。因此，在企业内部建立起风险评估的基础，以识别、分析、评估和应对风险，并将风险管理与企业的内部控制系统衔接起来，使该风险与企业目标和风险偏好协调一致。

模型和系统。模型和系统是指公司采用一些模型或者信息系统来完善企业风险管理的流程并增加价值。建立模型是量化风险的前提，信息技术则为储存和处理风险奠定了基础。

这四个方面共同生效才能有力地发挥风险管理的作用。政策和策略指引了企业整体管理风险的原则和方法，员工和组织是实施风险管理的基本保证，识别和评估风险是管理风险的基础，模型和系统是整体风险系统运行的支撑工具。每个要素都不孤立，它们相互影响、相互作用。

风险管理能力这个概念可以帮助我们将复杂的风险管理业务简化成便于管理的各个部分，以具体落实风险管理行动，而不至于在风险管理概念和原则层面夸夸其谈。一些能力属于某行业的特殊能力，如石油和天然气行业的油气勘测与勘探，而另一些能力对于所有的企业来说是共性的，如财务和融资、人力资源管理、市场和营销、战略管理能力等。

风险管理这四个方面为我们分析企业的风险管理提供了基本指引和方向。这四个方面目前处于哪个位置，未来要走到哪个位置，每个位置的基本特征是什么，则需要借助一个工具来衡量。

这个工具在实务中简称为企业风险管理成熟度模型。该模型列示了企业风险管理在不同阶段的不同特征，以形象地表达出企业管理风险所处的位置，以及未来需要到达的位置。

（二）分析与衡量风险管理能力

在建立风险管理体系之前，分析企业管理风险的能力非常有用，通过评估构成风险管理能力的四个要素在风险管理成熟度模型中各个阶段所对应的位置，为企业建立风险管理体系奠定了基础。例如，管理层已经认识到风险评估和风险管理工作对于企业的重要性，形成部分管理政策，以规范风险管理和落实对部分风险的监督；内部各职能部门和作业单位的业务专家，也提出自己对风险的认识和建议；部分高风险领域逐步受到管理层的关注，诸如法律、投资、健康安全环保、财务报告等领域；企业也着手建立风险管理的职能部门，并开始对专项风险进行评估和管理，但从事风险管理的人员的胜任能力尚需进一步提高；在技术方面，开始应用 Excel 等软件进行风险信息整理和评估工作。按照这些特征，我们可以初步判定该企业的风险管理能力处于第二阶段向第三阶段过渡的时期。

这个分析结果对于董事会和高级管理层非常重要，可能改变他们过去凭直觉对企业管理风险的基本认识，也向他们展示了现有风险管理能力与期望达到目标之间所存在差异的性质和具体表现，为企业进行风险管理规划和成本收益分析奠定基础。更为重要的是，这些分析让董事会和高级管理层清晰地认识到应该如何组建风险管理团队并给他们配置什么样的资源，也让他们清晰地了解如何解决实际管理中存在的问题，并进入先进的风险管理阶段。

当然，识别和分析即将面临的挑战也同等重要。比如，对于多数企业来说风险管理信息系统建设可能是最具挑战的部分。在这些信息系统服务的供应商中，目前还没有一个独立的整体解决方案为企业提供风险管理方面的服务。一些比较有经验的供应商通过提供具体风险参数和数据输入来提高决策层面的风险分析方案质量。但是，对于需要整体风险管理分析的用户来说，诸如事件树和情境分析、集合风险测量和计算、资本投资和分配、风险管理报告的生成、风险数据的管理等，仍处于开发阶段。如果风险管理数据库不安全或不灵活，风险分析、评价和管理就值得怀疑。完整的企业风险管理信息系统由许多的系统和数据组成，该系统和数据库的整合对企业建立风险管理体系起着决定性的作用。

三、风险管理解决方案

风险管理解决方案是在风险识别、风险衡量、风险决策优选的基础上，根据企业所处的内外部环境制定的，是企业风险管理的行动纲领。方案的制定及执行直接影响风险管理的效果。因此，制定科学、合理、全面、可行的风险管理解决方案是进行风险管理的重中之重。

（一）方案制定的条件

（1）环境风险是指外部的能够影响企业经营模式的风险因素，如政治风险、行业风险等。

（2）过程风险是指由于企业未能有效地获得、管理、更新与处置资产，或者企业未能有效满足客户的需求，或者存在资产的误用、滥用，企业未能创造价值的风险。

（3）决策所需信息风险是指用以支持企业经营模式、报告企业业绩、评估企业绩效等信息的不相关和不可靠所导致的风险。

（二）制定风险管理的解决方案

由于每个企业内外环境条件不同，面临的风险在特定时期是不一样的，因此企业就需要根据不同的具体业务事项实际遇到的风险状况，制定与执行特定的风险解决方案。企业战略面临风险较多，现以并购活动为例，说明在面临风险时具体采取的风险解决方案。

由于并购能够给企业带来规模经济、扩大市场势力、财务协同及降低经营风险等优势，很多企业积极进行并购活动，并把其作为重要的战略发展手段之一。企业并购与企业的整体发展战略密切相关，在一定程度上关系到企业长期发展的成功或失败。虽然在现实中并购活动具有很高的发生率，但是其成功率较低。企业并购活动中隐含着大量风险，必须采取有效措施，加以防范。

（1）并购信息风险防范的方法。为防范因信息不对称而给企业并购带来的风险，企业必须建立完善的组织机构，制定完备的信息管理制度，加强信息的收集与处理。另外，除了建立自己的信息收集机构外，企业还可以利用“外脑”（如管理咨询公司等中介机构）来完成信息的收集和处理。在实际操作中，如果处理得比较谨慎，或者外界的服务到位，许多风险是可以避免的。

（2）并购决策风险防范的方法。并购单位必须与企业的发展战略保持一致。在作出并购决策时，应做好如下工作：①对目标企业进行全面的调查和研究，收集与并购企业相关的信息，并依据这些信息对并购企业进行详细、全面、具体的分析、评价与对比，最终确定并购符合企业发展要求的目标企业。②对并购方案进行可行性分析研究。只有对目标企业的发展前景、经济效益以及并购方式等情况进行全面系统的分析与论证，才能为选择目标企业提供依据。

（3）并购整合风险控制的方法。目标公司被并购后，必须对其组织结构、管理体制等进行调整，使之与并购企业相适应。此时，应根据双方的管理风格与管理风险进行综合考虑。如果两者相近，则可以并购方的管理风格对目标公司的管理予以彻底改造；如果相差太远，就应在充分尊重目标公司管理风格的基础上，逐步改进，以避免管理冲突的风险。同时，对于目标公司具有的管理优势，应尽量吸收。

第三节　内部控制与风险管理设计流程

一、内部控制设计概述流程

内部控制设计具体研究内部控制制度的设计原则、方法和程序，是对内部控制制度设计的基本问题进行说明与分析。各企业在设计内部控制制度时，必须熟悉内部控制制度设计的原则、方法与程序，以明确内部控制制度设计的基本要求，确定内部控制制度设计所选择的方法，规范其设计的程序等，从而为进行内部控制制度设计提供规程方面的引导。

（一）内部控制设计原则

按照《企业内部控制基本规范》的要求，内部控制设计应当遵循以下原则。

1. 合规性原则

合规性原则是指内部控制的设计应当遵循国家有关的法律法规和本企业的规章制度，确保国家法律法规和企业规章制度能够得到贯彻落实。与内部控制相关的国家法律法规主要包括《中华人民共和国会计法》《企业会计准则》《企业内部控制基本规范》及其配套指引中的有关规定。企业设计的内部控制制度只有与国家的法律法规相符，才能将内部控制与外部监管有机地结合起来，保证内部控制的有效性。在这一制度下产生的会计信息和其他经济信息，才能获得政府、投资人、债权人、客户、供应商以及社会公众的认可。企业的规章制度一般包括企业章程、财务管理制度、会计核算制度、预算管理制度、成本管理制度、资产管理制度、业绩考评制度，以及采购、生产、销售、筹资、投资、资产、利润分配等方面的管理制度。企业设计的内部控制制度只有与企业的相关规章制度协调一致，才能保证内部控制的实用性，最大限度地实现内部控制效应。

2. 全面性原则

内部控制制度应当涵盖企业内部的各种经济业务、各个职能部门和工作岗位，并针对业务处理过程中的关键控制点，将内部控制落实到决策、执行、监督、反馈等环节。

对于内部控制涉及的业务范围来说，其应当覆盖企业所有的经济业务，包括货币资金收支业务、材料物资采购业务、资产盘存业务、产品销售业务、筹资业务、债权债务结算业务、投资业务、在建工程业务、担保业务等。从理论上讲，内部控制的范围扩展得越大，控制就越是严密，作用也就越大。因此，绝不能因为经济业务发生的频率较低，涉及的金额不大而忽略。但是，基于企业的经营规模、业务的复杂程度、内部组织机构、办事人员的分工等具体情况各不相同，内部控制的要求可以有所区别。一般情况下，对于经济业务比较简单，种类较少，涉及金额不大，企业经营者能够经常过问、了解并掌握各项业务发生情况和财务收支情况的小型企业，内部控制应重点关注货币资金的收支业务。因为货币资金收支业务发生频繁，而且大多数业务与企业外部发生关系，因此发生错误和弊端的可能性一般较大。对于经济业务种类繁多、内部分工较细、对外关系复杂、企业经营者难以随时掌握各方面情况的大中型企业，内部控制的范围必须扩展到企业的每一种经济业务。

对于内部控制涉及的部门和岗位来说，应当覆盖企业所有的职能机构和工作人员。无论是拥有决策权的管理层还是处于执行环节的职能部门，以及相关的监督部门，都必须纳入内部控制的范畴。无论是董事长、总经理、部门经理，还是一般工作人员，都不能游离于内部控制系统之外。需要特别指出的是，绝不能把内部控制简单地理解为上层对下层的控制、领导对员工的控制、监督机构对执行机构的控制。任何单向控制的思维和做法都是错误的，也是无法取得理想控制效果的。在内部控制这一系统中，不管机构的级别多高，相关人员的职务多高，都必须服从内部控制的安排，执行内部控制的原则，自觉遵守内部控制的具体规定。换句话讲，内部控制面前人人平等，只有权限和职责的配置不同，而没有脱离内部控制的特权。

3. 重要性原则

重要性原则要求内部控制在强调全面性的前提下，充分关注重要业务事项和高风险领域。一般来讲，重要业务事项主要包括企业重大问题、重要干部任免、重要建设项目安排和大额资金使用等；高风险领域主要包括大额资金的借贷、大额资金的使用等。对于重要的业务事项和高风险领域，企业应当通过建立以下五种制度强化内部控制。一是集体决策制度，即由企业领导班子集体讨论决定；二是联签制度，即大额资金的筹集和使用必须由企业负责人、总会计师、财务部门负责人共同签字同意后，由财务部门和资金结算中心负责办理；三是全面预算管理制度，即通过科学的预算统筹安排和约束企业的主要经营活动，把所有投资、收入、成本支出纳入预算，减少随意性和盲目性；四是大额资金动态报告制度，即财务部门和资金结算部门应当定期向企业主要领导与主管领导报告大额资金的动态情况；五是资金结算系统业务办理的监督制度，通过事前、事中和事后的持续监督，强化重要业务事项和高风险领域的内部控制。

4. 制衡性原则

内部控制应当在治理结构、机构设置、权责分配、业务流程等方面相互制约、相互监督，并兼顾运营效率。企业经营管理必然要进行必要的分权，而权力需要约束。合理的治理结构、机构设置、职责与权力分配，科学高效的业务流程，才能保证各个机构、部门相互监督、相互制衡，从而达到平衡和稳定，防止某些权力“一股独大”。

5. 适应性原则

内部控制应当与企业的经营规模、业务范围、竞争状况和风险水平等相适应，并随着情况的变化及时加以调整。管理面对的是人和外在环境，不同的人、不同的环境必须采取不同的方式和程序进行控制，因此管理无定法，关键在于是否适合本企业的特点，满足实现控制目标的要求。简单的“拿来主义”很可能会出现“水土不服”，必须考虑本企业的经营规模、业务范围、竞争状况和风险水平等实际情况。

（二）内部控制设计的局限性

无论我们如何设计和制定内部控制制度，都不可能完全避免其自身存在的局限。健全完善的内部控制制度可以合理保证会计信息的质量、财产物资的安全、企业经营目标的实现，但不可能解决企业的所有问题。不能将“合理保证”等同于绝对保证，内部控制固有的局限使其不可能成为包治百病的“灵丹妙药”。诸如人为判断失误、经办人员串通舞弊、管理者滥用职权、成本效益原则限制、偶发性事项等，都可能在一定程度上削弱内部控制的功能。

1. 人为判断

内部控制的设计者难免因知识结构、实践经验以及基础资料所限而使内部控制制度达不到应有的高度和深度，甚至留有空白点，降低内部控制的效力。内部控制的执行者也难免因不熟悉内部控制制度、误解上级的指令、注意力分散，以及工作疲劳、情绪波动等降低内部控制的功能，甚至使内部控制完全失效。此外，一些基于人为判断的决策，需要通过事后的验证和反思才能发现是否正确、有效，事先设计内部控制制度时考虑不周，也会造成内部控制的“盲点”。

2. 串通舞弊

内部控制目的的实现，前提是经济业务的所有经办人员都能够严格执行制度规定，始终保持他们之间的相互联系、相互制约和相互监督关系。如果他们放弃了相互制约和相互监督，只保留相互联系而又存在不良动机，就会逐步产生串通舞弊行为。任何两个或多个人的串通都可能使内部控制失效，如会计与出纳合伙挪用资金、审批人和采购员与供应商共谋销售回扣、发包人与承包人串通提高工程造价等。

3. 滥用职权

管理者滥用职权的原因是管理者具有凌驾于内部控制制度之上的权力。国外的实践证明，即使是在具有较高诚信水平和较强内部控制意识的经济主体中，管理层凌驾于内部控制之上的现象也不可能完全避免。“管理层凌驾”是指出于个人利益或虚夸主体的财务状况或合规情况等不法企图，而拒绝执行既定的政策和程序。内部控制无论如何健全完善，都不能全面发现和彻底防范管理者特别是企业最高管理者滥用职权的现象。

（三）内部控制制度的设计主体

管理控制制度应该由单位最高管理层组织设计，无论由谁从事具体的设计工作，单位管理当局都应全面负责、认真研究并具体施行。制度设计是一项专业性、技术性和实用性极强的工作。

从事制度设计的具体人员无外乎有两种情况：第一种是单位内部专业人员，第二种是单位外部受聘专家。这两种设计人员从事制度设计工作各有优劣。单位内部人员自行设计，应在单位主要负责人领导之下，由总经济师、总工程师及有关职能部门负责人组成设计小组或委员会。设计组织在主要负责人（厂长或经理）的统一指挥与协调下进行一些必要的分工：技术管理制度可由总工程师负责领导设计；生产经营制度可由总经济师负责领导设计；涉及全面经济核算和财务管理方面的问题，均应征求总会计师的意见。如果会计控制制度和内部审计制度同管理控制制度一道设计，总会计师主要负责后两项制度的设计。由于总经济师是企业的合法代表，管理控制制度的总则部分（单位概况、经营思想、方针政策及组织功能等部分）也可由他负责设计，但要征询主要负责人、总工程师和总会计师的意见，要注意整个制度的协调性与统一性。总则部分也可以由主要负责人直接领导设计，或由总经济师、总工程师和总会计师共同设计。

由单位内部人员自行设计的主要优点是：了解单位经营的一切背景；熟悉单位的各种业务情况；能够节约设计时间和费用；容易获得单位有关部门或个人的协作，便于制度的实施与修改。主要缺点是：单位没有高级专业人才，在学识、经验及设计技巧上受到限制；

可能会受传统经营思想和传统经营方式的制约而故步自封，难于革弊立新；难以汲取各家所长和新思想、新方法，不容易做到大胆构想，往往只会修修补补，很难创新等。除了单位内部专业人员，也可以聘请外界专家设计制度。

聘请外界专家设计管理制度的优点和缺点恰好与内部人员设计相反。由于外界专家大多数受过专业培训，知识广泛，经验丰富，又可以站在客观的立场上，以新的构想进行不受传统拘束的设计，这样更能适合管理的需要，更能发挥管理制度的功能。然而，由于外界专家对被设计单位的情况不熟悉，要设计出可行的制度，需要进行较长时间的了解，故要付出较高的设计费用。

最理想的设计方式是以单位内部人员为主、聘请外部专家为辅组织设计，这样有利于扬长避短，使理论与实务相配合，设计出更适合企业管理需要的制度。

（四）内部控制设计的准备与实施

1. 内部控制设计准备

设计准备既是内部控制设计的首要环节，也是内部控制设计的基础。内部控制设计应从认识、人员、时间、经费保证上进行长期准备。若领导不重视，上下没有统一的思想认识，内部控制设计工作就很难有效推进。就具体内部控制设计技术层面的工作而言，主要包括以下八个方面。

（1）界定需求

界定需求，就是对内部控制设计需求的界定。内部控制设计需求因主体构建内部控制体系的动因而不同。为满足外部监管部门要求，内部控制设计要突出合规性和全面性，以满足监管部门要求为内部控制设计的出发点。满足主体内部需要的内部控制设计，要突出针对性和有用性。内部控制设计需求因主体及其运行的特点而不同。不同的主体有自己的特点，主体运行的特点在一定程度上决定了内部控制设计的需求是有差别的。一般来讲，内部控制设计需求包括：①设计或完善整个内部控制体系。②设计或完善重要项目或业务的内部控制制度，如建设项目、采购业务等内部控制。③改进商业流程或绩效。有些主体进行内部控制设计就是为了改进特定商业流程或提高绩效。这种情况下的内部控制设计，注重对商业流程的分析或影响绩效诸多要素的分析。主体进行内部控制设计的需求是复杂多样的，在内部控制设计准备阶段，界定需求对内部控制设计至关重要。

（2）分解目标

分解目标，就是对内部控制目标进行细化。内部控制目标是设计内部控制的方向。确定内部控制总体目标是需要的，但过于笼统宽泛的内部控制总体目标不便于进行内部控制设计，内部控制目标应当具体且便于理解。因此，内部控制设计者应当对内部控制整体目标进行分解，以便进行内部控制的设计。

（3）成立小组

成立小组就是要成立内部控制设计项目组，这是内部控制设计准备阶段的重要步骤，是内部控制设计工作能够有效进行在组织和人员上的保证。内部控制项目组包括领导组和工作组，工作组还可进一步细分。不管项目组如何组成，也不管项目组如何细分，领导是关键中的关键，内部人员和外部咨询专家的相互配合至关重要。

（4）收集信息

收集信息就是收集内部控制设计方面的初始信息，是内部控制设计准备阶段的基础工作，是内部控制设计项目组的一项重要日常工作，应贯穿内部设计全过程。收集的信息因单位、项目的不同而不同，但国家有关法律法规、组织结构、部门岗位职责及现行各项规章制度是最基本的信息。

（5）初步了解

初步了解就是初步了解内部控制状况，是制订具有针对性的内部控制计划和实施方案的前提。

（6）制订计划

制订计划就是制订内部控制设计工作计划，是对内部控制设计项目实施全过程所做的综合安排。涉及几个项目组的大项目，制订综合性的工作计划是必要的。一般的小项目工作计划可与实施方案合并。

（7）编制方案

编制方案就是编制内部控制设计项目实施方案，是实施具体内部控制设计项目的具体依据。内部控制项目实施方案要具体、可操作，一般应包括具体目标、具体内容、具体人员、具体时间、具体流程、具体方法、具体要求。

（8）下发倡议

下发倡议就是下发内部控制设计倡议书或通知书，为内部控制设计工作造势。内部控制设计工作涉及面广、难度大，需要多部门全力配合。这就需要高管人员的领导和支持。在内部控制设计开始前，下发倡议书或通知书，并由高管人员组织涉及内部控制设计的有关部门干部和员工召开内部控制建设启动仪式，阐明进行内部控制设计的必要性和现实意义，并提出配合要求，会起到事半功倍的作用。

2. 内部控制设计实施

（1）评估内部控制成本

由于内部控制设计应当遵循成本效益原则，因此内部控制设计者应当对企业现行的内部控制系统进行描述，调查内部控制现状，从而确定满足内部控制设计需求、实现内部控制设计目标所需要付出的内部控制成本。主要包括：①调查内部控制现状。内部控制设计者应当向有关人员询问内部控制情况，查阅有关内部控制的管理制度和文件，查阅以前年度有关内部控制评价的档案。②评价内部控制的健全程度。内部控制设计者应当将内部控制现状与内部控制标准进行对比，确定内部控制的缺陷和潜在风险，进一步评价内部控制的健全程度。③评估内部控制成本。在对企业现行内部控制体系有所了解和进行评价后，内部控制设计者应当初步评估达到预期目标将要发生的控制成本，从而决定内部控制设计阶段将要采取的控制措施。

（2）制订内部控制设计实施计划

经过对内部控制设计需求的界定，确定了内部控制设计的目标以及评估了内部控制环境和内部控制评估成本，注册会计师应当制订内部控制设计实施计划，包括人员、时间及具体设计活动安排等。

（3）整合控制流程

控制流程是根据顺序连接，对某项业务活动进行内部控制的步骤以及相应的环节。它通常同业务流程相吻合，主要由控制点组成。当企业的业务流程存在控制缺陷时，则需要根据控制目标和控制原则加以整合。

（4）鉴别控制环节

实现控制目标主要是控制容易发生偏差的业务环节。这些可能发生问题因而需要控制的业务环节，通常称为控制环节或控制点。控制点按其发挥作用的程度分为关键控制点和一般控制点。那些在业务处理过程中发挥作用最大、影响范围最广，甚至决定全局成效的控制点，对于保证整个业务活动的控制目标具有重要的影响，即为关键控制点；相比之下，那些只能发挥局部作用，会影响特定范围的控制点，为一般控制点。如材料采购业务中的“验收”控制点，对于保证材料采购业务的完整性、实物安全性等控制目标都起着重要的保障作用，因此是材料采购控制系统中的关键控制点。相比之下，“审批”“签约”“登记”“记账”等控制点，即一般控制点。需简要说明的是，关键控制点和一般控制点在具备确定的要求下是可以相互转化的。某个控制点在此项业务活动中是关键控制点，在另一项活动中则可能是一般控制点，反之亦然。

（5）确定控制措施

控制点的功能是通过创立控制技术和手续而完成的。这些为防止和发现错误而在某个控制点所应用的每种控制技术和手续等，通常被概括为控制措施。如现金控制系统中的“审批”控制点，就设有：①主管人员授权办理现金收支业务；②经办人员在现金收支原始凭证上签字或盖章；③部门负责人审核该凭证并签章批准等控制举措。银行存款控制系统的“结算”控制点则设有：①出纳员核查原始凭证；②填制或取得结算凭证；③加盖收讫或付讫戳记；④签字或盖章；⑤登记结算登记簿等控制措施。以上两个控制点的不同，说明由于其控制的业务内容与实现的控制目标不同，相匹配的控制措施也不相同。因此，实际工作中，必须根据控制目标和对象采取相应的控制技术与手段。

二、风险管理设计流程

（一）拟定风险管理目标

结合子系统的属性和功能，把风险管理基本目标分解到该子系统，形成子系统的具体分解目标。

（二）分析整合风险管理流程

企业的风险管理流程是贯穿某项业务活动始终的基本风险管理步骤及相应环节，通常与业务流程相吻合，并主要由风险管理点组成。

在对现有流程进行分析描述时，设计人员应当熟悉企业基本业务的要求及其过去的惯例，并收集和吸收业务第一线员工的意见和看法。当发现企业的业务流程存在缺陷（不完整、不符合实际或者太烦琐）时，应当根据风险管理目标和风险管理原则加以整合，力求简洁、系统地归纳整合出企业所有的业务流程。

（三）鉴别重要风险管理环节

鉴别重要风险管理环节的目的在于实现风险管理目标，防止关键风险管理与业务环节发生偏差。在企业的所有风险管理流程中，我们称容易发生错弊而需要风险管理的业务环节为关键环节或风险管理点；业务处理中发挥作用大、影响范围广，甚至起决定性的风险管理点，称为关键风险管理点，其他的称为一般风险管理点。在一定条件下，关键风险管理点和一般风险管理点是可以相互转化的。

（四）确定风险管理措施

企业风险管理措施是指为了预防与发现错弊而在某风险管理点运用各种控制技术和程序、方法的总称。由于风险管理的业务内容不同，所要实现的风险管理目标不同，因此相匹配的风险管理措施也不相同。

经过以上的流程，企业可以采取以下方式记录其风险管理因素。

（1）业务流程描述法。这种方法有利于打破企业内部不同部门之间的条块界限，按照业务事项发生的本质对各部门、各岗位的工作职责进行梳理，但可能存在业务流程描述冗长、控制点不清晰、风险列示不直观等不足。

（2）流程图标法。这种方法能够直观地表现业务事项发生发展的逻辑关系，重点突出，一目了然，但其缺点是不能全面记录流程详细内容，有些重要风险管理点难以用简练的语言高度概括。

（3）编写风险管理点列表法。这种方法有利于风险管理记录持续更新，较为方便地添加或删减风险管理点，但其缺陷是由于风险管理点之间的逻辑关系不强而容易存在风险管理点提炼不充分、遗漏重要风险管理点的可能。

（五）风险管理组织体系

1. 风险管理的组织

健全的风险管理组织是实现企业风险管理目标的组织保障。由于企业内外部环境的不同，不同企业的风险管理组织也应有所不同。企业应当从自身实际出发，建立有效的风险管理组织。

设立专门的风险管理机构对于加强风险管理、降低风险损失、促进企业内部风险管理的信息沟通具有重要的意义。实施风险管理的组织，对于风险管理的成败有重要影响。现代西方企业风险管理的流行做法是在董事会下设风险管理委员会，并在企业中设立独立于业务部门的风险管理机构，专门负责企业风险管理事宜。

2. 风险管理组织体系标准

风险管理组织体系的设计既是一门艺术，又是一门科学，企业应根据自身的具体情况选择适合自己的风险管理组织体系。人们仍然需要适宜的决策机构来破除企业中风险管理责任空缺和重叠的僵局。关键是要在现有管理组织结构的基础上发展，并把企业的经营模式、目标、文化和风险承受能力等因素纳入考虑的范围。在中小企业，风险管理组织机构可以像执行委员会那样简单，通过行使管理特权进行风险识别、风险评价、任命风险责任人、分析风险形成原因、批准行动计划和监督执行结果。但是，在规模较大且复杂的企业中，则需要设立风险管理总监和独立的风险管理委员会。

建立完善的风险管理组织体系，要认识企业经营的战略目标，在企业目标的基础上制定企业风险管理的目标。企业风险管理组织体系的建立，主要是为企业提供有效的预警机制及迅速的反应能力，也为企业提供可靠的业务资讯。企业风险管理组织体系的建立，要注重员工行为的改变，使员工的行为更加有利于企业风险管理的需要，同时保持精简的企业风险管理组织结构。风险管理组织体系的建立，要求根据企业承担风险的意愿，综合运用财务、运营和法规等基本的监督方式，还要注重企业内部的全面咨询，运用持续的监控策略来实现企业风险管理的目的。

第十一章　事业单位内部控制体系与建设

第一节　事业单位内部控制体系

事业单位通过内部控制可以对一系列经济活动做出有效管控，以此提高工作效率和质量。事业单位推进内部控制体系建设，不仅有助于增强履职能力，优化资金控制效果，同时还有助于保障国有资产的安全和完整。然而，当前事业单位在推进内控体系建设的过程中还存在一定问题，如内部控制制度建设意识薄弱、内部控制制度的实用性与可操作性不强、由于缺乏信息化支持导致内部沟通机制薄弱等。事业单位需要对上述问题做出优化和改善，以便更好地发挥内部控制的重要作用。

目前，多数事业单位已开始实施内部控制，但在推进内部控制体系建设的过程中还面临一定困难，导致内部控制的作用得不到充分发挥。因此，本章就事业单位内部控制体系建设策略展开研究和分析，具有较强的现实意义。

一、内部控制体系建设的重要性

（一）增强事业单位的履职能力

事业单位作为公共服务机构，承担着许多公益性责任，同时也需要承担相应的管理职责。建立完善的内部控制制度是确保事业单位有效管理的基础，只有建立完善的内部控制制度，才能更好地履行自身的责任，保证公众利益最大化。

（二）有助于事业单位的资金控制

事业单位是社会公共资源的使用者，其对公共资源的使用与管理有着至关重要的作用。事业单位通过构建科学的内部控制制度，可以规范资金的使用流程，确保资金的安全和有效运用，降低不必要的经营成本，提高财务管理水平。

（三）保障国有资产的安全和完整

事业单位承担着保护国有资产安全和增值的重要责任。为了履行这一责任，应构建健全的内部控制制度，加强对国有资产的监管和保护，有效预防国有资产的流失、损坏和滥用，确保国有资产的安全和完整。

二、事业单位内部控制体系建设面临的主要困境

（一）内部控制制度建设意识薄弱

随着社会经济的快速发展，事业单位在公共服务和社会管理等领域扮演着越来越重要的角色。然而，目前许多事业单位内部控制体系建设意识淡薄，使其在提高管理效率和风险防控方面面临一些挑战。

首先，不少事业单位内部控制体系建设意识淡薄，没有认识到内部控制的重要性，对内部控制制度建设重视和投入不足。这导致制度建设缺乏目标和规划，也缺乏有效的组织和资源投入。其次，不少事业单位内部控制制度执行力较弱，尤其是在操作程序及制度规范等方面存在较多漏洞，内部控制制度的要求得不到贯彻执行。由于缺乏有效的内部控制培训和监督机制，员工对内部控制制度的认识程度不高，无法形成操作规范和执行习惯。最后，内部控制体系建设意识淡薄，还会严重制约事业单位内部控制体系建设的效率和风险控制水平。在管理实践中，由于不能及时发现和解决管理中出现的风险，造成资源浪费和不必要的损失。

（二）内部控制制度实用性不强，缺乏可操作性

目前，一些事业单位内部控制体系存在实用性不强，缺乏可操作性等问题。首先，内部控制制度的可操作性较差，具体体现在制度内容较抽象、笼统，理论性强，指导实践的作用不足，很难将内部控制制度落实到实际操作中。缺乏实践性的内部控制体系，不能对事业单位的工作起到指导作用，不能有效解决事业单位管理中存在的问题。其次，内部控制制度缺乏可操作性，主要表现为内控程序繁杂、难懂、难以落地实施等。不少事业单位的内部控制制度过于复杂，员工很难理解和掌握。由于制度与实践脱节，在实施过程中可能会遇到困难，如费时、低效等问题，导致实际管理效果不佳。最后，对内部控制系统的培训与宣传不足，导致内部控制系统的实效性不强。许多事业单位建立内部控制制度之后，忽视相关的内部宣传与培训，导致员工对内部控制工作的重要性和操作方法不够了解，从而不能有效地执行内部控制制度。

（三）内部沟通机制薄弱，缺少信息化支持

目前，不少事业单位普遍存在内部沟通机制不健全、信息化支撑不足等问题。这在一定程度上影响了部门之间的合作，降低了决策效率。首先，事业单位内部的交流机制薄弱，主要表现为信息传递不顺畅。一些事业单位不同部门和岗位之间存在信息共享和传递不畅的情况。在信息传递过程中极易产生信息传递不及时和不准确的问题，造成事业单位内部的信息不能顺畅流动，在工作协同和决策制定等方面产生困难，影响工作的效率和质量。其次，内部交流机制不健全，信息化支撑不足也是重要原因。很多事业单位对信息化建设的投入很少，缺少专业的智能工具支持内部交流，从而无法提供一个高效便捷的沟通环境，

影响了沟通的效果和效率。最后，由于缺乏信息化支持，很难实现信息共享、记录与追踪，影响了内部的协作与决策质量。

（四）财务管理监控不到位

在财务管理的监控方面，事业单位也存在一些不足，给经营和发展造成了一定的风险和挑战。首先，事业单位在监管和评估的关键环节出现了数据质量不高的问题。许多事业单位在财务管理中缺乏完善的监测手段，数据收集不及时，分析评估不准确，导致无法及时了解财务管理的执行情况和结果，难以发现潜在的问题和风险。其次，事业单位的经营风险防控不足。缺乏有效的预警机制和防控措施，导致在财务管理中可能面临无法及时发现问题并采取应对措施的风险。最后，财务管理监控力量不足还表现在对工作流程的监督和改进方面。许多财务流程没有被明确定义和规范，导致各环节之间的工作不协调、流程不畅通。缺乏有效的流程管理和规范，无法对关键流程进行监督和控制；缺乏有效的监督和改进机制，无法及时发现并解决财务流程中存在的问题；流程改进缺乏系统性和持续性，造成财务流程中的缺陷和低效现象得不到及时纠正和优化，严重影响工作效率与质量。

三、事业单位内部控制体系建设的优化策略分析

（一）增强内部控制意识

首先，领导层应树立内部控制意识，并将其融入单位的战略规划。领导干部要以身作则，积极宣传内部控制的意义和作用，引导员工树立正确的管理观念。其次，事业单位应加强内部控制人员的培训和教育。通过培训课程、讲座和内部沟通等方式，让员工了解内部控制的基本概念和原理；通过对实际案例的分析和讨论，让员工认识到内部控制的重要性。再次，明确事业单位内部控制的目标及规划，为建设内部控制指明方向。在制定内部控制制度和操作规范过程中，需明确各部门和岗位的职责及权力，并构建内部控制培训和监督机制，确保内部控制制度的有效实施。最后，应加强对内部控制结果的评估和改进。可以定期进行内部控制的外部审查和自评，及时发现内部控制存在的问题和风险，采取相应措施改进。通过持续的自我反思和改进，不断增强内部控制的效果。综上所述，增强内部控制意识是事业单位提升管理效能和风险控制能力的基础。通过加强领导层的引领作用、加强培训教育、制定明确的目标和规范、加强评估和改进等措施，可以提高内部控制意识，确保内部控制的有效实施，提高工作的质量和效率，促进事业单位的可持续发展。

（二）优化内部控制环境

首先，事业单位需要树立良好的文化环境。领导层要起到表率作用，推崇诚信、透明和廉洁的价值观，鼓励员工注重道德伦理，塑造良好的内部控制文化。其次，应建立健全内部控制制度和程序，确保单位目标和风险得到管控。再次，要制定完整的内部控制操作

手册，为管理者和员工提供清晰的操作指南，并强化对内部控制政策和程序的有效落实。最后，可引入现代科技手段，提高内部控制的信息化水平。通过建立内部控制信息系统，全面监控和分析单位内部的经营过程、财务数据以及潜在风险。通过对数据的分析和挖掘，及时发现异常状况和风险信号，为管理人员提供决策支持和预警信息。基于此，树立良好的道德意识，制定明确的内部控制政策和程序，建立有效的内部控制监督机制以及利用先进的信息技术等手段，可以帮助事业单位营造高效、透明及合规的内部控制环境，提高管理水平和风险控制能力，进一步提高可持续发展水平。

（三）增强事业单位内部控制制度的可操作性

增强事业单位内部控制制度的可操作性是确保制度顺利执行的首要条件。首先，事业单位需定期审查并修订内部控制制度，确保其与实际情况相符，并能够适应不断变化的环境和管理需求。制度应与相关法律法规的要求保持一致。其次，应制定清晰明确的操作流程和标准，明确各环节的责任和权限。这样能够帮助员工准确执行制度，避免操作上的模糊和混乱。再次，应为员工提供相关培训和指导，使其了解内部控制制度的重要性及操作方法，使其能够正确执行和应用制度。最后，事业单位应建立内部沟通渠道和协作机制，以促进各部门间的密切合作和信息共享。这有助于确保制度的顺畅执行和互补衔接，避免信息断层和重复工作。

（四）加强事业单位信息化建设

在数字时代背景下，加强事业单位信息化建设是提高内部控制效率的关键举措。信息化建设能为事业单位提供有效、准确、全面的数据支撑，提高信息披露与决策能力，推动内部控制的优化与升级。首先，构建完善的信息化体系结构与基础设施，包括硬件、网络、软件平台等，以保证信息化体系的稳定、高效运行，为内部控制提供技术支撑。其次，要对各个金融管理系统及数据平台进行合理的规划与建设。为保证数据的安全、完整，应建立集中式的数据存储、管理平台。同时，内部控制系统要与各财务管理系统实现无缝衔接，实现数据共享、信息流动，以提高内部控制的协同性、有效性。再次，运用现代科技手段加强事业单位的内部控制。例如，利用人工智能、大数据分析等技术，对海量数据进行挖掘与分析，及时发现异常状况与潜在风险，从而为单位提供预警与决策支持。引入区块链等技术，提高数据的可信性及可追踪性，提高内部控制的透明度及合规性。最后，还应加强对内部控制人员的信息化素养培训，加强对信息安全与风险的防范，更好地运用信息化工具支持内部控制的实施。因此，要想提高内部控制的有效性，就必须加强内部控制的信息化建设。通过建立完善的信息系统架构，规划和建设各个财务管理系统和数据平台，利用先进的技术强化内部控制，可以有效结合内部控制与信息化技术，提高内部控制的准确性、时效性和效率，推动管理水平不断提高，为单位的长期、稳定发展注入新的活力。

（五）健全事业单位财务管理监督机制

完善事业单位财务管理监督机制是提高内部控制有效性的关键。财务管理监督机制指的是对事业单位的财务管理进行监督和检查，旨在确保财务管理的合法性、规范性和透明性。

首先，需要明确财务管理监督的程序和组织架构。确立监督的流程和指南，明确各环节的职责和操作规程。同时，建立专门的监督机构或指派人员对财务管理进行监督与检查，及时发现问题并采取相应的补救措施。其次，要加强对事业单位财务管理风险的评估和控制。通过风险评估，确定财务管理的风险等级，制定相应的监督措施和应对策略，建立风险预警机制，及时发现潜在风险并采取有针对性的控制措施。最后，应加强内外部的监督和评价。内部监督机制包括内部审计、自查和自评等，能够发现财务管理中存在的问题和不规范现象。外部监督包括政府监管及独立机构的审查和评估。通过第三方监督，提供客观的意见和建议，可以促进财务管理的规范和透明。

四、大数据时代下事业单位内部控制

（一）大数据时代对事业单位控制的优势

大数据时代具有以下四个特点：其一，信息的巨量性。大数据时代的最大特点是信息具有巨量性，在信息技术充分发展的背景下，一些传统的资料已经实现数据化，现在一些事业单位已经实现无纸化办公，这种情况下的信息的数量具有大幅度的提高，同时一些配套信息技术设施的建设也使得数据更加庞大。其二，信息的多样性。大数据背景之下的数据具有多样性，包含大量丰富的信息，给管理和信息的获取带来了巨大的优势。其三，信息处理高速性。在大数据时代，信息处理的速度有了大幅度提升，检索信息与处理信息更加方便和快速。其四，价值性。一些关键的信息以数据的形式存在，导致数据具有巨大的价值，因此大数据时代对于事业单位的内部控制具有很大的优势。

1. 整合信息

依托大数据的发展，信息的处理速度和信息的获取速度都得到了很大的提升，事业单位能够在投入不多的人力资源的前提下对信息进行有序的整理和调取，大数据技术在事业单位内部管理中的运用能够及时对相关信息进行分析，为工作的协调提供了足够的信息基础。利用大数据技术还能充分地对信息进行整理和归纳，对信息实现分类和整合，同时还能对数据的特征进行分析，对内部控制的内容进行合理的安排和区分，提高事业单位内部控制的效率。

2. 拓宽信息渠道

通过大数据技术和信息技术能进一步提高信息获取的效率和渠道，利用大数据技术对相关的信息进行收集和整合，更加高效地收集工作人员工作情况的信息，给工作人员的考核提供了便利，有利于建设完善的员工考核体系。在充分收集信息和充分分析信息的基础上提高考核的客观性和准确性。尤其是对财务制度的进一步完善具有重要作用，事业单位能够更加及时准确地掌握单位的财务数据信息，为事业单位的财务工作提供有效的信息支持，了解事业单位运行的各个方面的情况，保证事业单位内部控制工作的顺利开展。

（二）大数据时代下事业单位内部控制的优化

1. 提高对大数据内部控制的认识

针对当下事业单位中结合大数据技术对内部控制进行优化认识不足的现状，应该提高对大数据技术的认识和内部控制的认识，提高对内部控制技术进行优化的动力。事业单位的主要负责人应该在事业单位的管理中不断进行学习，掌握新型的管理理念，提高管理能力，完善事业单位内部控制机制的建设，提高对大数据技术优势的认识，充分结合大数据技术和事业单位现状提高内部控制机制和大数据的结合水平。在大数据发展潮流的引领下，事业单位应该以积极的心态迎接大数据时代的到来。事业单位应该加大对大数据相关知识的宣传力度，充分有效地将事业单位的内部控制和大数据结合在一起，不断加深对大数据时代下事业单位内部控制体系的理解。

2. 强化监管机制的建设

优化事业单位内部控制应该进一步强化监管机制的建设，在大数据背景下促进信息之间的沟通具有十分重要的意义，因此在信息的传递和沟通交流的过程中应该进一步加强相关的监管机制的建设，对事业单位内部运行结构进行优化和改革，实现信息的高效传播和交流，保证信息交流的效率性和安全性，对内部的具有重要价值的信息进行有效的控制。审计工作对于事业单位的运行具有重要意义，因此应该进一步提高审计工作建设的效率，提高审计工作的独立性和权威性，加强对审计工作的内部监督，在大数据时代一些关键信息作为数据的形式存在，因此应该进一步对数据和书面资料的一致性进行有效的审核，防止审计工作出现差错。

3. 做好安全防范工作

大数据背景下对数据的安全性提出了更高的要求，在结合大数据进行内部控制优化的过程中应进一步加强相关的安全防范机制的建设，保证重要数据的安全性，信息技术的发展使一些不法分子可以在不被察觉的情况下对数据信息进行盗取，给事业单位的正常运行带来极大的风险，因此在实际的过程中应该进一步对安全风险进行防范，对数据进行严格的保护，对重要数据进行定期的备份，防止重要数据的删除带来的不良影响。尤其是在事业单位的运行中可以通过专门的部门保护信息的安全性，对数据进行及时的分析和维护，提高信息分析的协作性，在充分分析数据的基础上对事业单位的工作进行有效的安排，提高事业单位的工作效率。

4. 利用大数据提高财务管理水平

大数据的发展给事业单位的财务管理带来了巨大的优势，在财务的管理中通常会涉及许多重要信息，结合信息技术的发展，充分利用信息技术的优势，能够帮助事业单位利用信息技术对财务信息进行有效的处理和审核，利用先进的会计信息管理系统和财务管理系统提高事业单位内部的财政管理水平。首先，应该对财务管理人员进行明确的分工，强化责任感，对信息进行及时的处理和分析，保证信息的安全性，做好信息系统的维护工作，通过有效的分工和协作提高财务管理水平，事业单位还应该进一步提高事业单位工作人员对于信息技术和处理软件的运用能力，提高工作效率。其次，在财务信息系统的管理过程中应该注意保密工作的开展，严格限制保密信息的访问权限，对财务管理系统的操作权以及信息的修改和使用作出严格的规定，防止重要信息的非法获取或者篡改，对事业单位内部控制进行有效的优化。

第二节　资产管理控制建设

一、资产管理控制目标及职能分工

（一）控制目标

事业单位根据相关法律法规，结合本单位实际，建立健全内部资产管理制度。合理设置资产管理岗位，明确岗位职责，确保不相容岗位相分离；建立单位资产配置标准体系，优化新增资产配置管理流程；加大资产调控力度，提高单位日常资产使用管理水平；完善单位资产处置，防止国有资产流失；规范资产收益管理，确保应缴尽缴；加强资产清查核实，实施全过程管理监督。

货币资金管理方面，建立货币资金管理岗位责任制，不相容岗位得到有效分离；规范印章管理，建立货币资金授权审批机制；加强银行账户审批，保证银行账户的设置、开立、变更和撤销合法合规，银行账户使用规范；加强对银行账户的管理监督，保障货币资金安全；货币资金定期或不定期核查，确保账实相符、账账相符。

实物资产管理方面，设置归口管理部门或人员，加强实物资产的取得和验收管理，加强对实物资产日常使用的监管；资产处置经过适当审批，资产处置方式合理，处置过程合法合规，处置收入及时上缴财政。

无形资产管理方面，无形资产投资项目需经过分析和研究；规范无形资产日常管理；无形资产处置合法合规，处置方式合理。

对外投资管理方面，管理岗位和归口管理岗位设置合理，岗位职责明确，不相容岗位相互分离；建立对外授权审批制度，确保单位对外投资的合规合法性；建立投资决策控制机制，明确投资意向提出、可行性研究、集体论证以及投资审批的程序；建立投资决策责任追究制度，确保投资行为的科学合理。

（二）内部部门分工及职责

1. 综合管理部门（财务部门）

贯彻执行国家有关法律、行政法规和政策，制定单位资产管理规章制度，并组织实施和监督检查；负责货币资金的归口管理工作；根据资产配置标准的有关规定，审核或审批资产购置、无偿调拨、内部调剂等事项；按国家规定权限审核或审批固定资产出租、出借和处置事项；指导有关单位做好固定资产账务处理工作；监督固定资产使用收益和处置收入的上缴；组织开展资产统计、资产清查；组织开展国有资产管理信息化工作。

2. 归口管理部门（资产保管、使用部门和信息部门）

资产保管、使用部门负责资产的日常保管和使用，在职责范围内保护资产的安全与完好，防止毁损、丢失；发现资产异常情况及时向归口管理部门反映；负责固定资产的账、卡管理工作。具体实施资产统计、资产评估和清查盘点等工作；负责办公家具等固定资产的日常维修工作；负责办理权限范围内的固定资产配置、出租、出借、处置等事项的相关手续；组织对拟处置固定资产进行技术鉴定和评估，办理已经批准的固定资产处置事宜；负责固定资产出租、出借收入，以及处置的变价收入和残值收入的归集、上缴；对授权管理的固定资产，包括车辆、电梯、空调、集中管理的图书和文物陈列品等实施具体管理；管理和维护固定资产管理信息系统。

信息部门负责本单位国有资产信息管理系统电子数据的维护和更新；负责技术保障和网络设备的运行维护；配合财务部门的资产管理工作，定期与其核对信息。

（三）不相容岗位分离

货币资金业务的不相容岗位：货币资金支付的审批与执行；货币资金的保管与盘点清查；货币资金的会计记录与审计监督。出纳人员不得兼任稽核、会计档案保管和收入、支出、费用、债权债务账目的登记工作。

实物资产、无形资产业务的不相容岗位：资产的请购与审批，审批与执行；资产的采购与验收、付款；实物资产的保管与相关会计记录；实物资产发出的申请与审批，申请与会计记录；资产处置的申请与审批，申请与会计记录。

对外投资业务的不相容岗位：对外投资项目的可行性研究与评估；对外投资的决策与执行；对外投资处置的审批与执行；对外投资的绩效评估与执行。

二、事业单位资产管理风险点及内部控制措施

（一）资产管理风险点

1. 资产管理层面的风险点

事业单位资产管理制度不健全。由于事业单位对资产的使用权与所有权相分离，单位

内部并没有强烈的动机来实现资产的高效管理。受制于事业单位组织结构的固有缺陷，内部控制制度的设计带有较强的管理者的主观性，所以从制度源头上就形成了较为薄弱的内控环境，使得发挥内部控制的有效性变得更为困难。部分事业单位内部控制制度太过简单，并且执行力度不强，最终造成内部约束无力，无章可循，有章不循，违章不究，导致资产管理效率不高，国有资产流失。

岗位设置不合理，职务不相容岗位没有有效分离，各个部门各个岗位的职责也不明晰。或者一些事业单位虽然在形式上进行了分工，但是依然存在一人分担多个角色的管理混乱现象，导致舞弊的发生。

资产管理风险评估能力有待进一步提高。事业单位对资产管理能动性不足，使得其评估资产业务风险的能力被进一步削弱。未详细确立具体的财产清查领域、期限以及组织程序，缺乏对资产管理的全过程监督，导致国有资产毁损，甚至缺失。

资产管理信息化建设滞后。资产管理信息系统普遍未实现与财务系统对接，资源配置不合理、资产管理无效率。缺乏有效的资源管理共享平台，导致部分设备重复投入，使用效率不够高，而有的则长期闲置，严重浪费。

与资产内部控制相关的信息沟通不畅。目前，多数事业单位采用收付实现制来对资产业务进行账务处理，只有相关的会计人员或者业务经办人了解整个业务的基本情况，而管理者或者内部控制监管人员很难清楚地了解相关业务的具体情况，形成资产业务的不透明性，为参与业务的工作人员实施舞弊提供机会。在事业单位的内外部沟通上，没有要求事业单位强制披露其财务信息，所以单位内部的详细资产状况以及管理情况均无法被社会公众了解。

资产管理效益评估体系欠缺。资产使用绩效对管理环境的重视程度不够，造成资产管理效益低下，具体体现为资产配置的标准模糊、资产多年失修、大型设备使用率偏低、对外投资企业经营业绩不佳、资产出租出借不合规等问题，严重影响了资产的使用率和使用效益。而部分已运行资产管理效益评估体系的单位，存在评估结果利用率不高的情况。

2. 货币资金控制风险点

货币资金活动的审批制度缺乏严密性。许多事业单位没有按照内控规范的要求事先对授权审批的方式、权限、程序和有关责任控制等设计明确的制度规范，也没有对各个岗位的审批人员的职责进行书面约定与划分，导致出现问题后无法找到相应的责任承担者。

货币资金业务活动流程还不够健全，设计得过于简单，无法起到期待的监控作用。预算管理意识薄弱，缺乏“有预算才支出，没有预算不得支出”的管理理念。预算执行效果差，导致财政资金利用效率低下。银行账户管理松弛，有些事业单位不能做到收入及时入账，甚至不通过银行核算就放在单位直接使用，还有一些事业单位存在多头开户的现象。对现金保管的风险控制不到位，很多事业单位在货币资金内部控制制度中明确了要加强对库存现金的管理，要定期不定期地盘点现金，也明确规定了盘点人员。但是由于缺乏很好的监督，具体实施时还是没有落实到位。有些事业单位的库存现金不能控制在限额内，库存现金经常会超出限定的额度，部分事业单位存有白条抵库的现象；印章、支票的风险控制不到位。受人员编制限制等原因，一些事业单位只有出纳和会计两名财务人员。常常由一个人独自保管所有业务相关的印章，或者将个人印章在未经授权的情况下随意地交由第三人使用。很多事业单位甚至为了业务方便，将审批人员的印章也一并交由出纳进行管理，大大增加了货币资金舞弊风险。

缺乏充分的、有效的内部监督机制。部分事业单位的纪律检查部门和内部审计部门没有发挥好应有的监督作用，对货币资金活动的监督存在管理力度不强、有法不依、执法不严等情况，这在一定程度上助长了货币资金活动中舞弊行为的产生。

3. 实物资产控制风险点

一是实物资产采购环节。应列入政府采购预算的采购项目未列入；采购项目不在已审批的采购计划之内或超出预算；未按规定选择采购方式；采用化整为零或其他方式规避公开招标；未按已审核的采购方式执行采购流程；对购进、接受捐赠的资产没有及时地按规定登记入账；质疑投诉处理不及时、不规范；采购项目未按时到货或完工；供货或项目结果不符合合同要求；采购档案管理不善、信息缺失，影响采购信息和财务信息的真实完整。

二是实物资产管理环节。采购型号及数量与采购合同、购置发票不相符；技术指标不合格；资产信息录入有误，与实际信息不符；闲置设备仍有利用价值的以报废形式回收并处置，降低资产使用效率；申请报废物资型号及数量与实际回收型号及数量不相符，造成资产流失；回收途中遗失造成资产流失；报废物资交接不明确，造成资产流失和账目不清；资产入库账目不清，库房设备信息不明确；对于资产在调配和使用过程中发生的资产流失，也未要求责任方赔偿补缺。

三是实物资产处置环节。资产处置没有严格执行审核审批程序，自行处置造成资产流失；未按照有关规定执行，有关人员徇私舞弊，可能导致资产流失、单位利益受损；招标标底泄露，违背公开招标原则，损害投标人利益，单位利益及形象受损；资产处置残值未及时上缴；资产出库账目不清，库房设备信息不明确；报废资产账目未及时进行账务处理予以销账，造成账实不符。

四是实物资产清查环节。使用单位及领用人名下资产不明确，资产不能实现动态管理；资产清查目标不明确，方法不健全，清查效果不明显；缺乏清查分析与总结，不能为整改工作提供理论依据。

4. 无形资产控制风险点

事业单位无形资产管理岗位设置不合理，权责不明确，一人经办无形资产业务全过程，导致舞弊现象的发生；无形资产投资立项未有规范的分析和研究，预算编制不合理，未经过适当授权或超过权限审批，支出不合理，造成财政资金浪费；无形资产验收不规范，不符合使用要求，未取得相关权利的有效证明材料，导致单位利益受损；无形资产使用缺少必要的保密制度，保密工作不到位，导致无形资产被盗用，无形资产中的技术、商业秘密被泄露；未对无形资产进行日常的评估、检查，内含的技术内容未能及时更新，存在无形资产贬值的风险；无形资产处置不规范，未经过必要的评估，处置价格偏低，导致单位利益受损；未按照国家有关财务制度对无形资产进行会计核算；无形资产初始成本计量不准确，摊销年限过长或过短，导致账实不符。

5. 对外投资控制风险点

对外投资项目未经财政审批。有些事业单位利用财政拨款、非税收入、经营收入、其他收入等资金来源进行对外投资，未向上级主管部门和财政部门办理审批手续，有的事业单位虽经主管部门同意但未报财政部门审批，由于机构改制、人员变动等多方面原因，这些事业单位对这部分投资失去控制，造成国有资产流失。

对外投资未经充分调研论证。对外投资项目论证不充分，投资项目未经过集体研究，不能准确把握国家投资政策和行业发展变化趋势，存在盲目投资、感情投资、关系投资的现象，导致投资回报率不高，资产保值增值能力差。对外投资审批程序不合规，未建立责任追究制度，由于缺乏有效监督，许多对外投资项目因此而失败。部分事业单位存在重投资、轻管理的现象，往往是只投不管，监管责任不落实。对投资项目的经营决策、经营管理情况、财务状况、经济效益等情况重视不够，未建立投资项目后期跟踪管理监督机制，对外资产投资收益的分配未严格限定，向经营者追索的投资收益较少。对外投资的诸多项目由于企业经营管理不善出现亏损，普遍存在投资无收益或收益甚微的现象，投资单位的合法权益均不同程度地受到侵害。

对外投资缺乏管理人才和经验。在事业单位全资或控股的投资项目，由于单位选派的经营管理人员缺乏管理经验，不懂市场行情和市场运作方式，多数事业单位未对全资或控股的投资项目规定实现销售额、上缴利润等具体经营指标和严格的奖惩制度，导致经营决策失误、管理不善，投资项目经营陷入困境甚至出现亏损，造成国有资产流失。对外投资核算不规范。有些事业单位使用往来款或支出科目核算，未按会计制度规定记入“对外投资”科目中，无法准确反映投资单位的资产结构和投资关系，导致投资所有权属存在隐患。此外，存在隐匿投资收益、投资收益体外循环，甚至设立小金库，通过借款转移投资，改制时低估资产等违规现象，导致国有资产投资收益流失。

（二）资产管理内部控制措施

1. 资产管理体系控制

（1）建立健全内部资产管理制度

事业单位应立足实际发展的需要，对各项资产管理制度及时做出补充和完善，确保资产管理更加有序、高效。国有资产管理制度体系应该做到全覆盖，形成管理全口径、全覆盖的资产管理规章体系。制度建设不仅要做到有章可循，还要便于管理：一是事业单位应将资产管理内部控制制度进行细化，如资产采购验收制度、日常使用管理制度、转让管理制度、报损报废制度、监督检查制度等，在资产管理的各个环节都能做到有据可依，有规范、有流程。二是资产管理各项制度要整体有序、环环相扣，相互之间不存在冲突，便于执行。制度应该全面，要考虑到不同管理层次的需求，要能落地、有效。同时要加强资产管理内部审计制度的执行，事业单位内部审计可适时开展资产管理专项审计，及时发现资产管理过程中存在的不规范、低效率的问题，并通过整改工作来落实解决资产管理漏洞，防范风险。

（2）合理设置资产管理岗位，明确职责权限

事业单位按照“统一领导、分类管理、归口统筹、分级负责、责任到人”的管理体制，根据本单位的“三定”规定和单位实际，合理设置资产管理岗位，确保不相容岗位相分离。通过明确划分各职能部门、管理岗位的职责权限来有效实现资产管理的内部控制。首先是内部各部门之间不相容职能之间要相分离。预算编制与资产采购的部门相分离，采购与验收的部门相分离，验收与入账的部门相分离，实物账与价值账的管理部门相分离，实物账与实物管理相分离。其次是资产管理部门不相容职务相分离。负责预算编制管理与负责采购管理相分离，负责采购管理与负责账务管理相分离，负责库房管理与负责账务管理相分离。最后是资产管理部门内部各岗位之间不相容岗位要相分离。库房管理岗位应与账务管理岗位相分离，资产采购岗位应与资产账务管理岗位相分离，库房管理岗位应与办理资产处置岗位相分离。

在实现分离控制的同时也要考虑成本效益原则。所以在实际工作中不能过于追求事业单位内部控制的层次和人员，要以高效、实用为出发点，根据事业单位的工作实际，有重点、合理地设置内控层次和人员岗位，明确各个层次的职责权限，强化各相应层次的责任，只有这样才能提高事业单位内部控制的有用性和效率性。

（3）识别资产管理风险点，采取相应的风险点控制措施

事业单位资产内部管理容易出现的风险点主要包括货币资金是否安全完整、资产配置是否科学、合理；采购是否按国家相关规定办理；资产验收是否规范；出入库手续是否齐全；账账、账实是否相符；使用过程中的领用、借用、归还手续是否齐全；资产出租、出借、对外投资的程序是否合法；在资产使用过程中是否存在损坏、丢失、浪费、闲置、使用率低下；是否严格按照规定进行资产处置，待报废资产是否账实、账账相符；资产清查是否全面彻底，是否存在隐瞒不报、账实不符的情况；等等。准确识别资产管理各环节的风险点并建立与之相匹配的控制措施是实现资产内部控制的切实保障。

（4）加强资产清查的核实工作力度

事业单位根据资产管理的工作需要，按照规定的程序、方法，对本单位进行账务清理、

财产清查，依法认定各项资产损益和资金挂账，对资产盘盈、损失和资金挂账按程序予以申报认定，从而明确事业单位资产总额。清查内容包括事业单位基本情况清理、账务清理、财产清查和完善制度等。其中，事业单位基本情况清理是指对纳入清查工作范围的所属单位户数、机构及人员状况等基本情况进行清理；账务清理是指对事业单位的库存现金、银行账户、有价证券、资金往来和其他基本账务情况进行核对和清理；财产清查是指对事业单位的各项资产进行全面的清理、核对和查实；完善制度是指针对存在的资产管理问题，进行总结分析，提出整改措施和实施计划，建立健全各项资产管理制度。事业单位对清查的资产盘盈、损失和资金挂账情况应该按照资产清查要求分类整理，提出相关处理建议。

（5）加快资产管理信息化建设，合理配置资源

事业单位应大力推进资产管理信息化的实践，加快构建本单位的资产信息管理平台，包括资产卡片管理、资产配置管理、资产使用管理、资产处置管理、产权登记管理、资产评估管理、资产收益管理、资产报表管理和查询分析。实现资产管理信息系统与财务系统的对接和完善。一方面，资产管理和预算、财务、实物等管理实现对接，从规范资金的投入使用入手，加大资金使用的审核力度，制订合理的资源配置计划。关注资金投入的目的性和针对性，要将有限的资金用在最适合、最迫切的地方；另一方面，建立资源共享平台，改变设备资产重复购置、闲置浪费的现状，结合本单位资产设备的管理情况，合理安排、调配资源，不断提高资产的利用率。利用资产管理信息系统对资产进行动态管理与监控，在节约人工成本的情况下，及时发现、解决资产管理过程中存在的各类问题，提高资源配置的效率。

（6）建立健全资产绩效评估体系，提高资产使用效益

事业单位要对资产管理的绩效进行评价，绩效评估体系能够在很大程度上有效降低资产管理成本，促进提高资产的使用效率。资产管理绩效评价应科学设立评价指标体系，基于客观性、可比性、系统性、合理性等原则，以事业单位资金投入后产生的效果、效率和效益为基础，借助定性与定量相结合的方法，形成一套较为完备的多指标体系，对国有资产管理的实效进行科学评价。事业单位应根据实际情况，根据管理需求的不同，合理确定评价重点，不断摸索适合自身需求的评价体系。

2. 货币资金控制

（1）建立健全货币资金管理体系

货币资金内部控制主要集中在财务部门内部进行，涉及出纳、会计、稽核、财务部门负责人、分管财务单位领导等岗位。

一是建立起货币资金内部控制的风险评估机制。具体来讲，可分为以下步骤：分析事业单位货币资金发生风险的原因，找出风险控制点，作为货币资金内部控制开展的参考；找出应对风险的手段措施，制作出货币资金业务风险控制的业务流程图；明确每个业务流

程中相关人员的责任；明确授权体系，明示各个环节的货币资金风险控制点，更好地规避风险；设置货币资金风险控制的评估人员，定期与财会人员交流，对货币资金风险进行实时监控，不断完善风险控制制度，进而更好地对风险进行评估控制；风险控制的评估人员定期总结出风险评估报告，向单位负责人进行汇报；对实施状况进行内部监督，更好地促进风险控制；货币资金内部控制活动执行的结果纳入每个相关人员的业绩考核，激励全员更用心地做好货币资金的内控工作。

二是不相容职务相互分离制度。货币资金的实施支付人员不能同时是审批人员，否则就失去了审批的意义；货币资金的保管人员不能同时担当记账工作；货币资金的保管者不能同时是授权保管的人；货币资金的记账人员不能同时担当审计工作；出纳不能在负责本职工作的同时又负责记账、开票等工作；货币资金业务经办人员要具有相应的资格并定期轮岗，防止出现舞弊行为。

三是不断规范货币资金业务流程。货币资金业务内控流程首先要从预算管理开始，强化预算管理是加强会计内部控制必不可少的一个环节，事业单位要严格执行经过上级确认批准的预算。控制费用首先要制定一套详细的内部费用控制指标制度，将各项费用指标进行分解，具体分摊到事业单位内部各个部门。会计核算首先要准确地反映出各部门费用指标的实际使用情况。其次要加强对收入原始凭证的控制。事业单位的各项收入都应及时存入银行，要杜绝账外账、“小金库”等各种现象。每一笔具体的收入都要有其相应的原始凭证，时间、金额都要能对应，通过对原始凭证的控制来确保收入能够足额入账。加强对结算方式的控制，结算时要尽可能减少经手现金的人员以及现金在外流动的时间，收到的现金要尽可能当天送存银行。资金支付采用转账或公务卡报销，尽量不采用现金结算。事业单位业务人员在需要用款时应提前提出付款申请，并且在申请单上写明支付的方式、金额、用途等内容。审批人应在其授权权限内对申请的真实性、金额、是否符合预算计划等进行审查，对于符合规定的申请予以批准，不合规定的申请不予批准，并且审批人员应对审批结果承担责任以防止越权审批及不当审批的现象。对于领导批准的申请进入财务人员复核程序的，财务人员要对申请的金额、用途、原始凭证的真实性、有效性、程序正当性等全面复核。对于手续不齐全的，要求申请人补齐手续，对于不合规的申请则退还申请人要求其纠正批准。最后，出纳人根据财务人员复核后的申请，按照其金额及支付方式付款。

四是票据、印章管理的内部控制。加强与货币资金有关的票据保管和使用。要制定相关的票据管理制度，明确各类票据的领购、保管及使用方法。与支付业务相关的票据应与支付所需印章交由不同人员保管，尤其是支票不得与财务章交由一人保管。一般法人章由出纳保管，财务专用章由主管会计保管，事业单位的公章则应由单位负责人或授权专人保管。印章的使用要实行使用责任制，相关负责人签字或盖章之前，要严格履行签字或盖章手续，要设置印章的使用登记簿，签字或盖章之前要履行相关审批手续并登记。

五是授权审批控制。有效的货币资金授权审批制度需要明确以下几个方面的内容：制定的授权审批制度要根据事业单位的具体业务状况量身定制，而不是随意套用其他事业单位的制度；授权审批权限层次分明，不同级别审批人员的权限及责任要规定清楚。要将普通授权与特别授权、个人授权与集体授权，授权与责任承担等关系处理好。处理个人授权与集体授权的关系时还应注意，既不能出现“一人说了算”的独裁现象，也不能出现“任何人都有否决权”的“全体审批”现象，并且要防止将财务支出业务分成几部分实行分块审批的“割据审批”现象，还必须明确货币资金支付业务的办理人员的职责，建立起相应的责任追究制度。每一笔货币资金业务都要按既定的审批流程进行审批，不能出现先支付后补手续的现象。

（2）健全银行账户管理控制机制

应加强对事业单位银行账户的管理，按照相关规定制定操作流程并严格执行，实行严格的账户审批制度。事业单位应根据工作需求，提出开立、变更和撤销银行账户的申请，并提供相关材料，经主管单位财务部门审核后，上报同级财政主管业务部门审核，由同级财政国库管理部门办理批复手续。事业单位持财政部门批复，按中国人民银行有关规定办理开立、变更银行账户手续。合理设置银行账户。事业单位银行账户包括基本存款账户、零余额账户、基本建设账户和其他专用存款账户等。如果有私设银行账户、随意注销账户的现象发生，一定要追查相关人员的责任并采取相应的措施以防止今后此类情况再次发生。加强银行账户的监督管理。事业单位应该由专人按规定负责核对银行账户，确保银行账户余额与资产负债表上对应的余额一致，同时要在货币资金内部控制制度中明确加强银行结算业务管理，并通过事业单位外部的审计来监督这方面的实施情况。

（3）对货币资金的核查控制

在货币资金从流入到流出的过程中，存在现金安全性的问题。在实际操作中，要加强对现金、原始凭证等的管理，并且按照相关法律规定建立账簿，建立定期检查的制度，定期盘点库存，及时与银行账目核对。只能由出纳负责现金的收支，其他人员一律不得接触现金；库存现金要严格遵守额度限制的规定，要将超出限额的现金及时存进银行；出纳要每天核对现金，并且要定期与会计账本核对；设置专人进行现金的盘点，核对盘点数额与账面数额是否一致，并且要将核对结果及时上报财务部门负责人；对收付款业务要及时完整入账。要对所有的原始凭证连续编号，作废的原始凭证不得随意撕毁或丢弃，要做好相应的管理。

同时要加强对事业单位内部货币资金内部控制的监管力度，建立货币资金内部稽核制度。在监督检查过程中一旦发现问题就应采取积极有效的措施，并对内部稽核制度进一步纠正和完善。同时，对相关岗位及人员的安排情况及授权批准制度的执行情况要进行监督检查，不容许出现不相容职务串岗及越权审批行为；对印章及票据的保管状况进行监督检查，不允许出现一人保管所有印章的现象。在设计内部审计工作制度时，要考虑对货币资金等业务进行监督检查的时间段及相关的处理程序。在监督时间点上不仅要定期检查，还要结合不定期检查，对于监督检查出来的内部控制可能存在的不足和缺陷，相关监督部门应当进行恰当的记录；对于已经存在的不足进行详细的阐述，并以书面的形式提交给单位领导。

3. 实物资产业务控制

（1）建立健全实物资产管理体系

事业单位应合理设置实物资产管理岗位，明确管理部门和相关岗位的职责权限，确保实物资产业务的不相容岗位相互分离、监督和制约。

对实物资产实施归口管理，设置资产管理部门，其管理职能包括：根据国家有关国有资产的法律法规和政策要求，结合单位实际，制定本单位内部实物资产管理制度和办法；负责资产的产权登记、资产记录、日常保管、清查盘点、统计分析工作，协调处理资产权属纠纷；提供资产基础信息，配合财务部门和政府采购部门开展政府采购预算、计划编制及审核工作；督促业务部门按照相关管理规定要求使用资产，定期检查资产使用情况，确保资产有效利用；在管理权限内办理资产处置事宜；定期与财务部门核对资产信息，确保资产账实相符、安全完整。

此外，事业单位还要制定严格的授权审批制度，明确授权审批的方式、权限、程序、责任和相关控制措施，划分工作人员的职责范围，提高实物资产的管理效率。

（2）实物资产采购业务控制

建立预算编制、政府采购等部门或岗位之间的沟通协调机制，在编制下一年度预算时共同审核预算申报情况。合理设置政府采购计划的审批权限、程序和责任。经审核的政府采购计划按照相应程序进行审批。审批后政府采购计划下达给各使用单位，作为使用部门办理政府采购业务的依据。责任主体为财务部门、资产管理部门。

使用单位应当以批复的采购预算和计划提出采购申请，业务部门负责人进行复核。责任主体为采购申请部门。资产管理部门对使用单位的采购申请进行审核。审核重点是否符合政府采购计划，采购成本是否在预算指标额度内，采购方式是否合规等。对采购进口产品、变更政府采购方式等事项加强审核和审批。责任主体为资产管理部门。

将招标公告、中标公告等信息在政府采购指定的媒体上依法公开。非政府采购项目按单位规定的相关流程进行采购。责任主体为资产管理部门和申请部门。

规定质疑答复工作的职责权限和工作流程。答复中形成的各种文件由采购管理部门进行归档和保管。质疑投诉问题要进行定期梳理报告，发现问题，改进工作。采购回来的资产由资产管理部门组织，资产使用部门进行验收和安装，验收人应注意查看实物型号、类别、品目、数量、单价、总价等方面是否与原始单据、合同相符，资产质量、参数是否符合招标要求，资产管理部门则应检查招标价格是否与合同付款价格相符。严格按照合同约定组织验收并出具验收证明。建立采购业务工作档案，定期分类统计采购信息。内部通报政府采购预算执行情况、采购业务开展情况。责任主体为资产管理部门。

（3）实物资产验收、日常管理控制

严格执行资产验收工作，经过验收合格的资产由资产管理部门按照合同所列资产明细清单登记实物账和卡片，并通知财务部门同步进行资产的价值账登记，实物资产账上应详细记录资产的去向、用途、经手人等，明确使用单位和责任人。执行入账审核工作，入账、审核分离、政府采购互相制约。入账工作人员在第一次入账后，应在购置发票上加盖已入账红章，防止重复入账情况发生。责任主体为资产部门和使用单位。

各资产使用部门领用实物资产后，应办理相应的领用、借用、归还等手续，加强对资产的维护、维修，提高资产的使用效率。资产归口管理部门定期对资产使用情况进行检查，及时将闲置资产在各部门之间进行合理调配。

建立并使用资产信息管理系统对资产进行管理，规定资产使用人在资产管理中的责任，实行统一领导，归口管理，分级负责，责任到人的管理体制；建立资产清查制度，撰写资产清查手册，严格按照资产清查相关规定执行，并要求清查部门出具资产清查报告；及时做好资产统计、报告、分析工作，并进行资产信息的内部公开。责任主体为资产管理部门、使用部门和资产管理人。

（4）实物资产处置控制

事业单位明确资产处置的范围、标准、流程和审批权限等。资产处置方式包括出售、出让、转让、置换、报损、报废、捐赠、无偿调拨（划转）等。处置资产的范围包括闲置资产、低效运转或者超标准配置的资产；因技术原因并经科学论证，确需报废、淘汰的资产；因单位分立、撤销、合并、改制、隶属关系改变等原因发生的产权转移的资产；盘亏、呆账及非正常损失的资产；已超过使用年限无法继续使用的资产；依照国家有关规定需要处置的其他资产。

资产使用部门将待报废的资产进行清理后报资产管理部门，按照有关程序进行处置。资产管理部门组织技术人员和使用部门对拟处置资产进行现场鉴定，对不符合处置要求的，退回使用部门重新申报；对于仍有利用价值的闲置资产执行闲置调剂流程，对在调剂期内确无其他部门响应的，依规定组织报废回收；资产管理部门与申请部门对报废资产进行现场交接，签订报废报损交接单，存档，以便日后对账、查证。对于处置后资产减少的资产使用部门，按照配置标准准许该部门做资产增量预算，同时资产管理部门和财务部门同步做资产实物账和价值账的减少登记。

需按照审批处置权限，经单位、主管部门、同级财政部门审核审批同意后办理资产的处置手续。资产处置收益按照规定实行收支两条线，处置收益及时上缴国库。

第十二章　事业单位预算管理与一体化应用

第一节　事业单位的收入

一、收入概述

（一）事业单位收入的含义

事业单位收入是指事业单位通过开展专业业务活动及其辅助活动所取得的非偿还性资金，主要包括财政补助收入、事业收入、上级补助收入、附属单位上缴收入、经营收入和其他收入等。

对于事业单位的收入，应从以下四个方面理解其含义。

1. 事业单位的收入是为开展业务活动和其他活动而取得的

事业单位的主要活动不是直接从事物质资料的生产、交通运输和商品流通，而是在教育、文化、体育、卫生等领域组织和开展各项业务活动和其他活动。由于这些活动具有非营利性的特点，因此事业单位开展业务活动的资金耗费一般不能从事业收入中得到完全的补偿，需要从财政部门获得财政补助收入，从主管部门或上级单位获得上级补助收入，来解决其开展正常业务所需资金。此外，事业单位还可以通过开展有偿服务活动和生产经营活动获得事业收入和经营收入，以补偿业务活动的资金耗费。

2. 事业单位的收入是依法取得的

事业单位取得的任何收入，都必须符合国家的有关法律、法规和规章制度的规定。事业单位开展业务活动的各项收费项目、收费范围和收费标准必须按照国家的有关规定，经过法定程序报经批准后方可取得。

3. 事业单位的收入是通过多种形式、多种渠道取得的

在社会主义市场经济条件下，事业单位的收入来源形式和渠道呈多元化趋势，既有财政或上级单位拨入或下级单位上缴的，又有本单位自己组织的。在财政或上级单位的拨款中，既有财政性资金，又有非财政性资金；既有经常性补助，又有专项拨款。在本单位自己组织的收入中，既有单位开展正常业务活动取得的经营收入，又有对外投资取得的收益、存款的利息收入等其他收入。

4. 事业单位的收入是非偿还性的

事业单位取得的各项收入，是不需要偿还的，可以用于业务活动和其他活动。事业单位取得的需要偿还的资金，应当作为负债处理，不能作为单位的收入处理。

（二）事业单位收入的管理

1. 事业单位收入的管理原则

事业单位收入的管理原则主要如下。

（1）收入统管，保证收入的合法性与合理性

事业单位应当将各项收入全部纳入单位预算，实行统一核算、统一管理。同时，各部门、单位在组织收入时，属于行政事业性收费的要使用省以上（含省）财政部门统一监制的票据；属于经营性收入的应使用税务发票，并照章纳税。各种收费项目和收费标准，必须按规定程序报经国家有关部门批准，对于各种收入要取之得当，用之合理，严禁乱收、滥用。

（2）依法合理组织各项收入，缴纳各种税费

要根据国家的有关收费政策和管理制度，将事业单位组织收入的活动纳入正确轨道，强调收入的合法性与合理性。收费时，要开具行政事业性收费专用发票。对按规定应上缴预算的收入和应上缴财政的收入要及时上缴，不能直接作为事业收入处理。对经营服务性收入，要依法缴纳各项税费。

（3）充分利用现有条件积极组织收入，提高经费自给率和自我发展能力

有条件的事业单位要按市场经济的要求，充分利用现有人、财、物等资源和设备，拓宽服务领域，扩大财源，增强自我发展能力。

（4）正确处理社会效益和经济效益的关系

事业单位开展各种组织收入的活动，必须将社会效益放在首位，必须有利于事业单位的发展，有利于社会主义精神文明建设。同时，事业单位组织各项收入要按照市场经济规律办事，讲求经济效益。事业单位要将社会效益和经济效益有机结合起来，不能片面追求经济效益，要在获得社会效益的同时取得较好的经济效益。

2. 注意划清各种收入界限

正确理解各项收入的含义必须从性质上划清各种收入的界限，尤其是以下主要收入的界限。

（1）财政补助收入与上级补助收入的界限

财政补助收入是指事业单位按照核定的部门预算和经费申报关系，从同级财政部门取得的各类财政拨款，包括正常经费和专项资金。上级补助收入是指事业单位从主管部门和上级单位取得的非财政补助收入，事业单位的上级单位用自身组织的收入或集中下级单位的收入拨给事业单位的资金。

（2）事业收入与经营收入的界限

事业收入是指事业单位开展专业业务活动及辅助活动所取得的收入。专业业务活动是指事业单位根据本单位专业特点所从事或开展的主要业务活动。辅助活动是指与专业业务活动相关，直接为专业业务活动服务的行政管理活动、后勤服务活动及其他有关活动。

经营收入是指事业单位在专业业务活动及其辅助活动之外开展非独立核算经营活动取得的收入，如科研单位的产品（商品）销售收入、经营服务收入等。

事业单位的经营收入必须同时具备两个特征：一是经营活动取得的收入，而不是专业业务活动及其辅助活动取得的收入；二是非独立核算经营活动取得的收入，而不是独立核算经营活动取得的收入。因此，事业单位经营活动规模较大的，应当尽可能进行独立核算，执行企业会计制度。有些事业单位经营活动规模较小、不便或无法独立核算的，可纳入经营收入中核算。

（3）经营收入与附属单位上缴收入的界限

经营收入是事业单位附属非独立核算单位开展经营活动或者某些经营性项目而获得的经济收入，如事业单位的车队、食堂等后勤单位。

附属单位上缴收入是指事业单位附属独立核算单位按有关规定上缴的收入，包括附属的事业单位上缴的收入和附属的企业上缴的利润等。附属单位补偿上级单位在事业支出中垫支的各种费用，应当相应冲减支出，不能作为缴款收入处理。

（三）事业单位收入的确认

事业单位应根据业务性质合理确定收入的实现。财政补助收入、事业收入、上级补助收入以及附属单位上缴收入等，应当在收到款项时予以确认。经营性收入应当在提供劳务或发出商品的同时收讫价款或者取得索取价款的凭证时予以确认。

当事业单位取得的收入为实物时，应根据有关凭证确认其价值；没有凭证可供确认的，可参照市场价格确定。

二、财政补助收入的管理与核算

财政补助收入是指事业单位按照部门预算隶属关系从同级财政部门取得的各类财政拨款。它来源于政府预算资金，是国家对发展各项事业的投入。

（一）财政补助收入的确认与管理

在国库集中收付制度下，财政部门对事业单位的拨款包括财政直接支付和财政授权支付，均与行政单位的核算相同。

尚未实行国库集中收付改革的事业单位，通过财政实拨资金方式取得财政补助收入。实拨资金方式是传统拨款方式，财政资金直接进入事业单位的开户银行并确认，再由事业单位按照部门预算使用资金。

按照部门预算管理的要求，财政补助收入分为基本支出补助和项目支出补助。基本支出补助是指事业单位用于维持正常运转和完成日常工作任务而从同级财政部门取得的补助款项，包括人员经费和日常公用经费。项目支出补助是指事业单位为了完成特定工作任务和事业发展目标，在基本支出补助之外从同级财政部门取得的补助款项。项目支出补助必须专款专用、单独核算、专项结报。

为了加强预算资金的核算与管理，事业单位应根据审批的部门预算编报季度分月用款计划。在申请当期财政补助时，填写预算经费请拨单并进行上报。事业单位在使用财政补助收入时，应按计划控制用款，不得随意改变资金用途。资金的用途如果确实需要调整，应报同级财政部门审批。

（二）财政补助收入的核算

为了核算财政补助收入业务，应设置“财政补助收入”科目。该科目贷方登记本单位收到的财政补助款；借方登记缴回或核销数，期末结账后无余额。

“财政补助收入”科目应当设置“基本支出”和“项目支出”两个明细科目，两个明细科目下按照《政府收支分类科目》中“支出功能分类”的相关科目进行明细分类核算。同时，在“基本支出”明细科目下按照“人员经费”和“日常公用经费”进行明细分类核算；在“项目支出”明细科目下按照具体项目进行明细分类核算。

1. 财政直接支付方式下的核算

在财政直接支付方式下，事业单位根据财政国库支付执行机构委托代理银行转来的财政直接支付入账通知书及原始凭证，按照通知书中的直接支付入账金额，借记有关科目，贷记“财政补助收入”科目。

因购货退回等发生国库直接支付款项退回的，属于以前年度支付的款项，按照退回金额，借记“财政应返还额度”科目，贷记“财政补助结转”“财政补助结余”“存货”等有关科目；属于本年度支付的款项，按照退回金额，借记“财政补助收入”科目，贷记“事业支出”“存货”等有关科目。

年度终了，根据本年度财政直接支付预算指标数与当年财政直接支付实际支出数的差额，借记“财政应返还额度——财政直接支付”科目，贷记“财政补助收入”科目。

2. 财政授权支付方式下的核算

在财政授权支付方式下，事业单位根据代理银行转来的授权支付到账通知书，按照通知书中的授权支付额度，借记“零余额账户用款额度”科目，贷记“财政补助收入”科目。

年度终了，事业单位本年度财政授权支付预算指标数大于零余额账户用款额度下达数的，根据未下达的用款额度，借记“财政应返还额度——财政授权支付”科目，贷记“财政补助收入”科目。

3. 实拨资金方式的核算

在实拨资金方式下，事业单位实际收到财政补助收入时，按照实际收到的金额，借记“银行存款”等科目，贷记“财政补助收入”科目。

4. 期末结账的核算

期末，将“财政补助收入”科目本期发生额转入财政补助结转，借记“财政补助收入”科目，贷记“财政补助结转”科目。期末结账后，“财政补助收入”科目应无余额。

三、上级补助收入的管理与核算

（一）上级补助收入的内容

上级补助收入是指事业单位从主管部门和上级单位取得的非财政性补助收入。这是主管部门或上级单位用自身组织的收入或集中下级单位的收入拨给下级事业单位的非财政性资金。上级补助收入并不是事业单位的常规性收入，而是一种调剂下级单位资金收支余缺的机动财力。

上级补助收入需要按照主管部门或上级单位的要求进行管理，按规定的用途安排使用。按照使用要求的不同，上级补助收入分为专项资金收入和非专项资金收入。专项资金收入应当专款专用、单独核算、专项结报；当年未完成的项目结转到下年继续使用，已经完成项目有结余的资金，应按规定缴回原拨款单位或留归单位转入事业基金。非专项资金收入是主管部门或上级单位拨入用于维持正常运行和保障日常工作所需的资金，无限定性用途，年度有结余可转入单位的事业结余并进行分配。

为了核算上级补助收入业务，应设置“上级补助收入”科目。该科目贷方登记实际收到主管部门或上级单位的资金数；借方登记期末结账转销数；期末结账后无余额。

“上级补助收入”科目应当按照发放补助单位、补助项目、《政府收支分类科目》中“支出功能分类”相关科目等进行明细核算。上级补助收入中如有专项资金收入，还应按具体项目进行明细核算。

（二）上级补助收入的核算

1. 平时核算

收到上级补助收入时，按照实际收到的金额，借记“银行存款”等科目，贷记“上级补助收入”科目。

2. 期末结账

期末，将“上级补助收入”科目本期发生额中的专项资金收入结转入非财政补助结转，借记“上级补助收入”科目下各专项资金收入明细科目，贷记“非财政补助结转”科目；将“上级补助收入”科目本期发生额中的非专项资金收入结转入事业结余，借记“上级补助收入”科目下各非专项资金收入明细科目，贷记“事业结余”科目。

四、事业收入的管理与核算

为了核算事业收入业务，应设置“事业收入”科目。该科目贷方登记收到（或取得）的专业业务活动的收入和辅助活动的收入金额；借方登记期末结转的金额；期末结账后应无余额。

“事业收入”科目应当按照事业收入类别、项目、《政府收支分类科目》中“支出功能分类”相关科目等进行明细核算。事业收入中如有专项资金收入，还应按具体项目进行明细分类核算。

（一）采用财政专户返还方式管理的事业收入的核算

采用财政专户返还方式管理的事业收入也称为财政专户返还收入，是财政部门通过财政专户返还事业单位的业务收入。这项收入是事业单位的业务收入，也属于财政资金。

收到应上缴财政专户的事业收入时，按照收到的款项金额，借记“银行存款”“库存现金”科目，贷记“应缴财政专户款”科目。

向财政专户上缴款项时，按照实际上缴的款项金额，借记“应缴财政专户款”科目，贷记“银行存款”等科目。

收到从财政专户返还的事业收入时，按照实际收到的返还金额，借记“银行存款”等科目，贷记“事业收入”科目。

（二）其他事业收入的核算

如果事业单位的收入未纳入财政专户管理，则事业单位提供的服务等业务收到的收入不需要上缴财政专户，在收到款项时即可确认为事业收入。

收到事业收入时，按照收到的款项金额，借记“银行存款”“库存现金”等科目，贷记“事业收入”科目。

（三）期末结账

将“事业收入”科目本期发生额中的专项资金收入结转入非财政补助结转，借记“事业收入”科目下各专项资金收入明细科目，贷记“非财政补助结转”科目；将“事业收入”科目本期发生额中的非专项资金收入结转入事业结余，借记“事业收入”科目下各非专项资金收入明细科目，贷记“事业结余”科目。期末结账后，“事业收入”科目应无余额。

五、经营收入的管理与核算

经营收入是指事业单位在专业业务活动及其辅助活动之外开展非独立核算经营活动所取得的收入。

（一）经营收入的特征

事业单位的经营收入，一般必须同时具备以下两个特征。

一是事业单位的经营收入是开展经营活动所取得的收入，而不是开展专业业务活动及其辅助活动所取得的收入。例如，科研事业单位的社会咨询服务活动所取得的收入，属于经营收入；而科研单位为政府等有关单位提供科研服务取得的规费收入，属于事业收入。又如，教育事业单位（学校）对社会开展服务活动，或利用闲置固定资产开展有偿服务取得的收入，属于经营收入；而向学生收取的学杂费，属于专业业务及其辅助活动取得的收入，应作为事业收入处理。

二是事业单位的经营收入是开展非独立核算的经营活动取得的收入，而不是开展独立核算的经营活动取得的收入。例如，事业单位非独立核算的车队取得的收入和发生的支出，报由财务部门集中进行会计核算。因此，车队对外服务取得的收入和发生的支出应作为经营收入和经营支出处理。

（二）经营收入的种类

事业单位经营收入的主要种类如下。

销售收入，即事业单位非独立核算部门销售商品取得的收入。

经营服务收入，即事业单位非独立核算部门对外提供经营服务取得的收入。

其他经营收入，即事业单位在专业业务活动及其辅助活动以外取得的除上述各项收入之外的收入。

（三）经营收入的核算

为了核算经营收入业务，应设置“经营收入”科目。该科目贷方登记取得的经营收入；借方登记冲销和期末结转额；期末无余额。“经营收入”科目应当按照经营活动类别、项目、《政府收支分类科目》中“支出功能分类”相关科目等进行明细分类核算。

1. 经营收入的确认

经营收入应当在提供服务或发出存货，同时收讫价款或者取得索取价款的凭据时，按照实际收到或应收的金额确认收入。

属于增值税小规模纳税人的事业单位实现经营收入，按实际出售价款，借记“银行存款”“应收账款”“应收票据”等科目；按出售价款扣除增值税额后的金额，贷记“经营收入”科目；按应缴增值税金额，贷记“应缴税费——应缴增值税”科目。

属于增值税一般纳税人的事业单位实现经营收入，按包含增值税的价款总额，借记“银行存款”“应收账款”“应收票据”等科目；按扣除增值税销项税额后的价款金额，贷记“经营收入”科目；按增值税专用发票上注明的增值税金额，贷记“应缴税费——应缴增值税（销项税额）”科目。

2. 期末结账

期末，将“经营收入”科目本期发生额转入经营结余，借记“经营收入”科目，贷记

"经营结余"科目；期末结账后，"经营收入"科目应无余额。

六、附属单位上缴收入的管理与核算

（一）附属单位上缴收入的内容

附属单位上缴收入是指事业单位附属的独立核算单位按照有关规定上缴的各项收入。附属单位是指事业单位内部设立的、实行独立核算的下级单位，与上级单位存在一定的体制关系。附属单位归还事业单位在支出中垫付的各种费用，应当冲减相应的支出；事业单位与附属单位之间的往来款，都不能作为附属单位上缴收入处理。

按照使用要求不同，附属单位上缴收入分为专项资金收入和非专项资金收入。专项资金收入是附属单位上缴的用于完成特定工作任务的款项。该部分款项的使用必须专款专用、单独核算、专项结报；非专项资金收入是附属单位上缴的用于保障其正常运转、完成日常工作任务的款项，无限定用途。

为了核算附属单位缴款业务，应设置"附属单位上缴收入"科目。该科目贷方登记收到实际上缴的款项；借方登记退回数和冲销数；期末结账后无余额。

"附属单位上缴收入"科目应当按照附属单位、缴款项目、《政府收支分类科目》中"支出功能分类"相关科目等进行明细分类核算。附属单位上缴收入中如有专项资金收入，还应按具体项目进行明细分类核算。

（二）附属单位上缴收入的核算

1. 平时核算

收到附属单位缴来款项时，应按照实际收到金额，借记"银行存款"等科目，贷记"附属单位上缴收入"科目。

2. 期末结算

期末，将"附属单位上缴收入"科目本期发生额中的专项资金收入结转入非财政补助结转，借记"附属单位上缴收入"科目下各专项资金收入明细科目，贷记"非财政补助结转"科目；将"附属单位上缴收入"科目本期发生额中的非专项资金收入结转入事业结余，借记"附属单位上缴收入"科目下各非专项资金收入明细科目，贷记"事业结余"科目。

七、其他收入的管理与核算

（一）其他收入的内容

其他收入是指事业单位除财政补助收入、事业收入、上级补助收入、附属单位上缴收入和经营收入外的各项收入，包括投资收益、银行存款利息收入、租金收入、捐赠收入、现金盘盈收入、存货盘盈收入、收回已核销应收及预收款项、无法偿付的应付及预收款项等。

按照使用要求不同，其他收入分为专项资金收入和非专项资金收入。专项资金收入是事业单位用于完成特定工作任务的其他收入。该部分款项的使用必须专款专用、单独核算、专项结报；非专项资金收入是事业单位用于保障其正常运转、完成日常工作任务的其他收入，无限定用途。

为了核算其他收入业务，应设置“其他收入”科目。该科目贷方登记取得的其他收入；借方登记其他收入期末结转额；期末结账后无余额。

“其他收入”科目应当按照其他收入的类别、《政府收支分类科目》中“支出功能分类”相关科目等进行明细分类核算。对于事业单位对外投资实现的投资净损益，应单设“投资收益”明细科目进行核算；其他收入中如有专项资金收入（如限定用途的捐赠收入），还应按具体项目进行明细分类核算。

（二）其他收入的核算

1. 投资收益的核算

对外投资持有期间收到利息、利润等时，按实际收到的金额，借记“银行存款”等科目，贷记“其他收入（投资收益）”科目。

出售或到期收回国债投资本息，按照实际收到的金额，借记“银行存款”等科目，按照出售或收回国债投资的成本，贷记“短期投资”“长期投资”科目；按其差额，贷记或借记“其他收入（投资收益）”科目。

2. 银行存款利息收入、租金收入的核算

收到银行存款利息、资产承租人支付的租金，按照实际收到的金额，借记“银行存款”等科目，贷记“其他收入”科目。

3. 捐赠收入的核算

接受捐赠现金资产，按照实际收到的金额，借记“银行存款”等科目，贷记“其他收入”科目。

接受捐赠的存货验收入库，按照确定的成本，借记“存货”科目；按照发生的相关税费、运输费等，贷记“银行存款”等科目；按照其差额，贷记“其他收入”科目。接受捐赠固定资产、无形资产等非流动资产，不通过“其他收入”科目核算。

4. 现金盘盈收入和存货盘盈收入的核算

每日现金账款核对中如发现现金溢余，属于无法查明原因的部分，借记“库存现金”科目，贷记“其他收入”科目。

盘盈的存货，按照确定的入账价值，借记“存货”科目，贷记“其他收入”科目。

5. 收回已核销应收及预付款项和无法偿付的应付及预收款项的核算

对已核销应收账款、预付账款、其他应收款在以后期间收回的款项，应按照实际收回的金额，借记“银行存款”等科目，贷记“其他收入”科目。

无法偿付或债权人豁免偿还的应付账款、预收账款、其他应付款及长期应付款，借记“应付账款”“预收账款”“其他应付款”“长期应付款”等科目，贷记“其他收入”科目。

6. 期末结账的核算

期末，将“其他收入”科目本期发生额中的专项资金收入结转入非财政补助结转，借记“其他收入”科目下各专项资金收入明细科目，贷记“非财政补助结转”科目；将“其他收入”科目本期发生额中的非专项资金收入结转入事业结余，借记“其他收入”科目下各非专项资金收入明细科目，贷记“事业结余”科目。期末结账后，“其他收入”科目应无余额。

第二节　事业单位的支出或者费用

一、支出概述

支出是指事业单位开展业务及其他活动发生的资金耗费和损失。事业单位应当将各项支出全部纳入单位预算，建立健全支出管理制度。

（一）事业单位支出的分类

事业单位由于收入的来源多元化，支出也多种多样，但支出的主要分类有以下三个方面。

1. 按支出对象的分类

事业单位的支出按其对象的不同，可分为本单位业务支出和对上下级的缴拨款支出两大类。

（1）本单位业务支出

本单位业务支出是指在本单位各项业务活动过程中发生的各种支出，包括人员经费支出和公用经费支出两类。

人员经费支出是指为了开展业务活动的需要，用于个人方面的支出，包括基本工资、津贴补贴、奖金、职工福利费、社会保障缴费、伙食费等。其金额与相关人员的数量有关。

公用经费支出是指为了完成有关业务任务，达成事业活动的目的，用于公共业务方面的支出，包括办公费、印刷费、会议费、装备购置费、工程建设费、劳务费和其他费用。其金额通常与业务活动的规模有关。

（2）对上下级的缴拨款支出

对上下级的缴拨款支出是指事业单位向上级单位上缴的款项和向下属独立核算单位拨付的补助款等。

2. 按支出用途的分类

按支出用途分类主要指事业支出，即按照《政府收支分类科目》中的“支出经济分类”的“款”级科目分类，并设置三级明细科目，进行明细核算。

（1）工资福利支出类

该类反映单位开支的在职职工和临时聘用人员的各类劳动报酬，以及为上述人员缴纳的各项社会保险费等。

（2）商品和服务支出类

该类反映事业单位购买商品和服务的支出，不包括用于购置固定资产等的支出。

（3）对个人和家庭的补助类

该类反映事业单位用于对个人和家庭的补助支出。

（4）基本建设支出类

该类反映各级发展与改革部门集中安排的用于购置固定资产、战略性和应急性储备、土地和无形资产，以及购建基础设施、进行大型修缮所发生的支出。

（5）其他资本性支出类

该类反映非各级发展与改革部门集中安排的用于购置固定资产、战略性和应急性储备、土地和无形资产，以及购建基础设施、进行大型修缮等所发生的支出。

3. 按支出性质的分类

事业单位支出按其性质的不同，可分为财政补助支出和非财政补助支出。

（1）财政补助支出

财政补助支出是事业单位用财政补助收入安排的各项支出，主要发生在事业单位的事业支出中。

（2）非财政补助支出

非财政补助支出是事业单位用财政补助收入以外的资金安排的支出，对附属单位的补助支出、上缴上级支出、经营支出、其他支出属于非财政补助支出，事业支出既包括财政补助支出又包括非财政补助支出。

（二）事业单位支出的管理规定

事业单位的支出应当严格执行国家有关财务规章制度规定的开支范围及开支标准；国家有关财务规章制度没有统一规定的，由事业单位规定，报主管部门和财政部门备案。事业单位的规定违反法律制度和国家政策的，主管部门和财政部门应当责令改正。

事业单位在开展非独立核算经营活动中，应当正确归集实际发生的各项费用；不能归集的，应当按照规定的比例合理分摊。经营支出应当与经营收入配比。

事业单位从财政部门和主管部门取得的有指定项目和用途的专项资金，应当专款专用、单独核算，并按照规定向财政部门或者主管部门报送专项资金使用情况；项目完成后，应当报送专项资金支出决算和使用效果的书面报告，接受财政部门或者主管部门的检查、验收。

事业单位应当加强经济核算，可以根据开展业务活动及其他活动的实际需要，实行内部成本核算办法。

事业单位应当严格执行国库集中支付制度和政府采购制度等有关规定。

事业单位应当加强支出的绩效管理，提高资金使用的有效性。

事业单位应当依法加强各类票据管理，确保票据来源合法、内容真实、使用正确，不得使用虚假票据。

二、事业支出的管理与核算

事业支出是事业单位开展各项专业业务活动及其辅助活动发生的实际支出。它是事业单位支出的主体，是对财政补助收入、上级补助收入、事业收入、经营收入和其他收入等各种收入来源综合安排使用的结果。事业支出包括财政性资金支出和非财政性资金支出。

（一）事业支出的分类

事业支出按照不同的分类方法，可以分为不同类型。

1. 按部门预算管理的要求分类

按部门预算管理的要求，事业支出可分为基本支出和项目支出。

基本支出是指事业单位为了保障其正常运转、完成日常工作任务而发生的人员支出和公用支出。其中，人员支出是指为了开展专业活动需要用于个人方面的支出，如基本工资、津贴补贴及奖金、社会保障缴费、离休费、退休费、助学金、医疗费、住房补贴等。人员支出在支出经济分类科目中体现为“工资福利支出”与“对个人和家庭的补助”两个部分。公用支出是指为了完成事业活动，用于公共服务方面的开支，包括办公费、水电费、差旅费、维修（护）费、租赁费等。公用支出在支出经济分类科目中体现为“商品和服务支出”“其他资本性支出”等科目中属于基本支出的内容。

项目支出是指事业单位为了完成特定工作任务和事业发展目标，在基本支出之外所发生的支出，包括基本建设、有关事业发展专项计划、专项业务、大型修缮、大型购置、大型会议等项目支出。项目支出在经济分类科目中体现为“基本建设支出”“商品和服务支出”“其他资本性支出”等科目中属于项目支出的内容。项目支出具有专项性、独立性和完整性的特点。

2. 按资金类型分类

按资金类型分类，事业支出可分为财政补助支出、非财政专项资金支出和其他资金支出。

（1）财政补助支出是事业单位使用财政补助收入安排的事业支出。

（2）非财政专项资金支出是事业单位使用非财政补助收入安排的有指定项目和用途的专项资金支出。该项支出应当专款专用、单独核算、专项结报，并接受财政部门或者主管部门的监督检查和验收。

（3）其他资金支出是事业单位使用除了财政补助收入和非财政专项资金以外的资金

安排的事业支出。该支出属于事业支出中的非财政、非专项资金支出。

（二）事业支出的核算

为了核算事业支出业务，应设置“事业支出”科目。该科目借方登记实际发生的属于事业支出范围的数额；贷方登记期末结转数；期末结账后无余额。

“事业支出”科目应当按照“基本支出”和“项目支出”，“财政补助支出”“非财政专项资金支出”“其他资金支出”等层级进行明细核算，并按照《政府收支分类科目》中“支出功能分类”相关科目进行明细核算；“基本支出”和“项目支出”明细科目下应当按照《政府收支分类科目》中“支出经济分类”的款级科目进行明细核算；同时，在“项目支出”明细科目下按照具体项目进行明细核算。

1. 日常事业支出业务的核算

为从事专业业务活动及其辅助活动人员计提的薪酬等，借记“事业支出”科目，贷记“应付职工薪酬”等科目。

开展专业业务活动及其辅助活动领用的存货，按领用存货的实际成本，借记“事业支出”科目，贷记“存货”科目。

开展专业业务活动及其辅助活动中发生的其他各项支出，借记“事业支出”科目，贷记“库存现金”“银行存款”“零余额账户用款额度”“财政补助收入”等科目。

2. 期末结账的核算

期末，将“事业支出（财政补助支出）”科目本期发生额结转入“财政补助结转”科目，借记“财政补助结转——基本支出结转、项目支出结转”科目，贷记“事业支出（财政补助支出——基本支出、项目支出或基本支出——财政补助支出、项目支出——财政补助支出）”科目；将“事业支出（非财政专项资金支出）”科目本期发生额结转入“非财政补助结转”科目，借记“非财政补助结转”科目，贷记“事业支出（非财政专项资金支出或项目支出——非财政专项资金支出）”科目；将“事业支出（其他资金支出）”科目本期发生额结转入“事业结余”科目，借记“事业结余”科目，贷记“事业支出（其他资金支出或基本支出——其他资金支出、项目支出——其他资金支出）”科目。期末结账后，“事业支出”科目应无余额。

三、经营支出的管理与核算

经营支出是指事业单位在专业业务活动及其辅助活动之外开展非独立核算经营活动所发生的各项支出。

（一）经营支出的内容

事业单位为弥补事业经费的不足，更好地开展公益性服务活动，可以开展经营类的业务活动。

事业单位开展非独立核算经营活动所发生的一切支出，应当正确归集各项费用；无法直接归集的，应当按规定的标准或比例合理分摊。

对于独立核算的经营活动，应当按企业会计准则和制度的规定单独进行核算，不在“经营支出”科目中反映。

（二）经营支出的核算

为了核算经营支出业务，应设置“经营支出”科目。该科目借方登记经营支出的实际发生数；贷方登记经营支出收回数和期末结转数；期末结账后无余额。

“经营支出”科目应当按照经营活动类别、项目以及《政府收支分类科目》中“支出功能分类”相关科目等进行明细分类核算。

1. 日常经营支出业务核算

为在专业业务活动及其辅助活动之外开展非独立核算经营活动人员计提的薪酬等，借记“经营支出”科目，贷记“应付职工薪酬”等科目。

在专业业务活动及其辅助活动之外开展非独立核算经营活动领用、发出的存货，按领用、发出存货的实际成本，借记“经营支出”科目，贷记“存货”科目。

在专业业务活动及其辅助活动之外开展非独立核算经营活动中发生的其他各项支出，借记“经营支出”科目，贷记“库存现金”“银行存款”“应缴税费”等科目。

2. 期末结账核算

期末，将“经营支出”科目本期发生额转入经营结余，借记“经营结余”科目，贷记“经营支出”科目。期末结账后，“经营支出”科目应无余额。

四、上缴上级支出的管理与核算

（一）上缴上级支出的内容

上缴上级支出是指事业单位按照财政部门和主管部门的规定上缴上级单位的支出。有上缴上级支出的单位是实行独立核算并附属于上级单位的事业单位，根据本单位与上级之间的体制安排，事业单位取得的各项收入应当按规定的标准或比例上缴上级单位。

为了核算上缴上级支出的业务，应设置“上缴上级支出”科目。该科目借方登记上缴上级单位的资金数；贷方登记结转数，期末结账后该科目无余额。

“上缴上级支出”科目应当按照收缴款项单位、缴款项目、《政府收支分类科目》中“支出功能分类”相关科目等进行明细分类核算。该科目与上级单位的“附属单位上缴收入”科目相对应。

（二）上缴上级支出的核算

按规定将款项上缴上级单位的，按照实际上缴的金额，借记“上缴上级支出”科目，贷记“银行存款”等科目。

期末，将“上缴上级支出”科目本期发生额转入事业结余，借记“事业结余”科目，贷记“上缴上级支出”科目。期末结账后，“上缴上级支出”科目应无余额。

五、对附属单位补助支出的管理与核算

（一）对附属单位补助支出的内容

对附属单位补助支出是指事业单位用财政补助收入之外的收入对附属单位补助发生的支出。附属单位是指实行独立核算的下级单位，事业单位作为上级单位，可以使用自有经费对下属单位进行各项补助，支持所属单位事业的发展。事业单位可以使用事业收入、经营收入和其他收入等财政补助收入以外的收入对附属单位给予补助。

为了核算对附属单位补助支出的业务，应设置“对附属单位补助支出”的科目。该科目借方登记对附属单位的补助支出数；贷方登记期末结转数；期末结账后该科目无余额。

“对附属单位补助支出”科目应当按照接受补助单位、补助项目、《政府收支分类科目》中“支出功能分类”相关科目等进行明细分类核算。该科目与附属单位的“上级补助收入”科目相对应。

（二）对附属单位补助支出的核算

发生对附属单位补助支出的，按照实际支出的金额，借记“对附属单位补助支出”科目，贷记“银行存款”等科目。

期末，将“对附属单位补助支出”科目本期发生额转入事业结余，借记“事业结余”科目，贷记“对附属单位补助支出”科目。期末结账后，“对附属单位补助支出”科目应无余额。

六、其他支出的管理与核算

（一）其他支出的内容

其他支出是指事业单位除事业支出、上缴上级支出、对附属单位补助支出、经营支出外的各项支出，包括利息支出、捐赠支出、现金盘亏损失、资产处置损失、接受捐赠（调入）非流动资产发生的税费支出等。

按照支出的使用要求，其他支出分为专项资金支出和非专项资金支出。专项资金支出是用其他收入中的专项资金收入安排的支出；非专项资金支出是用其他收入中非专项资金收入安排的支出。

为了核算其他支出业务，应设置“其他支出”科目。该科目借方登记实际支出数；贷方登记结转数；期末结账后该科目无余额。

“其他支出”科目应当按照其他支出的类别、《政府收支分类科目》中“支出功能分类”相关科目等进行明细分类核算。其他支出中如有专项资金支出，还应按具体项目进行明细分类核算。

（二）其他支出的核算

1. 利息支出的核算

事业单位支付银行借款利息时，借记“其他支出”科目，贷记“银行存款”科目。

2. 捐赠支出的核算

事业单位对外捐赠现金资产时，借记“其他支出”科目，贷记“银行存款”等科目。

事业单位对外捐出存货时，应先将捐出存货转入“待处置资产损溢”科目借方，实际捐出时，借记“其他支出”科目，贷记“待处置资产损溢”科目。对外捐赠固定资产、无形资产等非流动资产，不通过“其他支出”科目核算。

3. 现金盘亏损失的核算

事业单位在每日现金账款核对中如发现现金短缺，属于无法查明原因的部分，报经批准后，借记“其他支出”科目，贷记“库存现金”科目。

4. 资产处置损失的核算

事业单位逾期3年或以上、有确凿证据表明无法收回的应收及预付款项，以及盘亏或毁损、报废的存货，应当转入“待处理资产损溢”科目。报经批准后予以核销时，借记“其他支出”科目，贷记“待处置资产损溢”科目。

5. 接受捐赠（调入）非流动资产发生税费支出的核算

事业单位接受捐赠、无偿调入非流动资产发生的相关税费、运输费等，借记“其他支出”科目，贷记“银行存款”等科目。以固定资产、无形资产取得长期股权投资，所发生的相关税费记入“其他支出”科目。

6. 期末结账核算

期末，将“其他支出”科目本期发生额中的专项资金支出结转入非财政补助结转，借记“非财政补助结转”科目，贷记“其他支出”科目下各专项资金支出明细科目；将“其他支出”科目本期发生额中的非专项资金支出结转入事业结余，借记“事业结余”科目，贷记“其他支出”科目下各非专项资金支出明细科目。期末结账后，“其他支出”科目应无余额。

第三节　预算管理一体化在事业单位中的应用

推进预算管理一体化建设是财政系统自上而下推行的一项重要改革，也是加强财政预算管理、提高财政工作质量的一项重要措施。预算管理一体化系统的推进，对事业单位财务管理工作产生了极其深远的影响。事业单位应当认清预算管理一体化系统给事业单位财务工作带来的变化，学习掌握预算管理一体化环境下的财务运行流程，做好财务收支预算分析，为单位决策提出参考意见，使财务管理职能得到更好发挥。要以预算管理一体化系统建设为契机，做好财务工作与财政预算管理间的有效对接，以预算为依托，将事业单位的业务与财务、业务与管理、资源与管理等进行全方位整合，实现资源信息共享、业务财务对接互通，项目管理与会计分类核算清楚明白，会计账务处理规范有序，从而不断提高事业单位财务管理工作质量，支持事业单位业务全面发展。

一、相关理论概述

（一）预算管理一体化的概念

预算管理一体化是以现代预算管理理念为基础，融合现代预算管理原理与管理方法，以项目管理为中心，对各项财政业务进行整合，将预算编制、执行及预算绩效评价等流程融为一体，设计规范化、系统化的操作流程，强化预算管理功能的一套综合性财政预算管理系统。它将预算与管理、制度、技术进行了深度融合，并嵌入预算一体化系统中，使财政预算管理功能得到强化，是预算管理体系与运行模式的又一次深度改革与创新。

（二）预算管理一体化在事业单位中的运用要点

预算管理一体化虽然是财政预算管理的重要手段，对事业单位财务管理来说也是一次重大变化。事业单位要取得更大发展，就应当以预算管理一体化推进为契机，通过预算管理模式做好业务与项目、预算编制、执行及会计核算，强化事业单位的财务管理职能，促进财务目标实现。具体来讲，在预算管理一体化背景下，事业单位要做好以下工作。

一是加强基础管理。事业单位要与财政预算部门协作，做好单位的基础管理工作，将单位的基础信息输入预算一体化中，如将人员状况、资产构建、债权债务等纳入基础管理数据体系中，确保单位信息的全面性，为预算管理一体化的推进奠定坚实基础。

二是加强项目库建设。预算管理一体化系统中，项目库起着重要作用。事业单位要对预算管理一体化系统进行系统学习，掌握其运行要领，结合单位业务工作与财务工作实际，重视项目建设。要与财政预算部门充分沟通，就项目库建设达成一致意见，构建单位的一体化项目库，从而不断提高财务管理质量。

三是做好操作岗位设置。除了常规性财务工作处理外，事业单位与财政部门的拨款往来要通过一体化系统运行，因此事业单位对系统操作要做好人员分工安排，合理设计操作权限，强化系统管理功能。操作岗位设置既要相互牵制，又要加强协作，提高财务工作效率。

二、预算管理一体化背景下事业单位财务管理的主要内容

与传统的预算管理模式相比，预算一体化系统进行了全新变革，给事业单位财务管理工作带来极大变化。事业单位财务管理要抓好以下四项主要内容。

一是以预算管理为中心，做好预算编制、执行工作。在预算一体化系统中，预算编制

工作更精心、内容更完善，事业单位财务人员应当学会熟练操作系统模块，加强预算编审工作，要与系统规则相契合。否则，难以通过预算审核关。

二是强化预算绩效评价工作。在预算一体化系统中，编制预算项目时，要求单位对预算项目构建绩效评价体系。同时，财政投评部门还要对项目绩效开展评价，有利于事业单位加强项目资金管理，提高财政资金使用效率。

三是做好资金直达工作。在预算一体化背景下，财政拨款采用国库直达机制。系统加强了财政资金的拨付监管，资金流向一清二楚，事业单位大宗资金使用，如单位采购、财务往来结算款项支付等，执行国库直达机制，由国库将财政款项直接拨付到服务单位，不必通过单位账户结算，减少了结算环节，使财务工作更加透明。

四是对单位拨款进行会计核算。在一体化系统中新增了会计核算功能，系统对单位拨款进行了会计核算，从而形成了一个全封闭的财务运行体系，使事业单位收支核算更精准、更规范，实现了预算管理与财务会计核算管理上的统一。

三、预算管理一体化在事业单位应用中面临的问题

预算管理一体化是财政部门加强财政资金管理的一项重要举措，对于事业单位来说，也是一次提升财务管理水平的机遇。然而，从实际执行情况看，预算管理一体化在事业单位应用中还面临不少问题，主要表现在以下五个方面。

（一）观念未转变，对预算一体化的应用认识不足

在财政管理改革不断推进的情况下，事业单位充分意识到财务管理工作的重要性，财务管理工作受到单位高度重视。然而，由于预算管理一体化工作由财政部门主导，主要是通过系统创新方式进行，部分事业单位尚未认识到预算管理一体化应用对事业单位财务管理工作的影响，管理观念尚未转变，只是将预算管理一体化当作一项财政预算管理系统创新，没有从根本上引起重视。因此，对预算管理一体化系统认识不足，存在很大的误区，在推进中不积极，处于应付状态。部分事业单位认为系统过于庞大，操作烦琐，加上系统运行前期存在较多问题，工作人员抱怨较多，不利于预算管理一体化工作在事业单位中快速推进，难以达到预期效果。

（二）相关制度不健全，财务管理中存在的漏洞较多

预算管理一体化是一项全新的管理模式，它将制度与技术融为一体，对财政资金运行情况进行全方位监督。它从财政视角强化对财政资金的使用监管，对于事业单位来说，同样具有积极作用。事业单位需要结合单位财务工作运行特点，从制度体系与运行流程上进一步完善，才能促进财务管理水平提升。然而，从运行实践看，部分事业单位并未对现行财务体系与相关内控制度进行改进，仍旧沿用原有的财务制度与流程进行管理，从而导致财务管理中漏洞较多。例如，在一体化系统操作中，虽然进行了岗位操作权限

分工，然而在执行中并不严密，密码设置简单，财务人员图操作便利，采用一人多岗操作，操作牵制形同虚设。同时，内控机制弱化，财务内控乏力，存在内部监管真空，财务操作风险较高。

（三）系统间对接不畅，存在重复劳动问题

在一体化系统之外，一些事业单位出于内部管理的需要，还配置了一套财务管理系统。两个系统在功能上有着一定差别，并且分属不同的软件开发公司，系统之间难以相互融合对接。财务人员进行财政资金申请时，既要通过一体化系统进行，并在系统中进行系列操作及会计核算，又要在本单位的财务管理系统中进行一次会计账务处理。同一笔业务在不同系统中进行，重复劳动让财务人员工作量大增，影响财务工作效率的提高。

（四）重视技术因素，忽视了管理功能

预算一体化不仅是操作系统，更是一项管理工具。事业单位更多的是从技术角度看待一体化系统，重视技术操作，而对系统的管理功能应用较差，一体化系统的职能作用难以充分发挥。如对业务技术操作相对认真，而在预算编制上没有注重精细化，对预算绩效评价、会计核算等未仔细研究。对一体化系统中的资金使用情况未认真分析，没有提供有价值的财务报告，财务管理职能没有充分发挥。

（五）财务力量薄弱，财务人员业务水平有待提高

在预算一体化推进过程中，系统也在不断优化升级，对事业单位财务人员的业务水平提出了更高要求。而调查发现，部分事业单位财务力量不足，财务人员专业水平不高，加之系统不断更新，财务人员难以适应。部分财务人员操作不熟练，在系统操作中误操作现象时有发生，财务工作效率低，给单位财务工作带来一定影响。

四、预算管理一体化背景下事业单位财务管理水平提高策略

（一）转变管理观念，认清预算一体化的重要性

预算管理一体化以预算管理为核心，以一体化系统为平台，对财政资金使用进行全方位、标准化、智能化监管，目的是提高财政资金的使用效率，促进财政预算管理水平提高。对事业单位来说，应当对预算管理一体化有全新认识，预算管理一体化不仅是财政部门的事，本单位也不能置身事外。事业单位必须转变管理观念，认识到预算管理一体化工作的重要性，全程参与预算管理一体化建设，树立一体化理念与预算管理思维，加强项目管理，做好预算编审工作，强化预算约束力，注重资金使用绩效，从严控制支出，促进财务管理工作质量不断提高。

（二）加强制度建设，完善内控漏洞

事业单位应当结合业务运行特点，对预算管理一体化运行流程进行深度分析，结合单

位财务工作现状，对现行制度、财务体系、业财流程等进一步优化，构建与预算管理一体化系统相契合的制度体系，为财务工作规范化运行提供制度保障。一是健全一体化运行模式下的财务制度。事业单位应当对一体化运行模式进行认真分析，结合单位业务财务运行模式，对现行制度进行完善，要以相互牵制原则为准，新增操作流程，明确操作权限，做好岗位职责分工，强化财务工作纪律，严禁跨岗操作，防范操作风险。二是强化预算管理。要构建一套完整的预算管理制度，以预算为基础，强化财务预算的约束力，预算确定之后，不得随意调整。三是健全检查监督体系。要设计一套财务内控制度，构建一套与事业单位规模相适应的内控监督体系，开展常态化的检查监督，确保各项制度在实践中得到执行，完善内控管理中的漏洞，不断提高财务管理水平。

（三）做好系统对接，提高工作效率

预算管理一体化是财政部门为加强财政管理开发的一套大型综合性预算管理系统，适用范围是财政资金，目的是通过预算管理方式促进财政资金使用效率提高。对于事业单位来说，要正确处理好预算一体化系统与事业单位原有系统间的关系，要做好事业单位财务系统开发，财务系统与一体化系统进行无缝对接、自动转换，保持相同核算口径，从而减轻事业单位财务工作量。这样有利于科学应用信息技术，加强财务管理，从而不断提高工作效率。

（四）熟练掌握技术，实行管理与技术并重

预算一体化是一次系统化的变革与创新，对事业单位财务工作影响极大。事业单位应当从强化财务管理的视角出发，对一体化系统运行进行全方位关注，不仅将之作为一项技术性创新问题，还要从管理理念、管理模式以及管理方法上进行认真解读，财务工作要以“预算”为核心，以财务管理质量提高为目标，做好资源优化配置，实行内外监管相结合，全方位利用大数据信息技术，不断提高事业单位财务管理水平。一方面，要对技术因素高度重视，对系统构成、运行模式、操作方法要熟练掌握，加强实践运用，提高操作技能。另一方面，要加强政策法规学习，掌握先进的预算管理理念，增强财务风险意识，做好风险防范。为此，事业单位要在细化预算编制上下功夫，要严格预算执行关，优化财务审批流程，规范财务行为，增强财务工作的透明度。同时，要重视绩效评价，做好财务分析，为各方提供具有价值的财务报告，为管理决策提供依据，更好地发挥财务管理的职能作用。

（五）加强财务团队建设，做好综合业务培训工作

与原有的系统管理相比，预算管理一体化运行环境下对事业单位财务人员的业务能力要求更高，财务人员要成为业务多面手，这对财务人员的业务能力是一个极大挑战，主要是系统设计理念与运行模式发生了重大变化，需要财务人员具有较高的会计理论基础和预

算管理知识，还要熟练的系统操作技能，三者缺一不可。为此，事业单位要结合实际，做好财务管理团队建设，选拔一批专业人才充实到财务岗位上，对财会从业人员开展常态化的业务培训，如组织实践操作技能培训，采取讲解、操作、答疑方式，帮助操作者熟悉系统运行环境，提高技能水平；理论培训要学习《中华人民共和国预算法》及相关财税法规，还要开展《中华人民共和国会计法》《会计基础工作规范》及会计职业道德培训，促进财务人员的财务预算管理水平与综合业务能力提高。事业单位要保证财务人员的专业性，在业务上要以财务工作为主，培养他们的敬业精神。同时，要为财务人员创造成长路径，多方面培育，把优秀财务人员提拔到核心岗位上，激发他们从事财务工作的热情，从而实现财务管理目标，为事业单位全面发展作出贡献。

参考文献

[1] 高新华 . 行政事业单位内部控制与风险管理 [M]. 济南：济南出版社，2019.06.

[2] 王力东，李晓敏 . 财务管理 [M]. 北京：北京理工大学出版社，2019.06.

[3] 陈宣君 . 财务管理 [M]. 成都：西南交通大学出版社，2019.08.

[4] 高山，高凯丽，周莎 . 财务管理 [M]. 北京：北京理工大学出版社，2019.08.

[5] 张蕾，马鑫，陈慧 . 财务管理 [M]. 成都：电子科技大学出版社，2019.01.

[6] 邓春贵，刘洋洋，李德祥 . 财务管理与审计核算 [M]. 北京：经济日报出版社，2019.04.

[7] 赵文妍，曹丽 . 财务管理与理论研究 [M]. 哈尔滨：黑龙江科学技术出版社，2019.12.

[8] 林自军，刘辉，马晶宏 . 财务管理实践 [M]. 长春：吉林人民出版社，2019.12.

[9] 余红叶，张坚，叶淞文 . 财务管理与审计 [M]. 长春：吉林人民出版社，2019.09.

[10] 亓春红，张蕾，孙丽昀 . 财务管理实务 [M]. 北京：北京理工大学出版社，2019.12.

[11] 杨忠智 . 财务管理 [M].3 版 . 厦门：厦门大学出版社，2019.02.

[12] 王玉珏，聂宇，刘石梅 . 企业财务管理与成本控制 [M]. 长春：吉林人民出版社，2019.12.

[13] 张兴凯，胡萍 . 科研事业单位政府采购管理理论与实务 [M]. 北京：冶金工业出版社，2019.05.

[14] 王文 . 内部控制与风险管理理论与实务 [M]. 长春：吉林人民出版社，2020.07.

[15] 陶燕贞，李芸屹 . 财务管理与会计内部控制研究 [M]. 长春：吉林人民出版社，2020.06.

[16] 魏永宏 . 内部控制学 [M]. 北京：电子工业出版社，2020.05.

[17] 池国华 . 内部控制学 [M]. 北京：高等教育出版社，2020.08.

[18] 郝翠香，文娟娟，曾珍 . 财务管理 [M]. 长春：吉林人民出版社，2020.11.

[19] 段顺玲，李灿芳 . 财务管理 [M]. 北京：北京理工大学出版社，2020.11.

[20] 蔡维灿 . 财务管理 [M]. 北京：北京理工大学出版社，2020.05.

[21] 张书玲，肖顺松，冯燕梁 . 现代财务管理与审计 [M]. 天津：天津科学技术出版社，2020.04.

[22] 费琳琪，郭红秋 . 财务管理实务 [M]. 北京：北京理工大学出版社，2020.07.

[23] 刘建华，安海峰，王雪艳 . 财务管理与成本控制研究 [M]. 长春：吉林大学出版社，2020.05.

[24]张荣兰 . 资产管理在事业单位经济管理中的作用 [M]. 北京：中国原子能出版社，2020.08.
[25]刘娜，宋艳华 . 财务管理 [M]. 北京：北京理工大学出版社，2021.09.
[26]邹娅玲，肖梅崚 . 财务管理 [M]. 重庆：重庆大学出版社，2021.01.
[27]刘福同，邹建军，洪康隆 . 财务管理与风险控制 [M]. 北京：中国商业出版社，2021.07.
[28]郭涛 . 财务管理 [M].3 版 . 北京：机械工业出版社，2021.01.
[29]李晓林，李莎莎，梁盈 . 财务管理实务 [M]. 武汉：华中科技大学出版社，2021.09.
[30]周玉琼，肖何，周明辉 . 财务管理与金融创新 [M]. 北京：中国财富出版社，2022.01.
[31]李爱华 . 事业单位预算管理研究 [M]. 长春：吉林出版集团股份有限公司，2021.09.
[32]李林 . 事业单位科研经费管理及财务制度建设 [M]. 哈尔滨：黑龙江教育出版社，2021.04.
[33]龙敏，黄叙 . 财务管理 [M]. 成都：四川大学出版社，2022.01.
[34]鲍秀芝，王进，杜磊 . 财务管理与审计统计分析研究 [M]. 长春：吉林科学技术出版社，2022.08.
[35]王攀娜，熊磊 . 企业财务管理 [M]. 重庆：重庆大学出版社，2022.07.
[36]朱菲菲 . 财务管理高效工作法 [M]. 北京：中国铁道出版社，2022.08.
[37]尹燕婷，范玲 . 企业会计监管与财务管理 [M]. 延吉：延边大学出版社，2022.09.
[38]王燕会，狄雅婵 . 互联网环境下的企业财务管理研究 [M]. 长春：吉林人民出版社，2022.06.
[39]王利萍，吉国梁，陈宁 . 数字化财务管理与企业运营 [M]. 长春：吉林人民出版社，2022.07.